异质性出口特征与企业技术升级

HETEROGENEITY
CHARACTERISTICS
OF EXPORT AND
ENTERPRISES' TECHNOLOGY
UPGRADING

岳文 著

社会科学文献出版社
SOCIAL SCIENCES ACADEMIC PRESS (CHINA)

谨以此书献给我的妻子王晓帆！
感谢她一直以来的支持与鼓励！

序

　　《异质性出口特征与企业技术升级》一书是岳文在其博士论文的基础上修改而成的，我对此书的出版表示祝贺。岳文在上海交大攻读博士学位期间认真努力、勤于思考。他从南京大学直接被推荐到上海交大硕博连读，五年多时间付出了艰苦的努力，完成的学位论文是学业成功的标志，也是走向科研征程的一个开端。相信本书的出版能为中国开放经济理论的研究增添力量。

　　改革开放以来中国经济高速增长，出口贸易功不可没。迅速增加的出口贸易不仅拉动了 GDP 的增长，增加了国内就业机会，而且促进了国内技术创新。今天中国制造走遍全球，高新技术在国际市场上的影响力也不断提升。然而，随着国民经济发展水平的不断提高和国际经济格局的深刻转变，我国开放进程中许多深层次的问题逐步暴露出来。多年来国内对我国出口贸易增长的可持续性问题存在疑虑。一方面，过去相当长的时期内我国出口贸易是一种粗放型增长模式，消耗高、收益低，出口商品结构不合理。另一方面，出口对其他经济部门的技术创新拉动效应也不明显。未来的道路怎么走？要回答这个问题，关键还在于对我国出口企业技术创新的潜质和特征做出深层次的分析了解。

　　出口与创新的关系一直是经济学理论关注的热点。在异质性企业理论模型兴起的影响下，国际贸易研究逐步从产业层面细化到了企业层面，异质性企业贸易理论已经成为近期国际贸易研究的前沿问题。然而，无论是 Melitz 的开创性研究还是后续的相关文献，主要集中在讨论企业从非出口状态到出口状态的转变对企业相关绩效（如生产率、加成率等）的影响，或者说，主要是对出口企业与非出口企业进行比较分析。然而，对于已经进入出口市场的企业，尤其是进入出口市场之后经历一段时间的企业来说，其创新行为与出口行为之间存在怎样的关联，已有的研究还很少专门涉及，而这正是本书研究的基本出发点。

本书以中国出口企业为具体研究对象，集中对企业异质性出口特征与技术升级之间的关联展开理论和实证分析，基于自身独特的分析视角努力构建新的理论分析框架。出口对拉动企业创新的作用是广为人知的，而企业本身的特征无疑是影响出口企业创新的非常关键的因素。要真正理解出口对出口企业技术创新的影响机理，就不能简单地沿用已有的研究成果，而需要有突破性的思维。本书明确地把出口企业的异质性作为影响出口企业技术创新绩效的关键因素，提出企业的异质性特征会导致不同出口企业在技术升级能力方面有迥然不同的表现的基本假定。与现有的研究相比，这一理论上的假设显然是一种大胆的探索，也是明显的进步。

基于此，本书较系统地分析了各类企业异质性特征对出口企业的技术升级的作用机理。具体地讲，本书从出口持续时间、出口强度、出口贸易方式、市场垄断程度等不同的方面，较为深入地剖析了企业的出口行为特征（异质性）对技术升级的影响路径和程度。比如，在一定条件下企业的出口强度越大，出口企业实现技术升级的可能性就越大，技术创新的速度往往也就越快。企业的出口贸易方式不同，对企业技术创新的影响程度也就不一样，一般贸易比加工贸易对出口企业技术升级的影响要更积极、更明显。随着出口企业存续时间的延伸，出口对企业技术升级的影响会出现边际效应递减现象等。这些基于现实生活的具体分析，有益于进一步丰富出口与创新方面的理论。

最后值得一提的是，本书是采用国内的大型微观层次数据（包括中国工业企业数据和海关进出口数据）来进行实证分析的，类似的研究在国内还很少见到。写作过程中作者常常为数据的收集和整理而废寝忘食，为对预期的假设做出有效的验证而冥思苦想，工作量相当大也相当辛苦。扎实的实证分析为本书的分析奠定了较坚实的基础，也为提出相应的政策建议提供了较有效的支撑。

当前，中国参与经济全球化进程的步伐不断加速，在全球经济中的地位也快速提升，中国道路、中国模式为国际贸易理论的发展提供了丰富的实践经验，这为中国学人的理论创新提供了绝好的历史机遇。在本书出版之际，祝我国年青一代学者在理论探索上不断取得新的突破。

陈飞翔

2017 年 6 月 26 日

内容提要

开放经济条件下,出口贸易在一国经济发展中发挥着越来越重要的作用,而出口企业作为出口贸易最重要的微观主体正日益受到广泛的关注。随着国际分工的不断细化,产品内分工趋势日趋明显,各国都试图通过企业的技术升级来实现其在全球价值链上的攀升,在这样的背景下,有关出口与企业技术升级的讨论如雨后春笋般涌现。当前,中国正处于经济转型的关键时期,打造中国对外开放的升级版,积极构建新型开放经济体制,努力在对外开放中争取更多的开放利益,需要对出口如何影响企业的技术升级展开全面深入的分析。

本书试图在异质性企业贸易理论的框架下,结合中国所具有的特殊国情,建立一个分析异质性出口特征对出口企业技术升级影响的整体框架,重点考察企业异质性出口特征的变化对出口企业技术升级的影响;同时,利用中国企业层面的微观数据,从实证上对相关理论分析的结论进行进一步的验证。不同于已有的多数研究其研究对象主要是非出口企业,注重探讨企业从非出口状态到出口状态的转变对其技术升级的影响,本书的研究对象集中于已经进入出口市场的出口企业,分析强调企业异质性出口特征(如出口持续时间、出口强度、出口贸易方式、市场垄断程度等)对其技术升级的影响。因而本书不仅为更好地分析出口对企业技术升级的影响找到了新的视角,而且进一步丰富了异质性企业贸易理论在中国的应用。同时,本书首次采用大型微观数据(包括中国工业企业数据和海关进出口数据)对异质性出口特征影响中国出口企业技术升级进行了比较全面、细致的考察,基于主要实证结论提出相关政策建议,为今后相关的政策制定者采取措施来加快出口企业技术升级的步伐提供了政策思路。

本书首先对相关文献进行了回顾和梳理，对以出口与出口企业技术升级为主题的文献研究现状进行了归纳与评述；其次在异质性企业贸易模型架构下，通过引入内生的企业技术升级，构建了一个分析企业异质性出口特征影响其技术升级的整体框架；再次就出口持续时间、出口强度、出口贸易方式、市场垄断程度四个异质性出口特征对出口企业技术升级的影响机制进行了分析，同时利用中国企业层面的微观数据分别构建了相应的计量模型进行实证检验，进而揭示了异质性出口特征对中国出口企业技术升级的微观影响；最后得出本书的研究结论和相关政策启示，并指出了进一步的研究方向。

通过理论和实证分析，本书得到的结论主要有以下方面。

（1）企业的异质性出口特征（如出口持续时间、出口强度、出口贸易方式以及市场垄断程度等）通过影响出口企业的利润函数最终会对其技术升级产生重大影响。不同的异质性出口特征影响出口企业技术升级的方式并不一样。在其他条件都相同的情况下，企业间异质性出口特征的差异将决定出口企业间技术升级程度的差异。

（2）总体来看，出口持续时间的增加对中国出口企业技术升级的边际作用递减，出口企业的技术升级程度实际上指的是出口企业生产效率的边际提高量，即随着企业出口持续时间的增加，出口企业生产效率的边际提高量会越来越低。

（3）出口强度对中国出口企业技术升级的积极影响相当明显，但并非线性单调的，而是呈"倒 U 形"：当企业的出口强度较低时，出口强度的增加有利于出口企业选择更高程度的技术升级；而当企业的出口强度达到一定临界值后，出口强度的进一步增加反而会促使出口企业选择较低程度的技术升级。

（4）出口贸易方式选择对我国出口企业的技术升级存在显著的影响。加工贸易出口企业的技术升级程度要显著低于一般贸易出口企业的技术升级程度，即对加工贸易出口方式的选择将不利于企业的技术升级。同时，随着出口企业加工贸易出口程度的增加，出口企业生产效率的边际提高量会越来越低。

（5）市场垄断程度的降低对我国出口企业的技术升级存在显著的积极影响。市场垄断程度越低（即市场竞争程度越高），出口企业生产效率的边际提高量相对越高；而市场垄断程度越高，出口企业生产效率的边际提高量相对越低。

Summary

In the open economy, export trade plays an increasingly important role in the economic development, while export enterprises which are the most important participants in export trade are more widely concerned. As the international division of labor constantly refined, intra-product specialization trend is becoming apparent and different countries all have tried to use the technology upgrading of enterprises to realize their development in the global value chain. In such situation, discussions about export and technology upgrading are springing. At present, China is in a crucial period of economic restructuring. Building a new open economy system actively, building China's opening up to the upgraded version and trying to receive more open interest in opening up all need comprehensive and in-depth analysis about how export influences the technology upgrading of enterprises.

This book tries to establish an overall framework which can comprehensive analyze the effect of heterogeneity export features on enterprise's technology upgrading combined Chinese special conditions under the framework of the theory of heterogeneous enterprise trade. Especially this book focuses on the change of enterprise heterogeneity export feature's influence on the technology upgrading of export enterprise. At the same time, using the micro data of Chinese enterprise level, this book can reach the conclusions from empirical research on the theories for further validation. Different from most of the existing studies which mainly focus on non-exporting enterprises and pay attention to discuss the effect of enterprise's technology upgrading when the enterprise changes from non-exporting state to exporting state. This book's research object focuses on exporters who have access to export markets. And this book emphasis on analyzing the effect of the other heterogeneity of export feature (such as export duration, export intensity, export trading patterns and degree of market monopoly) on enterprise's technology upgrading. Therefore this book not only opens up new perspectives to better analyze the impact of export on enterprises' technology upgrading, but also enriches the application of enterprise heterogeneity trade theory in China. Meanwhile, this book is probably the first time to use large micro-data (including data of industrial enterprises of China and the customs import and export data) to make a more comprehensive and detailed examination of the effects of heterogeneity export features on Chinese export enterprises' technology upgrading. Based on the main releted policy recommendations, this book also provides a policy idea for the relevant policy makers in the future to take measures to accelerate the pace of export enterprises' technology upgrading.

Firstly, this book reviews and teases the related literature, summarizes and comments the literature research with the theme of export and export enterprises' technology upgrading. And then under the heterogeneous enterprise trading model structure, by introducing endogenous technology upgrading, this book constructs an overall framework which can analyze how enterprises' heterogeneity export feature affects its technology upgrading. After that, the book analyzes the effect mechanism of the heterogeneity of export feature such as export duration、export intensity、export trading patterns and degree of market monopoly on enterprises' technology upgrading. At the same time, using the micro data of Chinese enterprise level, econometric models are constructed for empirical testing, and reveal the micro impact of heterogeneity of export feature on Chinese export enterprises' technology upgrading. Finally, the book reaches the research findings and related policy implications and points out the further research directions.

Though theoretical and empirical analysis, this book can mainly conclude:

(1) The heterogeneity export feature of enterprise (such as export duration, export intensity, export trading patterns and degree of market monopoly) will have a major impact on its technology upgrading by affecting export enterprises' profit function. The way that different heterogeneity export features affect export enterprises' technology upgrading is not the same. Under the same conditions, differences among heterogeneity export features will determine the differences of export enterprises' technology upgrading.

（2）In general, the increase of export duration has diminishing marginal effect on Chinese export enterprises' technology upgrading. As the technology upgrading degree of the enterprises are actually refer to the export enterprises' production efficiency of "marginal increase". To put it another way, as the increase of the duration of export, the "marginal increase" of the export enterprises' production efficiency will become lower and lower.

（3）The positive effect of export intensity on Chinese export enterprises' technology upgrading is fairly obvious, but it's not monotone linear, it's "Inverted-U type" instead. When the firm's export intensity is low, the increase of export intensity can help export enterprises to choose higher degree of technology upgrading. While when the export intensity reaches a certain critical value, the further increase of export intensity will prompt export enterprises to choose a lower level of technology upgrading instead.

（4）The selection of export trading patterns has significant influence to Chinese export enterprises' technology upgrading. The level of technology upgrading of our country's processing trade export enterprises is significantly lower than the degree of technology upgrading of ordinary trade export enterprises. Namely the choice of processing trade exports way will not be benefit for enterprises' technology upgrading. As the increase of the export degree of processing trade, the "marginal increase" of the export enterprises' production efficiency will be lower and lower (that is, selecting the lower level of technology upgrading).

（5）The decrease of the degree of market monopoly has significant positive effect on the technology upgrading of Chinese export enterprises. In the market which has lower degree of monopoly (or higher degree of competition) , the export enterprises will choose relative higher level of technology upgrading, while in the market which has higher degree of monopoly, the level of technology upgrading of export enterprises will be relatively lower.

目　录

第一章
导　论

本章就本书的总体状况进行说明：第一节介绍本书研究的现实背景和理论背景，第二节介绍研究意义，第三节介绍研究思路和框架，第四节介绍研究方法，第五节介绍研究的创新点。

第一节　研究背景

一　现实背景

十八大报告明确提出要"着力培育开放型经济发展新优势"，"创新开放模式"，"实行更加积极主动的开放战略"，"完善互利共赢、多元平衡、安全高效的开放型经济体系"。十八届三中全会《中共中央关于全面深化改革若干重大问题的决定》进一步提出要"构建开放型经济新体制"，"加快培育参与和引领国际合作竞争新优势"。中央这一系列的阐述实际上就中国的进一步开放与发展表明了一种明显的战略指向，随着国内外经济环境的显著变化，中国经济发展已经进入结构转型和利益关系调整的关键时期，中国必须在进一步全面提高开放经济水平的过程中努力争取到更多的开放利益。显然，这是关系中国经济未来长远发展的一个十分关键的问题。

中国过去30多年对外开放的成效举世公认，以开放促改革，以开放带动发展，是中国经济多年来迅速增长的重要保障。一方面，改革开放以来，中国出口贸易的快速增长有目共睹。姚洋和章林峰（2007）的研究指出，我国企业出口总量 2000 年占世界出口总量的比例只有 2.23%，而到 2005 年，这个比例就增长到了 4.06%，每年的平均增长率达到 12.73%。同时改革开放的 30 年中，我国货物出口量的年平均增长速度高达 25.66%，远高于同时期世界货物出口的年平均增长速度，比全部发展中国家（中国除外）平均水平要高出 10.15 个百分点。中国更是在 2010 年一跃成了全球第一出口大国。另一方面，中国经济已连续 30 多年以年均接近两位数的速度快速增长。改革开放之初，中国 GDP 占全球 GDP 的比例只有 1.8%，但是到 2014 年，中国 GDP 占全球 GDP 的比例已经超过 12%。从 2010 年开始，中国正式超越日本成为全球第二大经济体。2015 年，中国也进入了上中等收入国家行列，人均 GDP 超过 8000 美元。毫无疑问，我国经济 30 多年来的快速增长离不开出口贸易的迅速增加（康志勇，2011）。可以说，没有对外开放就没有中国经济的今天。然而，随着国民经济发展水平的不断提高和国际经济格局的深刻转变，我国开放进程中许多深层次的问题逐步暴露出来。而其中我国近年来对外开放开始呈现边际收益下降的趋势越来越多地引起各方面的关注。这突出表现在：我国外贸出口在经历了多年的快速增长之后，近期出现明显波动和增速下滑，少数月份甚至出现多年不见的负增长；另外，一直存在的一个问题就是中国这种严重依靠外贸获得的快速经济增长是不可持续的。虽然出口的发展与扩张能消耗过剩的生产能力，资源在企业间的重新配置能够提高整个经济的生产率水平（Melitz，2003），但是由于过多追求出口规模的粗放扩张，忽视了出口质量和生产效率的提高，一国企业的生产技术可能并没有在开放中获得较大提高（Bernard 和 Jenson，2004）。因而中国改革开放后实施的这种出口导向型发展战略很可能会出现后劲不足，中国很可能将面临开放利益逐渐丧失的严峻局面。

毋庸讳言，中国如何在进一步全面提高开放经济水平的过程中努力争取到更多的开放利益将是维持中国下一阶段经济持续快速发展的重要因素。而从以往过多的追求出口规模的粗放扩展，转移到追求出口质量和生产效率的提高则是问题的关键。这意味着更多开放利益的获取要求中国不仅要充分利用出口市场来消耗过剩的生产能力，为规模经济效应创造条件；而且要发挥出口贸易对企业生产效率提高的正效应。企业的技术升级是企业生产效应提高的重要途径，深入分析出口对企业技术升级的影响对中国经济的持续快速发展至关重要。

其实，有关出口与技术进步之间的关系，从很早开始就引起了学者们重要关注。不过，不同于以往的相关研究倾向于从各种宏观视角来展开，21世纪以来伴随着异质性企业贸易模型的快速兴起与发展，从更加微观层面，特别是企业出口与企业技术升级的研究视角分析出口与技术进步之间的关系成为一个新的研究热点。其主要原因在于，企业的出口与技术升级，不仅关系到企业自身的可持续发展能力，而且事关一国（地区）经济的可持续增长动力。因而无论是从微观角度来看，还是从宏观层面来看，都十分重要。

倘若出口可以无条件地（或在某些条件下）成为经济发展的微观基础——企业技术升级的重要促进因素，那么一国进行贸易开放，企业通过出口踊跃参与到全球经济一体化中，不仅有利于实现企业的可持续发展，而且有利于一国经济实现可持续增长的战略目标。20世纪中后期，许多发展中国家都将出口导向型战略作为发展经济的一项重要战略举措。特别是中国改革开放以来，其实施的开放型发展战略取得了巨大成功。不可否认的是，出口已经成为诸如中国等发展中国家经济快速稳定增长不可或缺的重要保障。从已有的国际经验来看，亚洲"四小龙"等新兴工业化国家或地区的崛起与快速发展似乎也离不开出口导向发展战略的成功实施。

这种出口导向型发展战略是否真的会出现后劲不足？中国是否将会面临开放利益逐渐丧失的尴尬局面？对这个问题的有效回答需要深入全面地分析出口对企业技术升级的影响。如果出口真的能够有效促进企业的技术升级，那么出口导向型发展战略对于广大发展中国家来说就是一个十分合理且有效的战略选择，随着发展中国家开放水平的进一步提高，出口带来的企业技术升级效应能保障更多开放利益的获得，这能为该国经济持续快速发展奠定坚实的基础；反之，假如出口并不能够有效促进发展中国家企业的技术升级，那么出口导向型发展战略对于广大发展中国家来说就必定不是一个长期有效的国家发展战略。因为仅仅依靠出口规模的扩张并不能给一国带来更多的开放利益，出口导向发展战略将不是长久之计。

当前阶段，中国正处于经济转型的关键时期，打造中国对外开放的升级版，积极构建新型开放经济体制，努力在进一步对外开放中争取更多的开放利益，十分需要对出口如何影响企业的技术升级展开全面深入的分析。这不仅有利于中国未来更加有效地参与经济全球化进程，加快经济转型升级步伐，同时也将有利于中国制定适宜的发展战略和政策措施，为未来中国经济的持续发展奠定坚实的基础。

二　理论背景

以往的贸易理论（包括李嘉图比较优势理论、赫克歇尔－俄林理论和以 Krugman 等为代表提出的新兴贸易理论）对国际贸易相关问题的研究都采用了"代表性企业"的假设，即假设一国内所有企业的表现行为都是一样的，企业间不存在任何差异。由于把所有企业都看成是同质的，所以也无法探讨企业这个"黑盒子"，只能从产业或者国家层面来研究国际贸易问题。不过 21 世纪初异质性企业贸易理论的诞生，使得以往贸易理论中"代表性企业"这个假设得到弱化。而为此做出奠基性贡献的应属 Melitz（2003）和 Bernard 等（2003）。Melitz（2003）提出的异质性企业贸易模型是 Hopenhayn（1992）的动态产业模型与 Krugman（1980）的产业内贸易模型的有机结合。而 Bernard 等（2003）则通过在李嘉图模型中引入伯川德竞争，建立了一个不完全竞争下同时包含产业间要素密集度差异和国家间要素禀赋差异的异质性企业贸易模型。异质性企业贸易模型将研究单位从产业层面细化到了企业层面，使得国际贸易理论的相关研究获得了新的微观基础和新的视角。异质性企业贸易理论已经成为当前国际贸易研究的最新前沿理论（Baldwin，2005）。毫无疑问，从微观企业层面来分析出口对企业技术升级的影响也需要借助异质性企业贸易模型。

然而在异质性企业贸易模型框架下，不管是 Melitz（2003）的开创性研究还是后续一些分析出口对企业技术升级影响的相关研究，主要还是探讨企业从非出口状态到出口状态的转变对其技术升级的影响（重点还是对出口企业与非出口企业进行比较分析）。应当指出，企业进入出口市场这只是个开始，在出口市场中出口企业如何依靠技术升级不断提高生产效率以便能长期生存下来无疑更加重要。还有，并非所有的企业都会进入出口市场。因此，要准确把握出口对企业技术升级的影响，仅仅讨论企业是否参与出口对其技术升级有何影响可能远远不够。以已经进入出口市场后的企业为对象，集中研究企业的异质性出口特征如何影响其技术升级问题无疑具有更加重要的意义。然而现阶段还基本没有这方面的研究。在这种背景下，本书通过借鉴已有相关研究，集中对企业异质性出口特征与技术升级之间的关联展开理论和实证分析，力求补充和丰富异质性企业贸易理论，为更好地分析出口对企业技术升级的影响提供一个新的视角。

第二节　研究意义

当前，中国正处于经济发展转型的关键时期，十八大报告中明确提出，我国要适应经济发展的新形势，进一步提高经济开放水平，必须贯彻更加积极主动的开放战略，加快建设好安全高效、互利共赢、多元平衡的新型开放经济体系。不过要建立起一个新型的开放型经济大国，选择合适的发展战略，制定适宜的出口贸易政策，充分发挥出口对企业生产效率提高的正效应，培养出一批具有核心竞争力的企业，从而在全面提高开放水平的过程中努力争取到更多的开放利益，显得至关重要。这不仅有利于转变经济发展方式，提高经济发展质量，而且对于优化产业结构、实现经济的可持续发展具有重要意义。从这个角度来看，研究企业异质性出口特征对中国出口企业技术升级的影响，从而为相关经济政策的制定提供理论和事实依据，这对中国企业更好地融入全球价值链，保障更多开放利益的获得以保持中国经济持续稳定的发展具有重要的理论和现实意义。

首先，研究企业异质性出口特征对中国企业技术升级的影响具有重要的理论意义。已有从微观企业层面来探讨出口对中国企业技术升级的研究本来就很少，更为重要的是这些研究基本都是针对非出口企业，主要是探讨企业从非出口状态到出口状态的转变对其技术升级的影响，而对于已经进入出口市场的出口企业，已有的这些研究并没有考虑到企业其他异质性出口特征（如出口持续时间、出口强度、出口贸易方式、市场垄断程度等）对其技术升级的影响，因而分析不够全面。本书结合中国所具有的特殊国情，通过对异质性企业贸易模型进行扩展，建立了一个可以分析出口对企业技术升级影响的整体框架；同时不同于已有的多数研究往往只关注企业的出口参与对企业技术升级的影响，本书在一般均衡的框架下，分析了企业其他的异质性出口特征（如出口持续时间、出口强度、出口贸易方式、市场垄断程度等）影响出口企业技术升级的机制。因此，本书不仅是对已有相关研究（出口如何影响企业的技术升级）的有益补充，而且也丰富了异质性企业贸易理论在中国的应用。

其次，利用企业层面的微观数据研究出口对中国企业技术升级的影响同样具有重要的现实意义。中国作为一个经济大国和出口大国，是世界经济中的一股重要力量，但是中国出口贸易的快速发展也遭到了不少国家的责难，尤其是在世界经济形势不太乐观、贸易保护主义抬头的时候，中国企业也遭遇了国外反倾销调查等。中国政府如何制定合理的出口政策，中国出口企业如何面对这些挑战以确保中国能从对外经济活动中获得更大的利益，这些问题都对中国经济健康稳定的发展具有重要意义。正是在这样的背景下，本书力图通过严谨的理论和实证分析，在异质性企业贸易理论这个统一的大框架下来比较全面地考察出口影响中国企业技术升级的相关机制和作用机理。这对于中国出口企业更好地应对复杂多变的国际形势，融入全球价值链、产业链当中，以及对中国政府更好地制定一些相关政策来加快出口企业技术升级的步伐，实现从"出口大国"到"出口强国"的转变，都具有非常重要的现实意义。

第三节 研究思路与框架

本书试图在异质性企业贸易理论的框架下，结合中国所具有的特殊国情，在建立一个分析异质性出口特征对企业技术升级影响整体框架的基础上，重点考察企业异质性出口特征（如出口持续时间、出口强度、出口贸易方式、市场垄断程度等）的变化对出口企业技术升级的影响；同时，利用中国企业层面的微观数据，对相关理论研究的结论进行进一步的实证检验。

本书首先对相关文献进行了回顾和梳理，对以出口与出口企业技术升级为主题的文献研究现状进行了归纳与评述；其次在异质性企业贸易模型架构下，通过引入内生的企业技术升级，构建了一个分析企业异质性出口特征影响其技术升级的整体框架；再次就出口持续时间、出口强度、出口贸易方式、市场垄断程度四个异质性出口特征对出口企业技术升级的影响机制进行了分析，同时利用中国企业层面的微观数据实证检验了理论分析的结果，进而揭示了异质性出口特征对出口企业技术升级的微观影响；最后通过归纳总结得到本书的主要研究结论和相关政策建议，并提出了下一阶段的研究展望。具体来看，本书总共分为八章（具体的结构框架见图 1-1），每一章的具体内容如下。

第一章是导论。这部分主要介绍了本书的研究背景（包括理论背景与现实背景）、研究意义、研究思路与框架、研究方法、研究的创新点。

第二章是文献回顾，从企业技术升级的内涵界定及其影响因素、异质性企业贸易模型与出口中学习、出口与企业技术升级这三个方面对相关文献进行了综述，同时着重评述了以出口与出口企业技术升级为主题的文献研究现状。

第三章在经典的异质性企业贸易模型架构下，通过引入内生的企业技术升级，构建了一个分析企业的异质性出口特征影响其技术升级的整体框架，指出企业的异质性出口特征（如出口持续时间、出口强度、出口贸易

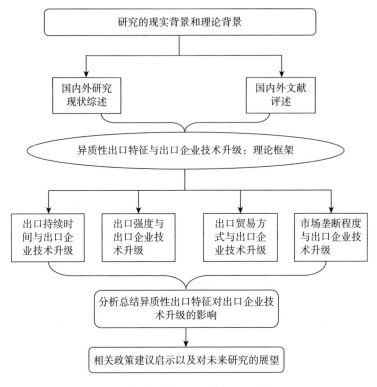

图1-1　本书的研究框架结构

方式以及市场垄断程度等）通过影响出口企业的利润函数最终会对其技术升级产生重大影响。不同的异质性出口特征影响出口企业技术升级的方式并不一样。在其他条件都相同的情况下，企业间异质性出口特征的差异将决定出口企业间技术升级程度的差异。这奠定了本书的理论基础。

第四章集中探讨了出口持续时间对出口企业技术升级的影响。首先分析了出口持续时间影响出口企业技术升级的内在机制，其次利用中国企业层面的微观数据，通过建立相应的面板数据回归模型，进一步实证检验了出口持续时间对中国出口企业技术升级的影响，并提出了相应的政策建议。

第五章集中分析了出口强度对出口企业技术升级的影响。首先从理论上分析出口强度对出口企业技术升级的影响，发现出口强度对出口企业技术升级的影响并非线性单调，而是呈"倒 U 形"。为此，本章利用中国工业企业数据，通过建立相应的回归模型，进一步实证检验了理论分析的结论，实证结果表明出口强度对中国出口企业技术升级影响的"倒 U 形"关系确实存在。

第六章集中研究了出口贸易方式对出口企业技术升级的影响。首先从理论上分析了出口贸易方式影响出口企业技术升级的内在机制；其次利用中国工业企业数据和海关进出口数据，构建相应的计量模型，通过采用系统 GMM 估计方法，本章进一步实证检验了出口贸易方式对中国出口企业技术升级的影响，并提出了相应的政策建议。

第七章集中考察了市场垄断程度对出口企业技术升级的影响。首先在异质性企业贸易模型框架下对市场垄断程度如何影响出口企业技术升级进行了理论分析；其次利用中国企业层面的微观数据对理论分析的结论进行了验证；最后，本章还为政府如何采取相关措施来促进出口企业的技术升级提出了相应的政策建议。

第八章是总结与研究展望。本章通过对全书进行总结，首先归纳出本书的主要研究结论；其次详细讨论了本书的主要创新点；最后分析了本书研究过程中存在的一些不足，并对下一步研究进行了展望。

第四节 研究方法

本书从理论和实证两个方面比较系统地研究了异质性出口特征对出口企业技术升级的影响。为了提高研究结论的真实性与可靠性，本书力求采用多种分析方法从多个维度来展开研究。具体来看，本书主要采用了如下几种研究方法。

理论推导与实证分析相结合。一方面，本书先通过理论模型推导，建立了一个分析出口对企业技术升级影响的整体框架，然后多角度考察了企业异质性出口特征（如出口持续时间、出口强度、出口贸易方式、市场垄断程度等）的变化对出口企业技术升级的影响；另一方面，通过利用中国企业层面的微观数据，实证检验了相关理论研究的结论。理论推导和实证分析两者相辅相成，相得益彰，既避免了缺乏实证支撑的理论分析，也避免了没有逻辑价值的纯数学型实证。

定性分析与定量研究相结合。定性分析相对简单明了，便于把握一些关键变量的整体变化趋势，可以为定量研究奠定基础。而定量研究相对复杂却也更准确，能够明确变量间的影响关系，可以说是对定性分析结果的进一步论证。本书在实证研究中，结合相关实践，不仅注重定性分析，厘清了关键变量的分布特征与变化趋势，而且利用中国高度细化的微观数据，通过构建面板数据回归模型，从多角度定量分析了异质性出口特征对出口企业技术升级的影响。通过做到定性分析与定量分析相结合，本书可以更为系统地研究异质性出口特征对出口企业技术升级的微观影响。

学术创新与对策建议相结合。本书在一些主要环节上都大胆提出相应的学术范式和逻辑框架，努力形成独立的分析思路，通过结合中国的现实情况，努力打破简单照抄照搬西方经济学范畴和模型的流行模式。同时基于所得的研究结论，本书还对相关政策建议进行了讨论，努力做到把有用的研究成果转变成有现实价值的政策思路。

第五节　研究的创新点

本书的创新点主要体现在以下几个方面。

首先，本书结合中国的特殊国情，对异质性企业贸易模型进行了相应的修正与拓展，打破原有的研究范式，建立了一个分析企业异质性出口特征影响出口企业技术升级的整体框架，进一步丰富了异质性企业贸易理论在中国的应用。

其次，已有的多数研究主要针对非出口企业，注重探讨企业从非出口状态到出口状态的转变对其技术升级的影响，本书的研究对象集中于已经进入出口市场的出口企业，强调分析企业其他异质性出口特征（如出口持续时间、出口强度、出口贸易方式、市场垄断程度等）对其技术升级的影响。因而本书为分析出口对企业技术升级的影响找到了新的研究视角。

　　最后，本书首次采用大型微观数据（包括中国工业企业数据库和海关进出口数据库）对异质性出口特征影响中国出口企业技术升级进行了比较全面、细致的考察。利用中国企业层面的微观数据，通过构建相应的面板回归模型，本书实证分析了异质性出口特征对中国出口企业技术升级的影响，基于所得的实证结论，本书进一步讨论了相关的政策建议。因而本书也为今后相关的政策制定者采取措施来加快出口企业技术升级的步伐提供了政策思路。

第二章
企业出口行为与技术升级：文献综述

研究企业的异质性出口特征对其技术升级的影响，必须要对企业技术升级这个概念有比较深入和准确的认识。因而清楚地界定好企业技术升级的内涵，并从一般意义上比较全面地把握影响企业技术升级的相关因素，这能为之后更好地探讨企业的异质性出口特征如何影响其技术升级奠定坚实的基础；而要从微观企业层面来分析企业的异质性出口特征对其技术升级的影响，必然也离不开当前最为流行且仍在不断发展的异质性企业模型框架。Baldwin（2005）认为企业异质性的引入将研究单位从产业层面深化到了微观企业层面，使得国际贸易理论的相关研究获得了新的微观基础和新的视角。毫无疑问，异质性企业贸易理论（有时也被称为"新新贸易理论"）已经成了当前国际贸易研究的最新前沿理论。有鉴于此，接下来本章将主要从企业技术升级的内涵界定及其影响因素、异质性企业贸易模型与出口中学习、出口与企业技术升级这三个方面来对相关文献进行综述。

第一节　企业技术升级的内涵界定及其影响因素

一　企业技术升级的内涵界定

当前许多研究并没有对企业技术升级和技术创新这两个概念进行区别，基本上都是混着使用，由于这两个说法的意思较接近，目前大家对企业技术升级的认识还比较模糊，缺乏对企业技术升级内涵的深刻把握。但是其实这两个概念是具有显著区别的，因而清晰地界定好企业技术升级的内涵是本书展开的基础。

其实，创新理论最早出现在熊彼特 1912 年的《经济发展理论》一书中，他指出创新就是建立一种新的生产函数，也就是"生产要素的重新组合"，提出生产意味着把企业所能支配的各种原材料组合起来用以制造出其他的东西，或者是使用不同的方法来生产出相同的东西。该概念包括下列五种情况：①生产出一种新的产品；②使用之前没有过的新的生产方法；③开发出新的市场；④使用新的供应来源；⑤采用新的组织形式。1935 年，在该概念定义的基础上，基于对资本主义市场经济中企业的创新案例的思考，熊彼特又重新把创新定义为"一种生产函数的变动"，并于1939 年在《经济周期》一书中明确指出创新就是"把新的生产函数引入经济系统中，不断更新原有的成本曲线"。

在此基础上，众多学者均提出了技术创新的相关概念定义。费里曼（C. Freeman）于 20 世纪 30 年代指出技术创新其实是一个商业化的过程，包括新的服务形式、新的产品类型、新生产过程的首次商业化转变，因而他较早对技术创新的定义进行了比较系统的阐述。而在技术创新概念界定上被大家普遍认为里程碑式的理论是索罗于 1951 年首次提出的"两步论"，该理论详细论述了技术创新成立的两个不可或缺的要素：思想来源和后阶段实现发展。到 20 世纪 60 年代，对技术创新概念界定比较具有代表性的学者当属林恩（G. Lynn），他认为技术创新的源头在于对技术的商业潜力的认识，而其最终点则在于将其完全转化为商业化产品。经济合作与发展组织于 20 世纪 90 年代指出，不仅开发出新的产品和使用新的工艺属于技术创新，假如原先的产品品质和生产工艺发生了显著的技术变化，这也属于技术创新。

而国内的傅家骥教授在其 1998 年所著的《技术创新学》一书中对技术创新进行了详细的、系统的定义，他认为技术创新是企业一系列活动的综合过程，既包括新生产方法的使用、新市场的开发、新产品的推出，也包括新原材料和中间投入品的供给来源、新企业组织形式的采用等，而企业进行技术创新的主要目的在于通过构建更为有效的生产经营系统，使资源可以得到更合理的配置，从而能够及时把握市场的潜在盈利机会。张培刚和金履忠（1998）认为技术创新就是企业不断地淘汰原有的旧技术，使用新技术来进行生产，使得其生产效率不断提高的过程。冯之浚（1999）指出一个完整的技术创新过程应该包括以下几个方面：思想的萌芽、产品的具体设计与生产、最终产品的营销与销售等。许庆瑞（2000）系统地整理了过去几十年来关于技术创新定义的多种不同表述，通过借鉴其中的有益部分，他认为技术创新就是以构思新颖性和成功实现为主要表现特征的非连续事件。1999 年中共中央、国务院在《关于加强技术创新，发展高科技，实现产业化的决定》中把技术创新定义为企业通过利用新知识、新工艺、新技术、新管理模式来占据市场并充分挖掘市场价值的过程，其最终表现形式可以为企业原有产品质量的提高，也可以为企业新市场和新产品的开发等。

纵观已有学者对技术创新的相关定义，可以发现尽管不同学者对技术创新具体定义的表述并不完全一样，但是仔细来看，不同学者对技术创新的理解实际上是趋同的：技术创新就是企业依靠其新颖的构思、特有的生产工艺与技术、先进的管理方法等来达到充分挖掘市场价值、最大可能提高其经济效益目的的过程（孙莺，2012）。在此基础上，卢博科（2010）进一步将企业的技术创新活动概括为以下三种形式：第一种是企业通过使用新的生产设备或新的生产技术来替代已有的设备或技术，以此来实现生产效率的提高或产品的价值增值，这是"升级型技术创新"，即技术升级；第二种是企业通过向外界引进先进的生产技术来降低现有产品的生产成本，以达到提高现有产品生产效率的目的，这是"引进型技术创新"，即技术引进；第三种是企业通过相应的研发投资来开发新的产品，新产品的开发过程也对应着新价值的创造过程，这是"研发型技术创新"，即技术研发。

而本书中所提到的企业技术升级实际上指的是企业通过从事研究、开发等活动或采用新生产技术降低了生产成本，改进了现有生产技术，最终实现了生产效率（即生产率）的提高。这十分接近卢博科（2010）所说的

"升级型技术创新"。不同的是，这里界定的企业技术升级的内涵并不包括产品的价值增值（即产品升级）这种形式。可见技术创新是一个非常广义的概念，它包含技术升级；而在本书研究框架下的企业技术升级则相对是一个比较狭隘的概念，主要是指企业生产效率的改进，它并不包括新产品的开发使用和产品的价值增值等。

二　企业技术升级的潜在影响因素

企业技术升级是企业技术创新下一个相对更狭隘的概念，影响企业技术创新的相关因素不一定会影响企业的技术升级，但是影响企业技术升级的所有因素肯定必然会也会是影响企业技术创新的因素。而当前已有研究中直接分析企业技术升级影响因素的文献比较少，绝大部分的研究都是在探讨影响企业技术创新的因素。为此，接下来本书将通过较全面的回顾影响企业技术创新的相关因素来间接地对影响企业技术升级的潜在因素进行综述。因为影响企业技术升级的所有潜在因素必然在影响企业技术创新的相关因素之中。这里将主要从内部影响因素、外部影响因素和开放因素三个方面来对相关文献展开综述。

（一）内部影响因素

1. 企业规模

"熊彼特假设"较早地指出了企业规模与企业技术创新间的正相关关系。该假设认为大企业是技术创新的主体，其理由在于一方面大企业的抗风险能力相对较强，另一方面大企业具有大规模的研发投入能力。因而企业规模越大越有利于技术创新，企业规模与技术创新具有线性正相关关系（Comanor，1967）。而总结已有文献，大企业在技术创新方面的优势主要体现在：首先，规模经济效应的存在使得大企业能够负担较高的技术研发成本（Comanor，1967）；其次，大企业更容易获取技术创新的收益，因为大企业一般都拥有较强的市场力量（Cohen 和 Klepper，1991）；最后，企业的技术创新活动具有较大的不确定性，而大企业资源充足，抗风险能力相对更强（Acs 和 Audretsch，1988）。然而也有研究指出中小企业在技术创新上有其治理结构的优势：第一，由于组织架构相对简单，中小企业可以根据环境的变化及时地调整相应的创新决策，因而中小企业会拥有相对较高的技术创新效率（Scherer，1991）；第二，为求快速成长起来，开拓创新通常是大量中小企业的核心文化，在这样的文化下能够形成良好的技术创新氛围，同时也能够给予相关的科研人员足够的创新激励（Link 和 Bozeman，1991）。

考虑到大型企业和中小企业在技术创新上各有其优势，一些学者认为企业规模与技术创新间可能并不是简单的线性关系。比如 Scherer（1965）的研究表明技术创新与企业规模呈"倒 U 形"关系，其所使用的样本为1955 年全球 500 强企业，其回归模型中的解释变量包括企业收入及其平方项和立方项。Pavitt 等（1987）、张杰等（2007）学者也都在各自的研究中得到了"倒 U 形"关系的结论。高良谋和李宇（2009）则进一步解释了企业规模与技术创新间"倒 U 形"关系的形成原因。他们的研究发现，大企业在现有技术方向上进行定向性技术创新的主要动因是组织惯性，而小企业离开原有技术方向进行非定向性技术创新的主要动因则在于竞争性市场，因而他们认为"倒 U 形"关系的形成是组织变量与市场力量对不同规模企业技术创新选择性作用的结果。

2. 企业年龄

长期以来，学术界就企业年龄究竟会如何影响企业的技术创新一直存在着两种不同的看法，其中一种观点认为长期持续经营的企业会拥有更多的技术和资金能力，同时随着企业年龄的增长，企业将积累起技术创新所必需的经验和知识，因而年龄越大的企业更易从事技术创新活动。相反，另一种观点则认为年龄较小的企业，其进行技术升级的动力会相对更大，因为新成立的企业会相对更急切地想通过技术升级来提高生产效率以扩大自己的市场份额，因而年龄较小的企业更易从事技术创新活动，如国内王华等（2010）的研究就指出经营年限较短的企业更倾向于选择技术创新。

3. "组织"因素

这里的"组织"因素包括企业家精神、组织文化、组织结构等，这方面已有的大量研究更多的是从管理学角度来探讨"组织"因素对企业技术创新的影响。由于本书更侧重于从经济学角度来进行分析，"组织"因素并不是本书关注的重点，高向飞和邹国庆（2009）对此进行了详细的综述，这里就不再重复。

当然还存在一些其他内部影响因素如产权结构、人力资本等。吴延兵（2008）的研究结果表明企业的产权结构界定不清晰会对企业的技术创新产生抑制作用，而企业的产权结构界定清晰则有利于激励企业进行技术创新。郭国峰等（2007）实证研究发现在影响企业技术创新的众多因素中，人力资本显得尤为重要，其对企业技术创新的贡献率远超过 R&D 经费投入等因素对企业技术创新的贡献率。至于影响企业技术创新的其他内部因素，这里就不再一一赘述。

（二）外部影响因素

1. 市场结构

关于市场结构对企业技术创新的影响究竟如何，学术界一直都没有定论（Loury，1979）。大体来看，早期存在两派不同的观点：一方面，福利经济学家强调市场这只"看不见的手"的作用，认为相比于垄断的市场环境，完全竞争的市场环境能够使企业获得相对更多的技术创新收益（Arrow，1962）；另一方面，以熊彼特为代表的一些学者则认为垄断的市场环境反而有利于企业的技术创新，因为拥有垄断地位的企业，可以获取更多的超额利润，考虑到市场中的垄断力量并不会长久存在，而是暂时性的，随着企业的模仿和创新，更多的企业会进入市场，垄断也会随之而消失，大量企业为获取垄断地位无疑会进行更多的技术创新活动。在此基础上，大量研究进行了更为全面深入的探讨。而总体来看，后续研究基本都是依据垄断或产业集中度对企业技术创新的积极影响（Maclaurin，1954；Phillips，1956）、消极影响（Loury，1979；Yi，1999）和混合影响（Kamien 和 Schwartz，1970）来展开。

2. 行业特征

一些经验研究发现行业特征会对企业的技术创新产生重要影响。安同良等（2006）利用江苏省制造业企业问卷调查的相关数据，重点研究了企业规模、行业特征和所有制特征对企业创新活动的影响，发现当前阶段这 3 个因素中，对我国制造业企业创新活动影响最大的因素就是行业特征的差异。彭征波（2007）利用2000～2003中国工业统计数据，选取其中的5个行业（电子、纺织、服装、化学和机械行业）研究企业规模、产业集中度等与创新的关系的行业差异。研究发现，由于行业特征不同，在不同的行业里，企业规模、产业集中度等与创新的关系并不相同。这种产业之间的差异表明不同的行业特征会在一定程度上影响企业的技术创新。

3. 产业集聚

新经济地理学较早就指出了集聚效应会影响企业的技术创新（Krugman和Venables，1995）。以Scott和Storper为代表的加利福尼亚学派指出企业一般会采用归核化战略来应对复杂多变的市场环境，因此在一些地理邻近的地区非常容易产生产业集聚，而产业集聚不仅能使交易费用降低，同时也能为相关技术知识的交流与利用提供便利（Storper和Scott，1989）。Storper（1997）的研究进一步发现，产业集聚有利于提高企业的技术创新效率，因为产业集聚不仅方便了区域内企业之间进行面对面的交流，同时由于区域内拥有相似的文化和氛围，也十分有利于知识的分享与扩散。不过，张杰等（2007）的研究却发现集聚效应并不一定有利于企业的创新：一方面，集聚能够促进创新网络的形成，能够使相关创新信息在集群内得到很好的分享与扩散，这在一定程度上为集群内企业进行技术创新活动提供了动力；另一方面，由于创新信息可以在集群内低成本扩散，假如没有很好的知识产权保护制度，大量集群内企业可能会放弃进行技术创新，而采用低成本的复制和模仿战略，这无疑会对集群内企业的创新活动产生抑制作用。在此基础上，他们进一步以江苏省制造业企业为样本，通过构建相应的计量模型，实证发现现阶段集聚效应对我国企业的创新活动的影响显著为负。

4. 政府行为

政府行为会对企业技术创新活动产生重要的影响，这已经得到了大量研究的证实。朱平芳和徐伟民（2003）利用面板数据实证考察了上海市政府的科技激励政策影响大中型工业企业技术创新的程度，结果发现政府的科技拨款资助跟税收减免都会在一定程度上促进企业增加自筹研发投入。还有一些研究如周泊（2011）和李蕊等（2013）则探讨了知识产权保护对企业技术创新的影响。其他有关政府行为对企业技术创新影响的研究可进一步参见唐清泉和甄丽明（2009）的综述。总之，政府依靠其对一些关键资源的拥有权与分配权，通过制定相关的政策措施，会对企业技术创新产生重要的影响。

（三）开放因素

1. FDI

外商直接投资（FDI）作为技术、管理、人力资本以及财力资本等资源的集合体对东道国企业的技术创新会产生重要的影响。已有的大量研究都主要集中在考察 FDI 的技术溢出效应对企业技术创新的影响。包群等（2006）总结了 FDI 技术溢出发生的四种主要途径：示范效应（企业可以通过学习外资企业先进的生产技术、管理模式等来提升自身的生产效率），竞争效应（国内企业为了应对外资企业所带来的竞争压力会被迫进行技术创新），人员培训效应（一般来说外资企业会对当地相关人员进行培训以更好地组织生产），链接效应（通过上下游产业间的链接效应来促进企业的技术创新）。总体上无论是国外的相关研究（Mei，2006；Crespo 和 Fontoura，2007；Smeets，2008），还是国内的相关研究（陈涛涛等，2006；郭峰等，2013；叶娇和王佳林，2014）都认可 FDI 溢出效应的存在或者至少认为在一定条件下（东道国具备一定的吸收能力或达到人力资本的"门槛"）溢出效应存在。

2. 进口

进口贸易作为国际技术扩散的另一种主要传导途径，也会对企业技术创新产生重大影响。在开放经济中，一方面进口为企业购买外国先进的技术设备提供了可能，另一方面进口也为企业获取高质量或更便宜的中间投入品来进行最终产品的生产提供了便利。Grossman 和 Helpman（1991）指出，企业大量进口中间投入品，能够分享到贸易伙伴国的研发成果，有利于进口国生产力水平的整体提升。王华等（2010）也指出通过从外国进口相应的生产设备或引进先进的技术，企业的技术存量水平会得到显著的提高；同时根据技术进步的"自我累加"效应，企业的技术存量也会随着企业对新生产技术的学习与吸收而进一步提高，而企业技术存量水平的提高无疑使企业"二次创新"的概率大大增加。大量的实证研究（Coe 和 Helpman，1995；Falvey 等，2004；Acharya 和 Keller，2008；谢建国和周露昭，2009；郭峰等，2013）都表明进口贸易所传导的溢出效应显著存在。虽然也有些研究对进口贸易的溢出效应表示怀疑（Keller，1998）或强调进口贸易技术溢出效应的"人力资本门槛"（符宁，2007；杨俊等，2009），但是不可否认的是，进口作为影响企业技术创新的重要因素已经受到了广泛的重视。

3. 出口

一方面出口贸易能够给企业带来更大的市场规模，使企业进行创新活动的成本得到摊销，提高了企业进行创新活动的边际回报；另一方面出口贸易也能帮助出口企业了解国外消费者偏好的变化，能够使出口企业更好地识别新的消费需求，这些都将有利于企业自主创新活动的开展。同时出口贸易也使出口企业置身于激烈的国际竞争之中，因此相比于非出口企业，出口企业面临的竞争压力会相对更大，较大的竞争压力可能会使得出口企业具有更高的积极性来进行技术创新活动。可见出口贸易也是影响企业技术创新的重要因素。而当前这方面的研究主要集中在探讨"出口中学习效应"的存在。详细的介绍可参见本章第二节的文献综述，这里不再重复。

第二节　异质性企业贸易模型与出口中学习

一　异质性企业贸易模型的兴起与发展

探讨贸易发生的原因和贸易带来的福利效应一直是国际贸易理论所研究的核心问题。资源配置效率提高和国民消费福利改进，是经典国际贸易理论用来证明自由贸易合理性的主要支撑。早期的相关研究主要从国家间的比较优势理论（李嘉图模型）或要素禀赋差异（赫克歇尔－俄林模型）来展开分析，更多强调的是分工的作用以及由此给贸易开展国家带来的福利提高。然而，随着国际贸易理论的不断深入发展，早期传统的分析框架

（如李嘉图的比较优势理论和赫克歇尔－俄林要素禀赋理论）由于更多偏重于国家宏观层面，已经远远滞后于现实的新发展。Melitz 和 Trefler（2012）指出当前分析一国从贸易中的获利更强调以下三个来源：产品多样性、企业间的资源配置效率以及企业自身的生产效率。当前从微观企业层面来研究国际贸易理论的相关问题已经成为一个重要的发展动向。

20 世纪 80 年代发展起来的以市场竞争不完全为背景的新贸易理论专注于对产业内贸易的分析，强调规模经济效应和产品差异化等因素对出口的重要性。通过引入垄断竞争和规模经济，它很好地对贸易如何给一国带来更多的产品种类这一福利来源进行了解释：消费者偏爱产品多样性并愿意为此支付较高的价格，而国际贸易使得市场规模扩大，企业可以获得更大程度的规模经济，更多的企业可以得到生存，结果贸易能使一国消费者享受到较低的产品价格和较多的产品种类（Krugman，1979，1980；Helpman 和 Krugman，1985）。虽然新贸易理论开始将国际贸易的相关研究从宏观层面深入微观企业层面，同时也较好地对贸易如何给一国带来更多的产品种类这一福利来源进行了解释，但是其采用了"代表性企业"的假设（即假设一国内所有企业的表现行为都是一样的，企业间不存在任何差异）。这个假设虽然可以使分析变得简便，但是一个很大的代价就是无法考虑企业之间的异质性，大量实证研究如 Clerides（1998）等表明，用"代表性企业"的假设并不能很好地刻画现实。

"代表性企业"假设的存在，使得新贸易理论的分析受到很大的限制，对这个假设的弱化成了国际贸易理论发展的必然趋势。而为此做出奠基性贡献的应属 Melitz（2003）和 Bernard 等（2003）发展起来的异质性企业贸易模型。Melitz（2003）提出的异质性企业贸易模型是 Hopenhayn（1992）的动态产业模型与 Krugman（1980）的产业内贸易模型的有机结合。而 Bernard 等（2003）则通过在李嘉图模型中引入伯川德竞争，建立了一个不完全竞争下同时包含产业间要素密集度差异和国家间要素禀赋差异的异质性企业贸易模型。他们的模型很好地解释了贸易如何诱发企业间更有效率的资源配置。他们提出的企业异质性是指即使在同一个行业内，有些企业也会比其他企业更大、盈利能力更强，因为这些企业是更有生产效率的。贸易既会使同一行业的一些企业获利，也会使一些企业受损，这一效应会被企业的异质性所放大。业绩较好的企业能茁壮成长并进一步拓展国外市场，而业绩较差的企业既无能力进入海外市场又在国内面临更激烈的国外产品的竞争，只能逐渐萎缩甚至退出市场。这产生了贸易的第二个福利来源：贸易通过迫使生产率较低的企业退出市场，实现了资源的重新有效配置（资源从生产率较低的企业流向生产率较高的企业），最终使得一国行业的平均生产率得到提高。而这其中的关键在于贸易开放后并不是所有的企业都会进行出口，因为进入出口市场需要支付一定量的固定成本，贸易开放会使得本国生产率最低的企业退出市场，生产率居中的企业只服务国内市场，生产率最高的企业既服务国内市场同时又进行出口。

在此基础上，Helpman、Melitz 和 Yeaple（2004），Baldwin（2005）、Ghironi 和 Melitz（2005），Bernard、Redding 和 Schott（2007），Eckel 和 Neary（2010），Bustos（2007，2011）等分别从不同角度对 Melitz（2003）模型进行了扩展，从理论上进一步证实了只有高生产率的厂商才会选择出口，生产率低的企业会被迫退出市场，贸易开放将诱发企业间更有效的资源配置，有助于一国行业平均生产率水平的提高。伴随着异质性企业贸易模型的发展，基于企业生产率与出口的相关经验研究逐渐引起了学者们的重视。Bernad 和 Jensen（2004）最先利用微观企业数据对 Melitz 的理论进行了检验，验证了生产率较高的企业会自我选择进行出口。之后的绝大部分经验研究所得出的结论也都符合异质性企业模型的预期，即出口企业的生产率水平一般要高于非出口企业（Arnold 和 Hussinger，2005；Aw 等，2007；Tomiura，2007；Becker 和 Egger，2013 等）。

大量实证研究结果的支持赋予了异质性企业贸易模型更强的生命力，因为它有效地解释了贸易所带来的第二个福利来源：企业间资源配置效率的改善。然而，基于中国企业层面的经验研究却得出了与新新贸易理论预期不一致的结论，即中国出口企业的生产率并不高于非出口企业。李春顶和尹翔硕（2009）利用 1998～2007 年的中国工业企业数据，分 20 个行业检验了我国企业出口与生产率的关系，结果表明只供应国内市场的企业生产率反而高于出口企业，并首次提出了"生产率悖论"的概念。李春顶

（2010）再次利用中国制造业 30 多个行业的企业数据全面检验了"悖论"现象，结果显示中国制造业企业普遍存在着行业内的"生产率悖论"。类似的研究如李春顶等（2010）、Lu（2010）、Lu 等（2010）、王华等（2011）、汤二子等（2011）也都发现在我国的一些行业内，出口企业的生产率要比非出口企业的生产率低，这些研究都为中国出口企业存在"生产率悖论"提供了可靠的证据。

中国出口企业的"生产率悖论"对异质性企业贸易理论提出了挑战，国内学者纷纷从各种角度试图寻找背后导致中国出口企业存在"生产率悖论"的原因，概括起来主要有以下几种观点：①中国企业出口的竞争优势并不直接表现为生产率的优势，而更多地表现为通过压低劳动力的工资成本而获得的低成本竞争优势。这种依赖劳动力密集优势的出口贸易特征使得发展中国家企业的出口行为可能背离新新贸易理论的结论（王华等，2011）。②由于中国地方政府对 GDP 的追逐，地区间相继采取"以邻为壑"的地方保护主义政策，这导致严重的国内市场分割，使得本土企业进入国内其他地区的交易成本高于进入国际市场的成本，不同生产率水平的企业均选择出口，国际贸易成了国内贸易的替代。这其实是外生因素导致的"扭曲性"过度出口的结果（朱希伟等，2005）。考虑到国内市场的分割，安虎森等（2013）对 Melitz（2003）模型进行了扩展，在引入了市场规模和进入成本的非对称性后，可以对生产率"悖论"进行解释。③李顶春（2010）和戴觅等（2014）认为中国加工贸易的大量存在是出现"生产率悖论"的重要原因。加工贸易由于生产附加值低，自主创新能力薄弱，生产率低下，从而使整个出口企业的生产率偏低，导致"生产率悖论"的存在。④以汤二子等（2012）为代表，他们通过在生产率外再引入产品质量异质性来重构异质性企业贸易模型，表明仅仅利用企业产量而忽视产品质量计算的生产率可能会得出"生产率悖论"，因而中国出口企业的"生产率悖论"很可能只是一个计算问题。⑤岳文等（2015）从企业发展的角度，通过引入技术选择，认为中国仍处于经济发展转型阶段，金融市场体系仍然不是很健全，中国出口企业的"生产率悖论"只是企业在发展过程中由于面临资金限制而做出不同选择所出现的结果：生产率最高的企业由于采用了高生产技术而无力再进入出口市场，只能服务国内市场；生产率稍低的企业由于没有选择进行技术升级，仍然采用低生产技术，反而能够进入出口市场。他们进一步预测出口企业的"生产率悖论"可能并不是中国所特有的现象，许多发展中国家（特别是企业普遍盈利能力不高、无法获得较多资金供应的国家）也将可能存在；同时中国出口企业的"生产率悖论"可能只是一种暂时的现象，并不会一直存在下去，会随着企业盈利能力的不断增强和多种融资渠道的发展成熟而逐渐消失。⑥中国的现实条件（如出口市场可能并不是完全自由进入等）与经典理论的背离才是出现"生产率悖论"的可能原因。

这些对"生产率悖论"的解释与探讨丰富了异质性企业贸易模型在中国的运用，同时也进一步促进了异质性企业贸易模型的发展成熟。

二　出口中学习效应

值得注意的是，Melitz（2003）和 Bernard 等（2003）的模型都假定企业的生产率不变，强调贸易自由化给一国所能带来的潜在生产率的获得在于资源在企业间的重新配置。然而，大量的实证研究却还表明贸易也可以促进企业自身生产率的提高，如对加拿大的研究（Trefler，2004；Baldwin 和 Gu，2003，2004；Lileeva，2008，2010）、对非洲九国的研究（Van Biesebroeck，2005）、对智利的研究（Alvarez 和 López，2005）、对印度的研究（Topalova 和 Amit，2011）、对斯洛文尼亚的研究（De Loecker，2007，2013）、对美国的研究（Bernard 等，2006）等。Martins 和 Yang（2009）总结了 1999～2008 年有关出口的生产率效应的 33 篇文章，这些研究中有 18 篇文献发现出口对企业生产率有显著的提升作用。就国内的相关研究而言，张杰等（2009）通过构建相应的回归模型，利用中国制造业企业 1999～2003 的数据实证研究发现出口能够显著地提高中国制造业企业的 TFP 水平，同时他们还进一步分析了出口对中国制造业企业 TFP 的促进效应具有一定的作用期限，这种促进效应只在企业出口后 3 年内有效，之后便不再显著。余淼杰（2010）用中国制造业企业 1998～2002 年的数据发现中国的贸易自由化促进了中国制造业企业生产率的提高。戴翔和张雨（2013）

则以昆山本土制造业企业为样本，深入探讨了开放条件下影响我国企业技术升级能力的主要因素，结果发现，出口能够显著提升我国本土企业的技术升级能力。他们的研究为出口中学习效应（learning by exporting）的存在提供了来自中国的经验证据。范剑勇和冯猛（2013）以投入要素的流量概念为切入点，应用 LP 方法对非出口企业与出口企业以及 4 类不同出口密度企业的 TFP 进行了估算，发现自选择效应和出口中学习效应这两种不同的机制都是我国出口企业生产率优势的源头，其中出口中学习效应占生产率优势 34% ~35% 的贡献份额。类似的研究还有王华等（2011）、钱学锋等（2011）。这些研究都指出企业对出口市场的参与促进了企业自身生产率的提高，由此表明贸易自由化能给一国带来潜在福利改善的第三条途径：企业自身生产效率的提高。

贸易所带来的第二个福利来源主要是指企业间资源配置效率的改善，而第三个福利来源则指企业自身生产效率的提高。正如 Melitz 和 Trefler（2012）所言，企业自身生产效率的提高跟企业间资源配置效率的改善一样，已经成了贸易自由化提高一国福利水平的另一条重要途径。那么贸易如何促进企业自身生产效率的提高呢？

对此一个最有可能的解释是存在出口中学习效应，企业在出口市场中可以见识到最新的产品设计、接触到最先进的生产技术和管理模式，这些都将直接或间接地促进企业生产率的提高。早在 1997 年，世界银行的研究报告就提到，对于大量发展中国家的企业而言，利用出口进入发达国家的市场，能够使它们接触到最先进的工艺流程和生产管理方式，通过进一步的学习、消化吸收，发展中国家企业的生产效率能够得到很大程度的提高。Helpman（2006）系统地整理了已有的研究出口影响企业生产率的相关文献，发现出口中学习效应在大多数发展中国家普遍存在，具体来看，出口对企业生产率的提升效应一般会表现为出口企业通过引进先进的生产设备来降低自身的生产成本，实现自身生产效率的提升。

Greenaway 和 Kneller（2007）对出口中学习效应进行了进一步的概括，指出出口中学习效应可以表现在以下三个不同的方面：第一，企业对出口市场的利用能够扩大自身的市场规模，市场规模的扩大不仅能够提高出口企业的收入水平，同时也给出口企业带来了更大竞争压力，竞争压力的增大将迫使企业努力提高生产效率；第二，相比于国内消费者，外国消费者可能对产品质量要求更高，为了满足外国消费者的更高要求，新出口企业往往需要对原有的生产设备进行升级、对现有的工艺流程进行改进，同时提高相应的技术标准；第三，企业进入出口市场后既会面临更激烈的竞争，同时也可能需要努力提高产品质量以满足国外消费者的更高要求，为了应对这些挑战，出口企业往往要学习一些新的技能，其结果就是企业的生产效率得到大幅度的提升。另外，Van Biesebroeck（2005）还发现发展中国家的企业进入出口市场后，较好的信贷供给环境和合约实施保障也将有利于出口企业生产效率的提升，这无疑也是出口学习效应的重要来源。

就国内相关研究而言，易靖韬和傅佳莎（2011）对出口中学习效应进行了概括，具体而言出口中学习效应主要表现在以下方面。首先，出口市场为出口企业与国外消费者和竞争者就产品设计、产品质量等方面进行交流提供了便利，为了能够跟国外竞争者竞争，满足国外消费者的需求，出口企业可能需要进行业务流程再造，不断提高自身的产品质量，同时降低相应的生产成本。比如我们经常发现企业出口产品的质量往往要高于其在国内销售的产品质量。其次，对出口市场的利用能够使企业的市场规模得到扩大，市场规模的扩大将有利于企业规模经济效应的发挥。最后，对出口市场的参与能够使企业进行创新活动的成本得到摊销，提高企业进行创新活动的边际回报，这无疑将给企业进行创新活动提供更大的激励。

第三节　出口与企业技术升级

出口中学习效应的存在使得企业对出口市场的参与有助于其自身生产效应的提高，这被认为是贸易所带来的第三个福利来源的具体体现。然而，出口中学习效应涉及的内容广而多，既包括出口市场的竞争压力引发出口企业的自主学习与技术升级，又包括市场规模扩大带来的规模经济效应，同时企业对出口市场的利用能够使企业进行创新活动的成本得到摊销，从而给企业进行创新活动提供更大的激励等，虽然多数研究都已表明出口中学习效应确实存在，但仍很难判断出口是通过什么具体途径促使企业生产率得到提高的。在出口中学习效应这个大范畴下，企业的技术升级作为企业生产率得到提高的一条重要途径，学者们开始逐渐关注出口对企业技术升级的影响。

一 企业的出口参与与技术升级

应当看到，企业要谋求发展，无非两个途径，一是进行研发或技术升级来提升自身的生产率水平，二是通过开拓新市场（如出口市场）来扩大市场规模，发挥规模经济效应。而从长期来看，企业最终还是需要依靠生产效率的不断提升才能存活下来。企业进行研发或技术升级等来提高自身生产效率的活动都需要前期投入的开发成本，对于非出口企业而言，扩大市场规模（如企业首次参与出口市场），这能使企业从事研发或技术升级等活动的成本得到摊销，企业的出口参与通过提高企业进行创新或技术升级等活动的边际回报，能有助于企业自身生产效率的提高。根据前面对企业技术升级的内涵界定，企业对新技术的采用或相关技术投资（如对研发活动的投入等）都可以视为企业的技术升级，因为它们都会有利于企业生产率的提高。那么是否真的如此，企业的出口参与真的能够促进企业的技术升级？

其实，早就有一些文献通过引入两种离散的生产技术，从理论上研究了企业的出口参与如何影响企业对高低生产技术的权衡选择。Bustos（2007，2011）、Yeaple（2005）、Navas 和 Sala（2007）考虑了一个拥有两种技术选择的静态模型，他们强调企业如何共同决定进入出口市场和采取新技术。Costantini 和 Melitz（2008）进一步将企业如何共同决定进入出口市场和采取新技术扩展到动态模型框架，并详细分析了由于贸易改革引发的过渡动态。

而从实证研究方面来看，Verhoogen（2008）研究发现墨西哥的出口企业有可能采用更高的生产技术，因而指出企业的出口参与有利于企业的技术升级。Lileeva 和 Trefler（2010）研究发现美加自由贸易区的签订带来的关税下降会诱使加拿大的新出口企业采用更高的生产技术，因而企业从非出口到出口的转变伴随着更高程度的技术升级。在对中国台湾电子行业的实证研究中，Aw 等（2007，2008，2011）指出企业的出口参与和进行研发活动之间存在着复杂的动态交互关系，这两者都会对企业将来的生产率产生影响。通过把这种动态方法扩展到一般均衡中，Shen（2011）在对西班牙实证研究中发现企业的出口参与和提高生产率的投资活动两者间存在很强的互补性。这些研究都表明伴随着企业对出口市场的参与（由于贸易成本下降引致），企业的创新（或技术）投资在增加，企业的出口参与对其技术升级有着正效应。已有的这些研究为理解企业出口参与对其技术升级的影响提供了深刻的洞见。

而到目前为止，国内有关企业的出口参与对其技术升级影响的研究并不多。张杰等（2008）基于江苏省企业调查问卷的相关数据，通过建立相应的计量模型，研究发现当前阶段我国制造业企业进入国际市场的主要途径是通过代工方式参与到全球价值链生产体系当中，对国外市场依赖程度（出口参与）的不同会影响到我国制造业企业的创新活动，具体来看，二者的关系呈"倒 U 形"。康志勇（2011）的实证研究也得到了类似的结论，即企业的出口会对其技术升级产生"倒 U 形"非线性影响。童伟伟（2013）则利用世界银行对中国 12400 家企业的调查数据，采用倾向得分匹配估计方法，考察了出口贸易对企业技术创新投入的影响，其结果显示，出口决策从总体而言显著促进了出口企业的技术升级，但这一促进作用主要存在于低出口密度企业。国内的这些研究都得出了类似的结论，即中国企业的出口参与会对本土制造业企业的技术升级产生复杂的非线性影响。

二　企业其他异质性出口特征与技术升级

大量研究都在强调企业的出口参与（从非出口状态到出口状态）对其技术升级的影响，应当指出，这些研究的研究对象还是集中在非出口企业，即企业从非出口状态到出口状态的转变伴随着更高的技术升级。应当看到，要深入理解和全面分析出口对企业技术升级的影响，这还远远不够。探讨企业的出口参与对其技术升级的影响这只是问题的一方面，问题的另一方面在于对于已经出口的企业，企业的异质性出口特征（如出口持续时间、出口强度、出口贸易方式、市场垄断程度等）是否也会影响其技术升级？如果是，又将如何影响？

然而不幸的是，对于已经出口的企业，有关企业的异质性出口特征对其技术升级影响的研究还非常少。相关研究都集中在探讨贸易自由化（出口企业面临的贸易成本下降，如关税下降）对出口企业技术升级的影响。如 Bustos（2011）通过引入两种生产技术建立理论模型来研究贸易自由化对企业新技术选择的影响，进一步对阿根廷企业的实证研究表明关税削减程度较高的行业，企业对技术的投资增长越快，而这些投资中多数是属于新出口企业的，这在一定程度上说明了贸易自由化对出口企业的技术升级有正效应。相比于 Bustos（2011）的研究是建立在垄断竞争的基础上，Long 等（2007，2011）则建立了一个异质性企业框架下的寡头竞争模型，并着重分析了贸易自由化究竟会如何影响企业的创新激励，由于不是垄断竞争的市场结构，他们的模型允许企业在做出决策时考虑竞争对手对其做出的反应。然而由于这些研究考虑的都是两种离散的技术选择，企业只能在高低两种外生给定的生产技术间进行选择，这显然不太符合现实。而通过引入连续的企业技术升级，企业能根据自身的生产率水平，在利润最大化的条件下选择自身最优的技术升级程度。此时企业的技术升级是内生的，不同的企业会根据自身的异质性来选择不同程度的技术升级，这显然更符合实际情况。

为此，随后的一些相关研究也多采用了内生的企业技术升级，这些研究还同时进一步将模型动态化。如 Ederington 和 McCalman（2008）在开放经济下建立了一个包含企业技术采用的动态模型，指出贸易壁垒的下降会增加企业对新技术的采用率。Atkeson 和 Burstein（2010）在 Griliches（1979）知识资本模型的基础上，最先建立了一个包含企业创新的动态一般均衡模型，他们强调企业过程创新和产品创新的相互作用，并分析了长期动态中贸易自由化对企业创新活动的影响。贸易成本的下降会诱发生产率更高的企业增加对创新活动的投资，而随着时间的推移，这些企业的生产率会进一步得到提高。Melitz 和 Burstein（2013）也建立一个类似的包含企业创新的动态一般均衡模型，他们不仅考虑了外生的企业创新活动，而且考虑了内生的企业创新活动，他们主要分析了这两种情况下预期的贸易自由化和不被预期的贸易自由化对企业创新活动的影响。

就国内相关研究而言，刘杨（2009）建立了一个包含企业异质性的局部均衡模型，着重分析了一国的贸易自由化对企业技术升级的影响，结果发现贸易自由化并非使产业内部所有出口厂商都实现技术升级，贸易自由化的程度、企业自身的生产效率、市场的相对容量、进入出口市场所需的固定成本等都是影响企业技术升级的重要因素；而进一步的实证研究也支持了其理论分析的结论，贸易自由化后，仅生产效率居中的持续出口企业实现了技术升级。

应当看到，已有的这些研究为我们理解企业异质性出口特征对其技术升级的影响提供了有益的借鉴。贸易成本作为企业的异质性出口特征之一，贸易成本的变化（如关税的变化）确实会影响到出口企业的技术升级；然而，对于企业其他的异质性出口特征（如出口持续时间、出口强度、出口贸易方式、市场垄断程度等）会如何影响出口企业的技术升级则还存在很大的研究空白，本书试图在这方面有所贡献。

第四节　文献总结评述

纵观国内外已有关于出口对企业技术升级的研究，在以下几个问题上已经达成了一定程度的共识，并可为本书的研究提供有益的借鉴。首先，影响企业技术升级的因素有很多，而出口作为开放经济条件下影响企业技术升级的一个重要因素越来越受到广泛的关注。其次，企业对出口市场的参与有利于企业的技术升级。已有的大量研究都证实了企业从不出口到出口的转变会伴随着更高程度的技术升级。最后，伴随着异质性企业贸易理论的兴起与发展，从企业异质性角度来研究企业的出口行为及其相关问题已经成了当前国际贸易研究的主流。

　　然而，现有的研究也存在一些重要的问题有待做出更为深入的探讨。具体来看，目前国内外的相关研究仍然存在三个方面的明显不足。首先，缺乏在异质性企业贸易理论下分析企业的异质性出口特征对其技术升级影响的整体框架。已有的分析框架往往只包含了企业的出口参与（出口或不出口）对企业技术升级的影响，其研究对象主要是针对非出口企业；而对已经出口的企业，分析企业的异质性出口特征（如出口持续时间、出口强度、出口贸易方式、市场垄断程度等）对其技术升级影响的整体框架还基本没有。因而当前亟待建立一个分析企业异质性出口特征对其技术升级影响的整体框架。其次，针对出口企业，有关企业的异质性出口特征变化如何影响出口企业技术升级的机制分析还明显不够。当前已有的一些研究都集中在探讨贸易自由化（出口企业面临的贸易成本下降）对出口企业技术升级的影响，而对于企业其他的异质性出口特征的变化如何影响出口企业技术升级的分析还存在很大的研究空白。也正由于此，目前有关企业的异质性出口特征对其技术升级影响的研究还不够全面，有待进一步完善。最后，利用中国企业数据，从微观层面来分析企业的异质性出口特征对其技术升级影响的研究还极度匮乏。已有的关于出口对中国企业技术升级的相关研究不是偏向于宏观层面就是把非出口企业作为研究对象（这些研究的侧重点在于分析企业的出口参与对其技术升级的影响），而以中国出口企业作为主要研究对象，利用相关数据从微观层面来探讨企业的异质性出口特征对中国出口企业技术升级影响的研究还很少。应当看到，中国出口贸易在过去30多年快速发展，快速增长的出口贸易背后是大量出口企业的存在，这些出口企业为中国经济的快速崛起做出了不可磨灭的贡献。出口企业的技术升级不仅事关其自身的长远发展，而且事关中国外贸的持续稳定繁荣，因而详细分析企业的异质性出口特征对中国出口企业技术升级的影响无疑具有十分重要的意义。

　　针对现有研究还存在的研究空白，本书试图做以下三件事：首先，在结合中国所具有的特殊国情下，对异质性企业贸易模型进行扩展，建立一个分析企业异质性出口特征对其技术升级影响的整体框架；其次，不只是关注贸易自由化（贸易成本下降）所带来的企业的出口参与对其技术升级的影响，本书在一般均衡的框架下，针对已经进入出口市场的企业，分析了企业其他的异质性出口特征（如出口持续时间、出口强度、出口贸易方式、市场垄断程度等）的变化影响出口企业技术升级的机制；最后，利用中国企业层面的微观数据，从实证上对相关理论分析的结论进行了进一步的验证。因而本书不仅为分析异质性出口特征对出口企业技术升级的影响提供了一个较完整的框架，而且也为今后相关的政策制定者实施相关政策来加快出口企业技术升级的步伐提供了政策思路。

第三章
异质性出口特征与出口企业
技术升级：理论框架

在开放经济条件下，出口贸易在一国经济发展中发挥着越来越重要的作用，而出口企业作为出口贸易最重要的微观主体正日益受到广泛的关注。随着国际分工不断细化，产品内分工趋势日趋明显，各国都努力试图通过企业的技术升级来实现其在全球价值链上的攀升，在这样的背景下，有关出口企业技术升级的讨论如雨后春笋般涌现。本章从理论上比较详细地分析了企业的异质性出口特征对出口企业技术升级的影响。具体来看，主要分三个层次。首先，面对复杂多变的国内外经济环境，中国外贸的发展转型已经刻不容缓，然而总体上判断，中国外贸的转型发展应当也必须以出口企业的技术升级作为重要的支撑。其次，通过逻辑演绎，本章探讨了企业的异质性出口特征（如出口持续时间、出口强度、出口贸易方式以及市场垄断程度等）影响出口企业技术升级的内在机理。最后，在经典的异质性企业贸易模型架构下，通过引入内生的企业技术升级，本章构建了一个分析企业的异质性出口特征影响其技术升级的整体框架。

第一节　中国外贸的发展转型与出口
企业的技术升级

改革开放以来，中国经济持续稳定快速增长，对外贸易发挥了至关重要的作用，可以说没有对外开放就没有中国现在的经济。行之有效的改革开放使中国国民经济总量上升到世界第二位，中国出口商品规模连续多年称雄全球，引进外资总量持续居于发展中国家首位，无论是以总量规模还是相对比例来加以衡量，中国都已经成为新兴经济大国，国际经济影响力显著提高（岳文和陈飞翔，2014）。而随之而来的就是国际国内经济环境的重大变化，一方面，2008年金融危机以来，全球经济进入衰退期，复苏过程艰难曲折，外需持续低迷，加之贸易保护主义升温、经贸摩擦频繁发生，我国出口增速下滑，外贸中低速增长常态化；另一方面，随着人口红利、土地红利和环境红利等传统低成本优势逐步丧失，我国在对外出口和引进外资等方面的传统比较优势不断下降，加之越来越多来自其他发展中国家（如越南、印度等）的低价产品竞争，我国出口商品的低价竞争模式难以为继。在这样的情况下，中国外贸的转型发展已经刻不容缓。

"转变外贸增长方式"最早由中央经济工作会议于2004年提出，历经几年推进，尤其是在应对2008年发生的国际金融危机给我国外贸发展带来的严峻考验后，中央经济工作会议于2009年12月正式将其更改为"加快外贸发展方式的转变"。2012年初，商务部、国家发改委等十部委再次共同发布了《关于加快转变外贸发展方式的指导意见》，要求加快转变我国外贸发展方式的步伐，更好地发挥外贸在拉动经济增长、促进社会和谐、扩大国际影响力等方面的重大战略作用。十八大则更加明确提出要加快转变对外经济发展方式，形成以技术、品牌、质量、服务为核心的出口竞争新优势。中央的这一系列的阐述表明转变外贸发展方式、加快培育竞争新优势已经成为我国外贸领域面临的重大课题。尽管无论是在学术界还是实际部门，中国外贸发展亟待转型已成共识，但是在如何转型这个问题上，至今仍没有定论，不同学者众说纷纭。有些学者认为中国在外贸发展过程中，加工贸易比例过高，因而适时促使加工贸易向一般贸易转化才是中国外贸转型的关键；也有些学者认为中国主要是依靠低成本的劳动力优势来参与国际分工，中国的外贸企业普遍处于价值链低端，技术含量低，实现外贸企业向价值链高端的升级才是中国外贸成功转型的基础；等等。从中国外贸发展的长远角度来看，不可否认，以上这些观点都是有道理的；然而短期来看，我们不能不顾中国的现实国情而一味地只强调外贸的转型，上述的这些观点有点"急于求成"，这显然对于我国外贸的长期可持续发展是不利的（张二震，2014）。如何更好地实现中国外贸的转型发展需要对外贸转型发展的本质有更深刻的认识。

应当看到，各国的外贸发展道路都是在特定历史条件下形成的，与其自身所处的经济发展阶段以及当时的国际经济形势密切相关。一方面，一国所处的经济发展阶段会对该国的外贸发展产生明显的约束，另一方面，国内外经济形势的变化又会在一定程度上适时引导一国的外贸发展方向。因此，从某种程度上来看，一国的外贸发展道路并不是一成不变的，随着时间的推移，应该根据当前的现实经济状况以及国际经济环境适时地做出调整。正如陈飞翔（2013）所言，根据一国的现实经济状况来适时对一国外贸的发展做出调整，是开放经济条件下实现一国经济持续发展的内在要求。

我国的对外开放始于特定的历史条件下，改革开放初期我国的社会生产力水平相当低下，而国际政治经济局势又十分紧张，在这种情况下，摸着石头过河，我国的对外贸易探索出了一条中国特色的发展道路。不可否认，中国的外贸发展道路取得了相当大的成功（中国迅速崛起成了全球第二大经济体，国际经济地位也显著提高）。然而值得注意的是，当前我国所面临的国内外经济环境跟改革开放初期相比已经不同，而早期形成的外贸发展方式却依然没有出现根本性的改变：一方面我国当前仍然主要是依靠劳动力、土地等要素的低成本优势来参与全球国际分工与贸易，另一方面我国当前的出口商品其技术含量仍然普遍较低，主要是以劳动密集型产品为主，而我国进口商品的主体则是技术含量较高的资本密集型产品与技术密集型产品等。

应当指出，原有的这种外贸发展方式为中国经济的快速崛起做出了不可磨灭的贡献，但是近年来这种外贸发展方式的弊端也逐渐显现：由于比较依赖国际市场，我国的经济易受到国际需求变动的影响；由于是被动地参与到现有国际分工体系中，我国经济面临比较严重的结构滞后问题；等等。陈飞翔等（2010）指出造成这种情况的根本原因在于我国是根据静态比较优势融入全球经济之中，由于对生产要素的使用和积累都主要集中在比较低端层次上，这种融入全球经济的方式非常容易使经济陷入资源锁定效应之中。

因而中国外贸的转型发展关键在于改变现有基于静态比较优势参与国际经济的模式，通过积极培育动态比较优势，摆脱经济运行过程中的资源锁定效应，真正形成以技术、品牌、质量、服务为核心的出口竞争新优势。而出口企业作为我国对外贸易发展中最重要的微观主体之一，培育出口竞争新优势需要以出口企业作为载体，只有出口企业不断技术升级，并不再过度依赖低成本的劳动力和资源优势，具备在国际市场上与其他国家企业相抗衡的新型竞争优势，我国的外贸转型才能真正取得实质上的进展。从某种程度上判断，出口企业的技术升级才是我国外贸转型发展的核心所在。

首先，出口企业所支撑的出口贸易已经成为中国外贸发展最重要的一环，出口企业的技术升级事关外贸转型全局。出口贸易和进口贸易是一国外贸发展最重要的两个方面，但由于特定的历史原因和中国的特殊国情，改革开放以来，中国一直把外贸发展的中心放在出口贸易上，实施了各种有利于出口贸易的政策措施（包括出口免税、出口退税等），由此也导致中国出口贸易的迅速增长。姚洋和章林峰（2008）的研究指出，我国企业出口总量 2000 年占世界出口总量的比例只有 2.23%，而到 2005 年，这个比例就增长到了 4.06%，每年的平均增长率达到 12.73%。同时改革开放以来的 30 多年中，我国货物出口量的年平均增长速度高达 25.66%，远高于同时期世界货物出口的年平均增长速度，比全部发展中国家（中国除外）平均水平要高出 10.15 个百分点。中国更是在 2010 年一跃成为全球第一出口大国。毫无疑问，出口贸易已经成为中国外贸发展中最重要的中坚力量，外贸的转型发展必须在出口贸易上取得突破，而出口企业作为出口贸易最重要的微观基础，中国外贸的转型发展应当也必须以出口企业的技术升级作为重要的支撑。

其次，中国出口企业普遍依赖"国际代工"方式融入全球经济活动的模式极有可能被锁定在全球价值链的低端，中国外贸的转型必须依靠出口企业的技术升级以摆脱这种参与国际经济的模式。Feenstra（1998）指出两个方面的原因使得全球贸易规模在近年来迅速扩大，其中一个原因是以产品内分工为特征的全球贸易一体化，而另一个原因则是生产的全球非一体化。当前的国际分工不再只是停留在产业层面上，而是已经深入产品层面。大型跨国公司作为全球价值链的掌控者，通过把同一产品的不同工序和加工环节分散到具有不同比较优势的发展中国家而实现了生产的全球非一体化，这种生产方式虽然大大提高了生产效率，但是对于发展中国家而言并非如此。Kaplinsky（2000，2001）发现，当前发达国家企业仍然在全球贸易体系中占据主导地位，许多发展中国家企业经常被迫进行低成本竞争以获得发达国家跨国公司的外包机会，这种低成本的竞争对发展中国家而言无疑是非常不利的，容易使发展中国家掉入"贫困化增长"之中。不仅如此，发达国家的大型跨国公司还往往会利用自身对全球营销网络的控制力来主导全球贸易利益分配格局，在这种情况下，发展中国家的出口企业很难提升自身在国际市场的议价能力，最终难以摆脱"锁定"或"俘获"于低附加值的发展困境（Humphrey 和 Schmitz，2004；Schmitz，2004）。

当前，不少中国出口企业依靠低成本的劳动力优势，融入了发达国家的跨国公司所主导的全球价值链分工体系当中，然而由于缺乏核心竞争力，大量出口企业只能处在全球价值链的低端制造环节，从事简单的代工生产。张杰等（2008）指出这种参与全球价值链的方式很可能使中国出口企业陷入"代工生产→引进设备→利润微薄→缺乏自主创新能力"的恶性循环之中。长久以往，中国外贸发展的可持续性将被这种参与全球经济的方式所逐渐瓦解。而改变这种被动参与全球经济活动模式最直接有效的方法就是依靠出口企业自身不断的技术升级来提高生产效率，进而增强自身在国际市场上的核心竞争力。应当指出，出口企业的技术升级是实现外贸转型、保持外贸可持续发展的重要保障。

最后，针对中国大量出口企业生产率较为低下的现实，出口企业的技术升级无疑将在外贸发展转型中发挥不可替代的作用。经典的异质性企业贸易模型表明出口企业会比非出口企业拥有更高的生产率（Melitz，2003；Bernard 等，2003），而基于中国企业层面的经验研究却得出了与经典理论预期不一致的结论（李春顶和尹翔硕，2009），即中国出口企业存在"生产率悖论"（非出口企业的生产率高于出口企业）。较为合理的解释是认为中国加工贸易的大量存在是"生产率悖论"出现的重要原因。加工贸易由于生产附加值低，自主创新能力薄弱，生产率低下，从而使整个出口企业的生产率偏低，导致"生产率悖论"（李春顶，2010；戴觅等，2014）。可见，当前中国大量的加工贸易出口企业生产率都较为低下，这一方面表明我国外贸的转型可能需要重点关注大量生产效率较为低下的加工贸易出口企业，另一方面也暗示我国大量出口企业的生产效率仍有大幅度提升的空间。面对中国大量出口企业生产率较为低下的现实，大幅度提高出口企业的生产率，中国的外贸转型将会拥有更高的相对收益。而技术升级作为提高企业生产效率最重要的途径，出口企业生产效率的提升离不开自身不断的技术升级。故此，出口企业的技术升级应当会在中国外贸转型中发挥至关重要的作用。

总的来看，面对复杂多变的国内外经济环境，中国外贸的发展转型已经刻不容缓。而改变现有基于静态比较优势参与国际经济的模式，通过积极培育动态比较优势，摆脱经济运行过程中的资源锁定效应，真正形成以技术、品牌、质量、服务为核心的出口竞争新优势，其关键还在于出口企业的技术升级。因而当前阶段研究出口企业的技术升级对于中国外贸的发展转型显得至关重要。根据第二章的相关讨论，影响企业技术升级的因素非常多，出口作为开放条件下影响企业技术升级的一个重要因素越来越受到广泛的关注，而已有的大量研究都只是从微观层面分析了企业的出口参与（出口或不出口）对企业技术升级的影响：企业的出口参与有利于企业的技术升级（企业从不出口到出口的转变会伴随着更高程度的技术升级）。针对已经进入出口市场的出口企业，企业的异质性出口特征（如出口持续时间、出口强度、出口贸易方式以及市场垄断程度等）会如何影响出口企业的技术升级还存在很大研究的空白，本书试图在已有研究的基础上对这些问题进行解答。

第二节 异质性出口特征影响出口企业技术
升级的内在机理

中国的外贸转型发展离不开出口企业的技术升级，深入研究出口企业的技术升级至关重要。在开放经济条件下，影响出口企业技术升级的因素非常多，本书则主要集中探讨出口企业的异质性出口特征对其技术升级的影响。

为了能够比较全面地认识出口企业的异质性出口特征影响其技术升级的内在机理，首先需要清楚地界定何为出口企业的异质性出口特征。概括来看，本书所讨论的出口企业的异质性出口特征主要包括以下两个方面的内容：出口企业所在的行业特征（如行业集中度、市场垄断程度等）以及出口企业自身的其他特征（如出口持续时间、出口强度、出口贸易方式等）。首先，处在不同行业里的出口企业，其面临的市场环境（如行业集中度、竞争与垄断程度等）会不一样，因而出口企业所在的行业特征会成为企业异质性出口特征的来源之一。其次，考虑到每个出口企业所具有的自身特征会不一样，如出口持续时间、出口强度、出口贸易方式等，出口企业自身的这些异质性特征也会成为企业异质性出口特征的来源之一。

企业的异质性出口特征一方面可能会影响企业在出口市场获得的收入，如相比于一般贸易出口企业，加工贸易出口企业由于缺乏话语权，议价能力较低，其在出口市场的收入也相对较低；另一方面也可能会影响企业在出口市场需付出的成本，如企业的出口持续时间越长，企业对出口市场里消费者的偏好会越熟悉、相关营销网络的建设也会更有效，这显然会降低企业在出口市场需要付出的成本。无论是影响企业在出口市场的收入还是影响企业在出口市场的成本，企业的异质性出口特征无疑会对出口企业的利润产生重大影响。根据第二章的相关讨论，企业技术升级被定义为企业通过从事研究、开发等活动或采用新生产技术降低了生产成本，改进了现有生产技术，最终表现为生产效率（即生产率）的提高。进一步来看，企业进行技术升级实际上就是通过当期一次性支付一定量的固定成本（如研发或购买高级设备等）来降低将来的可变生产成本。因而是否进行技术升级其实是企业在短期成本投入与长期效率提高中的权衡抉择问题。企业选择进行技术升级，虽然短期内要付出较高成本，但是可以获得长期效率的提高；若不进行技术升级，企业就必须长期忍受较低生产效率的生产。为了追求长期发展，每个企业必然会选择最适合自身的技术升级程度以实现利润的最大化，因而企业的技术升级选择内生于企业的利润最大化决策中。从某种程度来看，影响企业利润获得的相关因素都将会对企业的技术升级产生重要约束。概括来说，企业的异质性出口特征通过影响出口企业的利润无疑会对出口企业的技术升级产生重大影响。

图 3 - 1 更加形象地说明了出口企业的异质性出口特征影响其技术升级的内在机理。出口企业所在的行业特征以及出口企业自身的其他特征组成了企业异质性出口特征的两个主要来源。企业的异质性出口特征通过影响企业在出口市场的收入或成本会对出口企业的利润产生重大影响，由于企业的技术升级选择内生于企业的利润最大化决策中，企业的异质性出口特征最终成了影响出口企业技术升级的重要因素。同时当大部分出口企业进行技术升级后，大量出口企业生产效率的变化又会影响到整个行业市场结

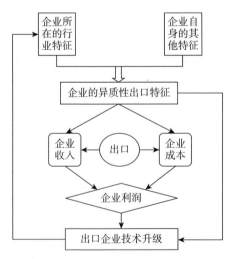

图 3 - 1　企业异质性出口特征影响其技术升级的机理

构，如此也形成了行业市场特征与出口企业技术升级相互作用、相互反馈的良性循环。

考虑到出口企业的异质性出口特征有很多，在以后的几个章节中，本书将重点考察企业出口持续时间、出口强度、出口贸易方式以及市场垄断程度（出口企业所在的行业特征）这四个异质性出口特征对出口企业技术升级的影响。

第三节　基于异质性企业贸易模型的分析

这一部分，本书将在异质性企业贸易模型的框架下建立分析企业的异质性出口特征影响其技术升级的理论框架。这里建立的理论分析模型主要是基于 Melitz（2003）的框架，同时借鉴 Yeaple（2005）、Bustos（2007，2011）、Atkeson 和 Burstein（2010）类似的思路引入企业的技术升级。考虑整个世界经济由 $n+1$ 个对称的国家组成，对称性假设（包括对称的贸易成本与生产成本）可以保证所有加总变量在 $n+1$ 个经济体中都相等。进一步假定每个国家具有相同的劳动力禀赋 L^*。首先从本国的角度来展开分析。

一　消费与偏好

消费者消费多个部门（或称为多个行业）生产的产品，用 j 来表示不同的部门，其中 $j \in \{0, 1, \cdots, J\}$，代表消费者对不同部门间产品的偏好为 C–D 型：

$$U = \sum_{j=0}^{J} \beta_j \ln Q_j, \sum_{j=0}^{J} \beta_j = 1, \beta_j > 0 \qquad (3-1)$$

部门 $j=0$ 生产的是同质产品，因而面临的市场结构是完全竞争的，生产一单位该部门产品需要一单位要素投入。为了保证所有的国家都生产这种产品，本书假设 β_0 足够大，同时假设该产品没有贸易成本。对于每一个 $j \geqslant 0$ 部门内，存在大量连续的具有水平差异化的产品种类，消费者对同一部门内产品种类的偏好是 CES 型，根据 Dixit 和 Stiglitz（1977）的相关研究，有：

$$Q_j = \Big[\int_{\omega \in \Omega_j} q_j(\omega)^{\rho_j}\Big]^{\frac{1}{\rho_j}}, \quad \sigma_j = \frac{1}{1-\rho_j} > 1, \quad j \geq 1 \qquad (3-2)$$

其中 $q_j(\omega)$ 表示部门 j 里商品 ω 的消费数量，ρ_j 是参数并且有 $0 < \rho_j < 1$，根据 CES 效用函数的特点可知同一部门内任意两种商品之间的替代弹性是固定不变的，为 σ_j。用 Y 来表示总的收入，根据 C－D 效用函数的性质，消费者对部门 j 产品的支出为 $X_j = \beta_j Y$。依据消费者的效应最大化，容易得到部门 j 内每种产品的需求函数为：$q_j(\omega) = A_j p_j(\omega)^{-\sigma_j}$，$A_j = X_j P_j^{\sigma_j - 1}$。其中 A_j 可理解为市场需求指数，P_j 是（3－2）式相对应的价格指数 $P_j = \Big[\int_{\omega \in \Omega_j} p(\omega)^{1-\sigma_j} d\omega\Big]^{\frac{1}{1-\sigma_j}}$。

二 生产技术

考虑行业 j 内产品的生产，为了方便分析，假定企业所有的生产活动（包括固定投入、可变投入以及进入出口市场所需的投入）均只使用一种要素投入即劳动力。行业 $j = 0$ 内企业生产的是同质产品，生产一单位该部门产品需要一单位劳动力投入，假定行业 $j = 0$ 内的工资水平为 w_0。行业 j（$j \geq 1$）内每个企业生产一种具有水平差异化的产品。同一行业内企业只在生产率上存在差异性，其他方面都同质。考虑行业 j 内企业的生产，一个生产率为 φ_{ij} 的企业生产 q_j 单位的产品时所需的劳动力投入为：$L_j = f_j + \dfrac{q_j}{\varphi_{ij}}$。用 w_j 表示行业 j（$j \geq 1$）内的工资水平，可知同一行业内每个企业都面临相同的固定生产成本 $f_j w_j > 0$，但拥有不同的边际生产成本 w_j/φ_{ij}。企业的边际生产成本只取决于企业本身的生产率水平。当企业生产 q_j 单位产品时，所需的可变成本为 $q_j w_j/\varphi_{ij}$，可以看出生产率高的企业在生产同样的产品数量时，所需要的可变成本也较低。由于在同一行业内，拥有相同生产率 φ 的企业其在市场中的行为表现是对称的，因此我们可以直接用 φ 来代表同一行业内不同的企业。

三　进入与退出

从现在起，集中考虑给定行业 j（$j \geq 1$）内的均衡，为了避免下标过于复杂，后文中除非有特殊说明，否则省略了行业 j 的下标。行业外存在大量处在竞争边缘的潜在进入者，与 Melitz（2003）一样，企业为了进入行业内进行生产，必须首先支付行业进入固定成本 $f_E w$，$f_E w$ 是企业在进行生产之前发生的一种沉没成本。每个企业在投入固定成本进入市场后会随机获得一个生产率 φ，依照 Bustos（2011）类似的思路，进入企业随机获得的生产率 φ 来自已知的帕累托累积分布函数[①]：$G(\varphi) = 1 - \varphi^{-k}$，其中 $k > 1$，相应的概率密度函数为 $g(\varphi)$。企业的异质性体现在每个企业进入后会获得不同的生产率 φ，因此即使在使用相同生产技术的条件下，每个企业也会拥有不同的劳动边际成本。而一旦企业进入获得生产率 φ 后，φ 并不会随着时间的推移而变化。企业进入行业生产后是否会一直进行生产取决于其进入时随机获得的生产率水平，当且仅当企业在国内市场所获利润 $\pi(\varphi) \geq 0$（即企业获得的利润是非负的）这个条件满足时，企业才会继续生产，否则就会退出。而当企业继续进行生产时每一期都面临 δ 的概率会受到外生冲击而被迫退出市场[②]。

四　引入技术升级

由于市场结构是垄断竞争的，每个企业都会选择最优价格来最大化自己的利润。利用之前得到的消费者的需求函数可以得到产品的需求价格弹性为 $-\sigma$，结合企业的边际生产成本 w/φ，容易得到企业按照边际成本加成定价而制定的最优价格：$p(\varphi) = \dfrac{w}{\rho\varphi}$。可知具有高生产率的企业有能力制定一个相对较低的价格，且任意一个企业的最优定价策略都独立于其他企

[①] 更多关于帕累托累积分布函数在异质性企业贸易模型的运用可以参见 Helpman 等（2004）、Bernard 等（2007）、Navas（2007）、Redding（2010）、Melitz 和 Redding（2012）等的研究。

[②] 其中 δ 为常数，具有不同生产率的企业受到的外生冲击概率（δ）相同，具体见 Hopenhayn（1992a，1992b）、Melitz（2003）等的讨论。

业的定价策略。同时根据 $p/MC = p\varphi/w = 1/\rho$，可知企业最优定价时，价格与边际成本的比例（mark $-$ up）为常数，只与衡量商品间替代弹性的 ρ 有关。不变的 mark-up 是 CES 偏好和垄断竞争的市场结构所特有的特征。

根据企业的最优定价规则，进一步结合产品的需求函数，容易得到企业的收入函数：$r(\varphi) = Ap(\varphi)^{1-\sigma} = A\left(\dfrac{\sigma-1}{\sigma}\right)^{\sigma-1} w^{1-\sigma} \varphi^{\sigma-1}$。企业的利润函数：$\pi(\varphi) = \dfrac{r(\varphi)}{\sigma} - wf = B\varphi^{\sigma-1} - wf$，其中 $B = \dfrac{(\sigma-1)^{\sigma-1}}{\sigma^{\sigma}} w^{1-\sigma} A$，可以把 B 理解成市场需求因素。由于需求是有弹性的（$\sigma > 1$），因而生产率越高的企业能够获得越高的收入和利润。

接下来考虑企业可以进行技术升级，依照 Yeaple（2005）、Bustos（2007，2011）的类似思路，企业的技术升级可理解为：企业每期可以通过一次性支付额外的固定成本来降低当期生产的边际成本。进一步借鉴 Atkeson 和 Burstein（2010）引入创新密集度的类似思路以及 Navas（2007）、Melitz 和 Redding（2012）的相关研究，引入 $\varphi = \varphi^{\sigma-1}$ 作为企业生产率的新测度标准，假定企业进行 $\gamma > 1$ 程度的技术升级后，企业利润函数中的 φ 会变成 $\gamma\varphi$，即对应企业生产的边际成本会由原来的 $\dfrac{1}{\varphi}$ 变化到 $\dfrac{1}{\gamma^{\frac{1}{\sigma-1}}\varphi}$；而企业为进行 γ 程度的技术升级必须多支付的固定劳动投入由外生的凸函数 $c_I(\gamma) \geqslant 0$ 决定，同时为进行技术升级需支付的固定成本还正比于企业的生产率（用 φ 衡量）。因此企业进行 γ 程度的技术升级的总成本[①]可以表示成 $c_I(\gamma)\varphi^{\sigma-1} w$。从现实来看，当企业生产率越高时，企业进行技术升级的难度可能会越大，因而生产率越高的企业进行同样程度的技术升级所需要的成本也会相应更高。

结合前面的讨论，容易得到企业进行 γ 的技术升级后的利润：

---

① 这里要求 σ 不能无穷大，因为当 $\sigma \to \infty$ 时，$0 < \varphi < 1$ 的企业其进行技术升级的成本几乎为 0，这些企业将一直进行技术升级直到 $\varphi \geqslant 1$；相反，$\varphi > 1$ 的企业其进行技术升级的成本趋向于无穷，因而这些企业不会进行技术升级。为了避免这种情况的发生，要求参数 σ 不能无穷大。

$$\pi(\varphi,\gamma) = \gamma B\varphi^{\sigma-1} - c_l(\gamma)\varphi^{\sigma-1}w - wf \qquad (3-3)$$

虽然企业在进入时随机获得的生产率 φ 并不随着时间的推移而发生改变，但是企业可以通过采取相关措施（如进行技术升级）来改变其生产技术。γ 越大，意味着企业进行技术升级的程度越高，虽然为此需要支付的固定成本会相应变多，但是企业的边际生产成本下降幅度也会越大。企业为了追求其利润最大化，必然会选择适当的技术升级程度 γ 来使 $\pi(\varphi,\gamma)$ 达到最大。可知企业进行技术升级的程度 γ 是个内生变量。利用 $\dfrac{\partial\pi(\varphi,\gamma)}{\partial\gamma}=0$，可以得到企业最佳的技术升级程度满足以下条件：

$$c'_l(\gamma) = B/w \qquad (3-4)$$

其中 $c'_l(\gamma)$ 是函数 $c_l(\gamma)$ 关于 γ 的导数。由于 $c_l(\gamma)$ 是凸函数，根据凸函数的性质，可知 $c'_l(\gamma)$ 是单调递增的，因而可以进一步将（3-4）式变为：

$$\gamma = C_l(B/w) \qquad (3-5)$$

其中 C_l 为 c'_l 相应的反函数。

五　贸易的引入

前面的分析都是考虑企业只服务国内市场。然而当引入国际贸易时，企业在进行生产服务国内市场的同时还可以进一步选择出口，每个企业在进入出口市场时都需支付相同的固定成本 f_xw（包括出口市场法规、需求偏好、海关程序等出口市场环境的考察成本以及营销网络的建立等），f_xw 是沉没成本，企业一旦决定要进入出口市场，f_xw 就会发生，而与企业最终是否能够出口无关。同时考虑出口商品的可变贸易成本满足"单位冰山运输成本"（per-unit iceberg trade costs），即为了保证一单位的出口商品运输到达国外市场必须有 τ 单位的商品装船（可理解为运输中商品会有损耗）。

当企业既服务国内市场同时又选择进行出口时，依照前面类似的思路，很容易得到企业在出口市场按照边际成本加成定价而制定的最优价格：$p^x(\phi) = \dfrac{\tau w}{\rho\varphi}$。可知在其他条件相同的情况下，由于可变贸易成本的存在，同一企业在出口市场的定价要高于其在国内市场的定价。与之前做法类似，很容易得到在不进行技术升级情况下，企业既服务国内市场又同时出口到 n 个国家时的总利润函数：$\pi^x(\varphi) = (1 + n\tau^{1-\sigma}) B\varphi^{\sigma-1} - wf - wf_x$，$B = \dfrac{(\sigma-1)^{\sigma-1}}{\sigma^\sigma} w^{1-\sigma} A$。进一步考虑到企业进行技术升级的情况，出口企业进行 γ^x 程度的技术升级后的总利润函数为：

$$\pi^x(\varphi, \gamma^x) = \gamma^x (1 + n\tau^{1-\sigma}) B\varphi^{\sigma-1} - c_I(\gamma^x)\varphi^{\sigma-1}w - fw - f_x w \qquad (3-6)$$

由 $\dfrac{\partial \pi^x(\varphi, \gamma^x)}{\partial \gamma^x} = 0$，可以得到此时企业最佳的技术升级程度：

$$\gamma^x = C_I[(1 + n\tau^{1-\sigma})B/w] \qquad (3-7)$$

（3-5）式和（3-7）式分别给出了非出口企业和出口企业所选择的最优技术升级程度。由于 $c'_I(\gamma)$ 是单调递增的，因而其相对应的反函数 C_I 也是单调递增的。考虑到 $(1 + n\tau^{1-\sigma})B/w > B/w$，容易得到 $\gamma^x > \gamma$。可知由于出口市场的存在，出口企业的技术升级程度始终要高于非出口企业的技术升级程度，即企业的出口参与对企业的技术升级存在正效应。这跟已有的许多研究的结论相一致（Atkeson 和 Burstein，2010；Redding，2010；Melitz 和 Redding，2012）。对此流行的解释是企业在进入出口市场与进行技术升级之间（两者都需要进行固定投资）能够形成良好的互补性。具体来看，企业进入出口市场，市场规模的扩大能够使企业进行技术升级的固定成本得到摊销；同时进行技术升级后，企业能用更高的生产率来进行生产服务出口市场，企业在出口市场的利润会增加，这能增加企业在进入出口市场时支付的固定成本 f_x 的回报。因而企业越进入出口市场越有利于企业进行更高程度的技术升级，而企业进行技术升级的程度越大也越有利于提高企业在出口市场的收入。

六　均衡求解

这里先来刻画部门均衡，然后再来考虑一般均衡。为了能够得到显示的均衡解，同时也为了分析简便，假定外生给定的凸函数 $c_I(\gamma)$ 具有以下形式①：$c_I(\gamma) = \dfrac{1}{2}\gamma^2$。由于企业的最优技术升级程度根据企业是否会进入出口市场分别由（3 - 5）式和（3 - 7）式给出，结合 $c_I(\gamma) = \dfrac{1}{2}\gamma^2$，（3 - 5）式和（3 - 7）式可以变换为：

$$\gamma = B/w \tag{3 - 8}$$

$$\gamma^x = (1 + n\tau^{1-\sigma})B/w \tag{3 - 9}$$

将（3 - 8）式、（3 - 9）式分别代入（3 - 3）式和（3 - 6）式中，企业的利润函数可变换为：

$$\pi(\varphi, \gamma) = \frac{B^2}{2w}\varphi^{\sigma-1} - wf \tag{3 - 10}$$

$$\pi^x(\varphi, \gamma^x) = \frac{(1 + n\tau^{1-\sigma})^2 B^2}{2w}\varphi^{\sigma-1} - wf - wf_x \tag{3 - 11}$$

可知企业（无论是只服务国内市场的企业还是同时也出口的企业）在进行自身最优的技术升级后，其能获得的利润都是企业自身生产率的函数。

利用（3 - 10）式，根据企业的零利润条件，可以得到企业退出生产的临界生产率 φ^*：

$$\varphi^* = \left(\frac{2fw^2}{B^2}\right)^{\frac{1}{\sigma-1}} \tag{3 - 12}$$

从（3 - 12）式可知 φ^* 可以表示成市场需求因素 B/w 的函数。若企业

---

① 这里为了能够比较简单地求解出整个经济系统的均衡（特别是为了能够得到显示解），本书对 $c_I(\gamma)$ 的具体函数形式进行了假定。当然，这个假定的引入很可能使书中的相关结论并不具一般性。但是至少可以这样说：当现实中企业进行技术升级的成本函数真为 $c_I(\gamma) = (1/2)\gamma^2$ 这种形式时，基于本书中的相关分析是可以对企业技术升级与出口强度间的关系做出预测的。从这个意义上说，本书可能并没有就企业技术升级与出口强度间的关系做出完整的分析，因为引入了 $c_I(\gamma) = (1/2)\gamma^2$ 的假定，但是至少为认识和把握一类企业其技术升级与出口强度间的关系提供了一个分析框架。在今后的研究中，可以对这个假定弱化。

进入行业时随机获得的生产率 $\varphi < \varphi^*$，那么企业会立即退出生产，因为此时企业进行生产所得的利润为负。只有当企业的生产率 $\varphi > \varphi^*$，企业才会继续进行生产，因为此时企业可以获得正的利润。

进一步定义一个临界生产率 φ^x，φ^x 表示相比于不进入出口市场，企业发现进入出口市场是有利可图的临界生产率水平。根据 φ^x 的定义，由 $\pi^x(\varphi, \gamma^x) = \pi(\varphi, \gamma)$ 可以得到：

$$\varphi^x = \left[\frac{2f_x w^2}{B^2 (2n\tau^{1-\sigma} + n^2\tau^{2-2\sigma})} \right]^{\frac{1}{\sigma-1}} \qquad (3-13)$$

（3 - 13）式表明 φ^x 也可以表示成市场需求因素 B/w 的函数。为了使得企业进行生产首先是服务国内市场，然后才选择出口，即只有高效率的企业才自我选择出口（$\varphi^x > \varphi^*$），要求相关参数要满足一定的限制[①]，即 $f_x > f(2n\tau^{1-\sigma} + n^2\tau^{2-2\sigma})$。

接下来考虑企业的自由进入条件：企业进入时的沉没成本等于其进入后能获得的期望利润（不考虑时间折旧）。根据之前的相关设定，可以将自由进入条件表示为：

$$\delta^{-1} \left[\int_{\varphi^*}^{\varphi^x} \pi(\varphi, \gamma) \mathrm{d}G(\varphi) + \int_{\varphi^x}^{\infty} \pi^x(\varphi, \gamma^x) \mathrm{d}G(\varphi) \right] = f_E w \qquad (3-14)$$

结合（3 - 10）式、（3 - 11）式、（3 - 12）式、（3 - 13）式，可以把企业的自由进入条件化简为[②]：

$$\frac{\sigma-1}{k+1-\sigma} f(\varphi^*)^{-k} + \frac{\sigma-1}{k+1-\sigma} f_x(\varphi^x)^{-k} = \delta f_E \qquad (3-15)$$

（3 - 12）式、（3 - 13）式、（3 - 15）式共同决定了两个临界生产率水平 φ^* 和 φ^x 以及市场需求因素 B/w。注意到可变贸易成本 τ 并没有进入（3 - 15）式中，联合（3 - 12）式和（3 - 13）式不难发现 τ 的变动会使

---

① Melitz（2003），Helpman 等（2004）等经典的异质性企业贸易模型都有类似的假设，如 Melitz（2003）就假设 $\tau^{\sigma-1} f_x > f$ 以保证并不是所有进入的企业都出口。本书这里同样假设相关参数满足一定的限制，以保证 $\varphi^x > \varphi^*$ 成立。

② 跟 Bustos（2011）的做法类似，这里对参数施加一定的限制：$k+1 > \sigma$。

得两个临界生产率水平 φ^* 和 φ^x 朝相反的方向变化，这与经典的异质性企业贸易模型的结论一致：可变贸易成本的下降（τ 变小）会使 φ^x 变小，使 φ^* 变大，更大的 φ^* 意味着更多低生产率的企业将被迫退出市场，这无疑将有利于整个行业平均生产率水平的提高。可知在引入企业的技术升级后，仍然可以得到与经典模型的预期相一致的结论。

联合（3 - 12）式、（3 - 13）式、（3 - 15）式，可以求得：

$$B/w = \Delta(2f)^{\frac{1}{2}}\left[\left(\frac{2n\tau^{1-\sigma}+n^2\tau^{2-2\sigma}}{f_x}f\right)^{\frac{k}{\sigma-1}}+\frac{f}{f_x}\right]^{-\frac{\sigma-1}{2k}} \tag{3-16}$$

其中 $\Delta = \left(\dfrac{k+1-\sigma}{\sigma-1}\cdot\dfrac{\delta f_E}{f_x}\right)^{\frac{\sigma-1}{2k}}$，结合（3 - 8）式、（3 - 9）式、（3 - 12）式和（3 - 13）式可以进一步得到 γ、γ^x、φ^* 和 φ^x，其中：

$$\gamma = \Delta(2f)^{\frac{1}{2}}\left[\left(\frac{2n\tau^{1-\sigma}+n^2\tau^{2-2\sigma}}{f_x}f\right)^{\frac{k}{\sigma-1}}+\frac{f}{f_x}\right]^{-\frac{\sigma-1}{2k}} \tag{3-17}$$

$$\gamma^x = (1+n\tau^{1-\sigma})\Delta(2f)^{\frac{1}{2}}\left[\left(\frac{2n\tau^{1-\sigma}+n^2\tau^{2-2\sigma}}{f_x}f\right)^{\frac{k}{\sigma-1}}+\frac{f}{f_x}\right]^{-\frac{\sigma-1}{2k}} \tag{3-18}$$

γ、γ^x、φ^* 和 φ^x 以及 B/w 一起完整地刻画了整个行业均衡状况。

接下来考虑整个经济的一般均衡。由于整个经济中只使用单一的生产要素劳动力，劳动力可以在各个行业间自由移动，劳动力的自由移动最终将使整个经济处于均衡状态。此时各个行业里的工资水平应该都相等，即有 $w_j = w_0$，$1 \leqslant j \leqslant J$，其中 w_0 表示同质产品部门内的工资水平，w_j 表示差异化产品部门 j 内的工资水平。为简便，本书将劳动工资标准化为 1，即有 $w_j = w_0 = w^* = 1$，$1 \leqslant j \leqslant J$。当整个经济处于均衡状态时，很容易得到经济系统中其他相关变量的值。比如可以进一步得到行业 j（$1 \leqslant j \leqslant J$）的价格指数 P_j。根据 C - D 效用函数的性质，消费者对行业 j 产品的总花费 $X_j = \beta_j Y$。由于本国的总收入应等于总的要素收入，即有 $Y = L^* w^* = L^*$，其中 w^* 表示标准化了的劳动工资，L^* 表示本国的劳动力禀赋。结合市场需求因素 B_j/w_j 的定义，因而有：

$$B_j / w_j = \frac{(\sigma_j - 1)^{\sigma_j - 1}}{\sigma_j^{\sigma_j}} w_j^{1-\sigma} A_j = \frac{(\sigma_j - 1)^{\sigma_j - 1}}{\sigma_j^{\sigma_j}} X_j P_j^{\sigma_j - 1} = \frac{(\sigma_j - 1)^{\sigma_j - 1}}{\sigma_j^{\sigma_j}} \beta_j L^* P_j^{\sigma_j - 1}$$

$$(3 - 19)$$

将（3 – 19）式进行适当变形就可以得到行业 j 的价格指数 $p_j = \frac{1}{\sigma_j - 1} \left(\frac{B_j \sigma_j^{\sigma_j}}{\beta_j L^*} \right)^{\frac{1}{\sigma_j - 1}}$ 。

概而言之，当根据（3 – 12）式、（3 – 13）式、（3 – 15）式、（3 – 17）式、（3 – 18）式把每个行业 j 的均衡都刻画出来后，经济中单一生产要素（即劳动力）的自由流动会最终保证整个经济系统都处于均衡状态。$\{\varphi_j^*、\varphi_j^x、\gamma_j、\gamma_j^x、B_j\}_{j=1,2,\cdots,J}$ 这组变量可以完整地刻画出整个经济系统的均衡，一旦这组变量确定了，很容易根据它们把经济系统中其他相关变量都确定下来。

七　企业异质性出口特征影响其技术升级

根据之前的相关分析，结合（3 – 18）式，可以得到行业 j 里出口企业 i（生产率为 φ_i）所选择的最佳技术升级程度：

$$\gamma_{ij}^x = (1 + n_j \tau_j^{1-\sigma_j})(2f_j)^{\frac{1}{2}} \left(\frac{k_j + 1 - \sigma_j}{\sigma_j - 1} \cdot \frac{\delta f_{E,j}}{f_{x,j}} \right)^{\frac{\sigma_j - 1}{2k_j}} \left[\left(\frac{2n_j \tau_j^{1-\sigma_j} + n_j^2 \tau_j^{2-2\sigma_j}}{f_{x,j}} f_j \right)^{\frac{k_j}{\sigma_j - 1}} + \frac{f_j}{f_{x,j}} \right]^{-\frac{\sigma_j - 1}{2k_j}}$$

$$(3 - 20)$$

（3 – 20）式表明行业 j 里出口企业 i 的技术升级 γ_{ij}^x 取决于 σ_j，f_j，$f_{E,j}$，$f_{x,j}$，n_j，τ_j 等一系列变量。

本书中所讨论的企业的异质性出口特征主要包括两个方面的内容：出口企业所在的行业特征（如行业集中度、市场竞争与垄断程度等）以及出口企业自身的其他特征（如出口持续时间、出口强度、出口贸易方式等）。企业的异质性出口特征（出口企业所在的行业特征以及出口企业自身的其他特征）通过影响 σ_j，f_j，$f_{E,j}$，$f_{x,j}$，n_j，τ_j 等这些变量会对出口企业的技术升级产生重大影响。比如企业的出口持续时间的长短（企业自身的其他特征中的一种）可能会影响到 $f_{x,j}$ 的大小，因为出口持续时间越长，企业对出口市场（包括消费者习俗、营销渠道的建立、海关的通关便利等）会越熟悉，那么进入出口市场支付的固定成本可能会更少；企业所在行业的市场垄断竞争程度（企业的出口行业特征中的一种）的不同可能会使得 $f_{E,j}$ 不一样，一般来说垄断程度较高的行业，进入该行业的固定成本会更大。

从更深层次角度来看，结合（3-6）式和（3-7）式，出口企业的最佳技术升级程度是通过企业利润最大化的一阶条件而获得。而企业的异质性出口特征（无论是出口企业所在的行业特征，还是出口企业自身的其他特征）都会影响出口企业的成本函数或收入函数（如 n_j、τ_j、$f_{E,j}$、$f_{x,j}$ 等的不一样都会使得出口企业的成本函数或收入函数不相同）而使得出口企业的利润函数表现不一样，利润函数的表现不同最终会使得根据利润最大化的一阶条件获得的企业最佳技术升级程度存在差异。因而从总体上判断，企业的异质性出口特征通过影响企业的利润函数会对出口企业的技术升级产生重大影响。综合之前的分析，进一步结合（3-6）式、（3-7）式和（3-20）式，可得以下定理。

定理3-1：企业的异质性出口特征通过影响出口企业的利润函数最终会对其技术升级产生重大影响。

定理3-2：企业的异质性出口特征包含十分丰富的内容，如出口持续时间、出口强度、出口贸易方式以及市场垄断程度等，不同异质性出口特征影响出口企业技术升级的方式不一样，有些通过影响出口企业的收入函数来影响其技术升级，有些则通过影响出口企业的成本函数来影响其技术升级。

定理3-3：在其他条件都相同的情况下，企业间异质性出口特征的差异将决定出口企业间技术升级程度的差异。

定理3-1表明企业的异质性出口特征确实会影响到出口企业的技术升级；定理3-2表明企业的异质性出口特征包含十分丰富的内容，不同异质性出口特征影响出口企业技术升级的方式不一样；定理3-3表明假设其他条件相同，那么异质性出口特征的差异程度将决定出口企业间技术升级的差异程度。这些定理构成了本书的理论基础。在接下来的几章中，本书将对企业的异质性出口特征展开比较详细的分析，重点探讨企业出口持续时间、出口强度、出口贸易方式以及市场垄断程度（出口企业所在的行业特征）这四个异质性出口特征对出口企业技术升级的影响。

第四节 本章小结

面对复杂多变的国内外经济环境，中国外贸的发展转型已经刻不容缓。而出口企业作为我国对外贸易发展中最重要的微观主体之一，培育出口竞争新优势需要以出口企业作为载体，只有出口企业不断进行技术升级，并不再过度依赖低成本的劳动力和资源优势，具备在国际市场上与其他国家企业相抗衡的新型竞争优势，我国的外贸转型才能真正取得实质上的进展。从某种程度判断，出口企业的技术升级才是我国外贸转型发展的核心所在。因而当前阶段深入分析出口企业的技术升级显得至关重要。而出口作为开放条件下影响企业技术升级的一个重要因素越来越受到广泛的关注。

跟已有的大量研究只关注企业的出口参与（出口或不出口）对企业技术升级的影响不一样，本章针对已经进入出口市场的出口企业，通过逻辑演绎，比较详细地探讨了企业的异质性出口特征（如出口持续时间、出口强度、出口贸易方式以及市场垄断程度等）影响出口企业技术升级的内在机理。同时，在经典的异质性企业贸易模型架构下，通过引入内生的企业技术升级，构建了一个分析企业的异质性出口特征影响其技术升级的整体框架。本章研究发现：第一，企业的异质性出口特征通过影响出口企业的利润函数最终会对其技术升级产生重大影响；第二，企业的异质性出口特征包含十分丰富的内容，如出口持续时间、出口强度、出口贸易方式以及市场垄断程度等，不同异质性出口特征影响出口企业技术升级的方式不一样，有些通过影响出口企业的收入函数来影响其技术升级，有些则通过影响出口企业的成本函数来影响其技术升级；第三，在其他条件都相同的情况下，企业间异质性出口特征的差异将决定出口企业间技术升级程度的差异。

第四章
出口持续时间与出口企业技术升级

　　本章集中探讨了出口持续时间对出口企业技术升级的影响。在内生的企业技术升级框架下，作为企业异质性出口特征之一的出口持续时间，通过影响出口企业生产的可变成本和进入出口市场的固定成本，最终会影响出口企业的技术升级。利用中国企业层面的微观数据，通过建立相应的面板数据回归模型，本章进一步实证检验了出口持续时间对中国出口企业技术升级的影响。具体而言，本章包含以下五个方面的内容：第一节分析了出口持续时间影响出口企业技术升级的内在机制；第二节介绍了基于面板数据的实证框架设定，包括计量模型的具体设定、相关变量指标的选取、估计方法（系统 GMM）的介绍、数据来源的说明、相应变量的描述性统计等；第三节是实证结果的呈现与分析；第四节是进一步的讨论与相应政策建议分析；第五节是本章小结。

第一节　出口持续时间影响出口企业技术升级的内在机制

　　从企业的微观层面考虑，影响出口企业技术升级的因素有很多，根据第三章的相关分析，企业的异质性出口特征就是影响出口企业技术升级的重要因素。企业的异质性出口特征包含十分丰富的内容，任何出口企业间相关出口特征的差异其实都可以视为出口企业的异质性出口特征。而出口持续时间则从时间维度衡量了不同出口企业对出口市场的参与程度，是对企业出口动态行为的一个微观层面的反映。正如 Shao 和 Xu（2012）所言，企业出口持续时间能够有效地反映一国企业在国际市场的生存能力，是一国企业综合国际竞争力及应对外部冲击能力（如金融危机）的集中体现。从这个角度来看，出口持续时间显然已经成为出口企业重要的异质性出口特征之一，研究出口持续时间对出口企业技术升级的影响无疑十分重要。那么出口持续时间究竟会如何影响出口企业的技术升级？

要深入分析出口持续时间对出口企业技术升级的影响，首先需要对出口持续时间有清楚的认识和深层次的把握。从企业层面来看，企业的出口持续时间就是指企业从进入国外出口市场开始，到最终退出出口市场所经历的时间（Besedeš 和 Prusa，2006a）。已有的一些贸易理论指出，企业一旦进入出口市场，就并不会轻易退出。例如，要素禀赋理论认为国家间要素禀赋的差异是导致出口贸易发生的主要原因，由于国家的要素禀赋短期内一般不会发生很大变化，因而出口关系一旦建立就会稳定持续下去；Baldwin 和 Krugman（1989）指出由于进入出口市场要支付固定成本，企业一旦进入出口市场后并不会轻易退出；Rauch 和 Watson（2003）发现由于存在搜寻成本，企业不太可能轻易终止原有的出口关系来额外寻找其他的贸易对手。然而，这些理论对企业出口持续时间的判断并未得到微观经验的支撑。如 Besedeš 和 Prusa（2008）对 46 个国家出口持续时间的研究发现大部分国家的出口持续时间都只有 1 ~ 2 年。Esteve – Pérez 等（2013）考察了 1997 ~ 2006 年西班牙企业的出口持续时间，发现样本期间大部分的企业在出口市场的生存时间都非常短暂。类似还有 Besedeš 和 Nair – Reichert（2009）对印度企业的研究，Martins 和 Yang（2009）对秘鲁企业的研究等，他们都发现企业的出口持续时间普遍较短。而国内的邵军（2011）利用 HS – 6 位码下的出口贸易数据研究了 1995 ~ 2007 年中国企业的出口持续时间，结果发现中国企业的平均出口持续时间只有 2.84 年。对中国企业进行类似研究的还有陈勇兵等（2012）、周世民等（2013），他们也发现中国企业的平均出口持续时间只有 1.6 年，普遍较短。

　　跟已有的理论预期不一样，现实中企业的出口持续时间整体上都偏短，而实际上企业的出口持续时间会对企业的出口产品质量（施炳展，2014；陈晓华和沈成燕，2015）以及企业的出口技术复杂度（陈晓华和刘慧，2015）等产生重大影响。另外，陈勇兵等（2014c）研究发现，出口持续时间的增加可以促进企业产品进入新市场，也即企业的出口持续时间越长，那么其产品进入新市场的概率也会越大。这其实比较好理解，相比于从未出口过的企业而言，拥有出口经历的企业进入一个新的市场理应具有更多的优势，因为它们在市场定位、建立营销网络、发掘潜在顾客、把握消费者的消费习性等方面无疑会具有更丰富的经验。

　　已有的相关研究为理解和把握出口持续时间提供了深刻的洞见，那么出口持续时间究竟通过何种途径影响出口企业的技术升级？对于这个问题，可以从以下两个角度来进行思考，一方面出口持续时间较长的企业，其进入新出口市场所需的固定成本也会相应较低（陈勇兵等，2014c）。一般来说，出口持续时间越长的企业，其积累的出口经验也会越丰富。而企业要决定进入一个新的出口市场时，不仅要考虑市场定位、建立营销网络、发掘潜在顾客等方面的问题，而且需要对已有的产品进行相应的调整以满足国外消费者的消费习性。拥有出口经验的企业无疑在处理这些问题上具有明显的优势，因为它们可以把原先出口市场上运用的一些策略直接运用到新出口市场上。从这个角度来看，拥有较长出口持续时间的企业，其进入新出口市场所需的固定成本会相对较低。Evenett 和 Venables（2003）发现企业原有的相似的出口经验会影响其对新出口目的国的出口成本，而进一步实证研究表明大量发展中国家的出口增长其实源于已有出口经验的积累。基于哥伦比亚制造业企业的出口数据，Roberts 和 Tybout（1997）发现企业原有的出口经历会大大增加其出口的概率。Rakhman（2010）也发现企业的出口持续时间越长，企业在国际市场上就能够更好地对消费者的偏好、竞争对手的生产技术与营销网络等进行了解，这无疑有利于降低企业进入新出口市场的成本。Arkolakis 等（2014）对企业学习机制（企业的学习机制源于对社会潜在需求的判断，随着企业年龄的增长，企业对需求的判断越准确）的研究也在一定程度上表明企业出口持续时间越长，其对出口市场需求的判断也将越准确，因而其进入新出口市场的成本也将越低。Artopoulos 等（2011）也发现，具有出口经验的企业能够更好地根据市场需求的变化来对自己的商业模式进行调整，因而具有较长出口持续时间的企业，其进入新出口市场的成本会相应较低。同时，出口持续时间还会降低企业生产的可变成本。这一点其实与在第二章中所讨论到的出口中学习效应类似，出口企业长期出口经验的积累有利于其生产可变成本的降低（具体可以参见第二章中有关出口中学习效应的介绍，这里不再重复）。

另一方面，根据第三章相关内容的阐述，行业中每个企业只生产一种差异化产品①，企业进行技术升级会带来生产效率的提高，但同时也需要支付额外的技术升级成本，企业每期也可以选择支付一定的固定成本以进入出口市场。每个企业在利润最大化的条件下选择自身最优的技术升级程度［参见第三章中的（3－3）式、（3－4）式、（3－6）式、（3－7）式］，这决定了企业选择的技术升级程度将内生于自身的利润函数。在内生的企业技术升级框架下，不难发现企业利润函数的变化无疑会影响到企业的技术升级。

结合以上两方面的分析，可以看出，出口持续时间通过影响出口企业生产的可变成本和进入出口市场的固定成本②会对出口企业的利润函数产生重大影响，在内生的企业技术升级框架下，出口企业利润函数的变化直接会影响到其自身所选择的最优技术升级程度。这也可以从第三章的(3－20)式看出来：均衡时出口企业所选择的技术升级程度明显会受到出口企业生产的可变成本和进入出口市场的固定成本的影响。

因而作为企业异质性出口特征之一的出口持续时间，通过作用于出口

---

① 根据第三章的相关内容，可知每个企业只生产一种差异化产品，因而对每个企业而言，企业出口持续时间就是产品出口持续时间，在之后的表述中，本书也将不再对这两者进行区分。

② 出口持续时间可以降低企业进入新市场的固定成本（陈勇兵等，2014c），而在第三章的分析框架下，企业每期都需要支付一定的固定成本进入出口市场，可以把企业每期进入出口市场都认为是在进入一个新市场，因而能很好地理解在本书的分析框架下出口持续时间会影响到企业进入出口市场的固定成本。

企业生产的可变成本和进入出口市场的固定成本，会影响到出口企业的利润函数，最终影响到出口企业的技术升级。出口持续时间对出口企业技术升级的具体影响机制可参见图 4 - 1。

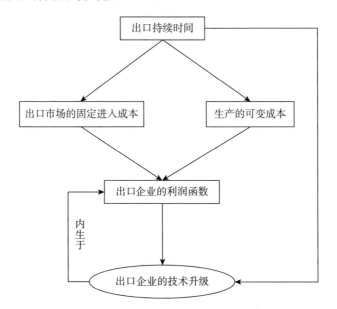

图 4 - 1　出口持续时间影响出口企业技术升级的机制

第二节　基于面板数据的实证框架设定

　　根据之前的相关分析，出口持续时间通过影响出口企业生产的可变成本和进入出口市场的固定成本，最终会影响出口企业的技术升级。然而现实是否如此？这急需用相关数据来对此进行检验。为了检验现实经济中出口持续时间是否会影响到出口企业的技术升级，从这一部分开始，本书将利用中国企业层面的微观数据，通过建立相应的面板数据回归模型来分析出口持续时间对出口企业技术升级的影响。本节将先介绍实证模型的设定以及相关变量指标的选取；然后再介绍如何使用结构模型方法来估计企业的全要素生产率，因为本书将用企业的全要素生产率来构建衡量企业技术升级的指标；接着介绍本章实证分析所用的数据来源以及相应指标的描述性统计；而实证结果的分析与讨论将单独放在下一节。

一　实证模型的设定、变量选取与估计方法

1. 实证模型的设定

为了实证分析出口企业的出口持续时间对其技术升级的影响，根据之前的理论分析以及相关实证研究文献，设定回归模型：

$$upgrading_{it} = \beta_0 + \beta_1 exporttime_{it} + \delta X_{it} + \lambda_i + \upsilon_t + \mu_{it} \qquad (4-1)$$

其中，被解释变量 $upgrading_{it}$ 为企业 i 在时期 t 所选择的技术升级程度的对数；$exporttime_{it}$ 衡量了企业 i 在时期 t 的出口持续时间，是本章所重点关注的核心解释变量；X_{it} 表示其他一些控制变量集合，这些控制变量包括企业规模、平均工资、要素密集度、政府补贴、企业年龄等；λ_i、υ_t 分别表示企业和年份固定效应，企业固定效应可以捕捉到那些不随时间变化但是又会影响到出口企业技术升级的不可观测到的相关因素，而年份固定效应则可以捕捉到那些因时间变化会对所有出口企业技术升级产生影响的不可观测的相关因素（如宏观政策的变化）；μ_{it} 表示随机扰动项。

2. 变量的具体说明

（1）出口企业所选择的技术升级程度（$upgrading_{it}$）。在已有研究企业技术升级的相关文献中，用来衡量企业技术升级的指标主要包括以下三类：①企业是否采用新技术或进行生产技术改造（郑江淮等，2008；Bustos，2011），这类指标基本采用的是调查数据，在设计问卷时询问企业是否采用新技术或进行技术改造；②企业用在技术升级上的支出，如 R&D 支出（刘杨，2009；Bustos，2011）或人均专利发明申请量（刘瑞翔和姜彩楼，2010），一般来说，当企业 R&D 的支出比较大或拥有较多的发明专利时，有理由推断该企业更有可能进行技术升级；③企业是否进口资本品（Bas 和 Berthou，2013；陈雯和苗双有，2016），资本品主要指企业用于生产的机器设备等耐用品，在会计信息中为固定资产，与非资本品相比，资本品内含的技术含量更高，是国际贸易中承载技术扩散的重要媒介（Xu 和 Wang，1999）。Eaton 等（2002）和 Mutreja（2014）发现全球大多数资

本品的生产集中在少数研发密集的国家，这些国家是资本品的出口国，而其他国家（包括中国）都是进口资本品。因此，可以相信采用高生产技术或进行技术升级的企业更有可能进口资本品。

显然，已有研究中常用的用来衡量企业技术升级的指标中只有第一类指标（即企业是否采用新技术或进行生产技术改造）能够比较准确地对企业技术升级进行衡量，由于是直接询问企业是否进行了技术升级，因此通过直接收集企业有没有进行技术升级的数据，可以很好地对企业技术升级进行衡量。然而正如之前提到，企业有没有进行技术升级的数据一般要通过问卷调查等途径获得，这类数据一般来说（至少对本书的实证分析来说）是不可得的。而第二类指标（如 R&D 支出）和第三类指标（即企业有没有进口资本品）其实也不能很好地衡量企业技术升级。比如企业的 R&D 支出较高，企业就一定有较高程度的技术升级吗？这也不一定，企业的 R&D 支出较高只是表明企业投入了较多的成本来提高生产技术，但是研发具有很大的不确定性，而且失败率很高，有时尽管企业有较高的 R&D 投入，但若是研发大多数都失败了，企业的生产技术也不会有多大提高，即企业的技术升级很可能为零。虽然长期来看，R&D 投入较高的企业，其技术升级会相对更高，但是某段时间内（比如 5 年内），R&D 投入较高的企业，其技术升级有可能反而较低。类似的道理，那些没有进口资本品的企业其技术升级也不一定低，尽管资本品的技术含量较高，但是某些没有进口资本品的企业，其通过自主研发很可能有较高的技术升级。

为什么第二类指标和第三类指标不能很好地衡量企业的技术升级？原因在于第二类和第三类指标都不是对企业的技术升级直接进行衡量，都是通过第三方代理变量来间接衡量企业的技术升级，即通过第三方代理变量的变化来合理推断企业技术升级的变化。既然是推断，那么推断过程中就必然无法排除其他因素的影响。从这个意义上讲，第二类和第三类指标都只是对企业技术升级的一个近似衡量。然而尽管如此，考虑到对企业技术升级直接进行衡量（如第一类指标）的数据难以获得，使用第三方代理变量（如第二类和第三类指标）来间接衡量企业技术升级的相关数据相对更容易获得，基于数据的可获得性，已有的大多研究也不得不选择使用第三方代理变量来间接衡量企业技术升级。

本书实证部分所用的数据来自 1998～2007 年的工业企业数据库，基于数据的可得性，我们无法使用第一类指标（即企业是否采用新技术或进行生产技术改造）来比较准确地对企业技术升级进行衡量。而根据第二章的相关讨论，企业技术升级实际指的是企业通过从事研究、开发等活动或采用新生产技术降低了生产成本，改进了现有生产技术，最终表现为生产效率（即生产率）的提高。基于本书对企业技术升级的定义，同时考虑到数据的可得性，本书借鉴张会清和唐海燕（2011）的类似做法，用出口企业全要素生产率（TFP）的变化来衡量其技术升级程度①。具体来看，本书将出口企业 i 在时期 t 的技术升级程度（$upgrading_{it}$）定义为：$upgrading_{it} = \ln(TFP_{it}) - \ln(TFP_{it-1})$，其中 TFP_{it} 表示出口企业 i 在时期 t 的全要素生产率。当然，在一些稳健性检验中，本书也将用出口企业劳动生产率的变化来衡量其技术升级程度。

（2）企业出口持续时间（$exporttime_{it}$）。企业出口持续时间是本章实证分析所关注的核心解释变量。借鉴陈勇兵等（2012）、陈勇兵等（2014c）的相关研究，可以把企业的出口持续时间定义为企业从进入国外出口市场开始，到最终退出出口市场经历的时间。按照已有相关文献的做法，本章中的出口持续时间用年来衡量。而利用数据具体构建出口持续时间这个指标时，需要注意以下两点。首先就是多个出口持续时间

---

① 其实使用 TFP 的变化来衡量企业的技术升级可能并不是那么准确，因为有许多因素（如技术、制度、市场等）会导致企业全要素生产率的变化，而技术升级仅仅是影响企业 TFP 变化的一个原因。那么为什么没有采用企业 R&D 支出等指标来衡量企业技术升级？本书主要是基于以下考虑。第一，使用企业 R&D 支出等指标来衡量企业技术升级与使用 TFP 的变化来衡量企业技术升级其实在本质上是类似的，都是使用第三方代理变量来对企业技术升级进行间接衡量，都是近似衡量。既然都是近似衡量，那很难让人相信使用企业 R&D 支出等指标来衡量企业技术升级会比使用 TFP 的变化来衡量企业技术升级更好。第二，本书也尝试使用企业 R&D 支出来衡量企业技术升级，但是 1999～2007 年的工业企业数据库中只有 2001 年、2005 年、2006 年、2007 年的数据记录了企业的 R&D 支出信息，考虑到数据的连续性，只有利用 2005～2007 年的数据来进行分析。而在具体实证分析时为了控制内生性，本书采用的是系统 GMM 估计，要求使用变量滞后至少 2 期及以上的值作为工具变量，如果只使用 2005～2007 年这 3 年的 R&D 数据进行分析，那么最多就只有 1 年的数据可以用来进行回归，此时样本量太少，结果可能并不具代表性。

段的问题。企业某年进入了国外出口市场，持续一段时间以后可能会停止对外国市场的出口，间隔一段时间之后，企业又重新进入出口市场。比如企业 2000 年进入了出口市场，2001 年继续出口，但是 2002 年并没有出口，从 2003 年开始企业又重新开始出口。已有相关文献把这种情况称为"多个出口持续时间段"。根据 Besedeš 和 Prusa（2006b）的相关研究，虽然某些企业可能存在多个出口持续时间段，但是将企业的第一出口持续时间段视为样本期间内该企业的唯一出口持续时间段的这种做法并不会对样本期内企业出口持续时间的分布产生实质性的影响。为此，通过借鉴陈勇兵等（2014c）的类似做法，即使企业样本期间内存在多个出口持续时间段，本书也只根据企业的第一出口持续时间段来计算该企业的出口持续时间。其次就是数据删失的问题。本书所使用的数据其样本期间为 1999～2007 年，至于样本期间外某些企业的出口状况，并无法准确得知。比如在 1999 年以前就已经出口的企业，该企业具体的出口持续时间就无法判断，假如不对这个问题加以考虑，那么对于在 1999 年以前就已经出口的企业，它们的出口持续时间就会被明显低估。已有文献把这个问题称为数据的左删失问题。借鉴陈勇兵等（2012）、毛其淋和盛斌（2013）、陈晓华和刘慧（2015）的类似做法，本书去掉了左删失的观测值，即所选取的是在 1999 年没有出口，而在 2000～2007 年有出口的企业。因此，企业最长出口持续时间为 8 年。

（3）企业规模（$size_{it}$）。一般来说，大企业是技术创新的主体，其理由在于：首先，规模经济效应的存在使得大企业能够负担较高的技术研发成本；其次，大企业更容易获取技术创新的收益，因为大企业一般都拥有较强的市场力量；最后，企业的技术创新活动具有较大的不确定性，而大企业资源充足，抗风险能力相对更强。因而从这个角度来看企业规模越大越有利于其技术升级。然而也有研究指出中小企业在技术创新上有其治理结构上的优势：第一，由于组织架构相对简单，中小企业可以根据环境的变化及时地调整相应的决策，因而中小企业会拥有相对较高的技术创新效率；第二，为求快速成长起来，开拓创新通常是大量中小企业的核心文化，在这样的文化下能够形成良好的技术创新氛围，同时也能够给予相关的科研人员足够的创新激励。有鉴于此，在分析出口持续时间对出口企业技术升级的影响时，有必要控制企业规模这个因素。而已有相关研究通常是用企业的销售额、企业员工数或企业总资产等来对企业规模加以衡量，借鉴毛其淋和盛斌（2013）的做法，本书采用企业从业人员数的对数值来衡量企业规模。

（4）要素密集度（kl_{it}）。传统的要素禀赋理论表明生产要素的丰裕程度和使用比例将对企业的生产及其出口活动产生重要的影响。为了能够有效地控制出口企业的要素密集度对其技术升级的潜在影响，有必要在回归中加入要素密集度这个控制变量。借鉴毛其淋和盛斌（2013）的做法，本书用资本劳动比的对数来度量要素密集度（kl_{it}），其中资本为企业每年的固定资产净值余额，同时利用相应的价格指数进行了平减，而劳动即为企业每年的从业人员人数。

（5）平均工资（$wage_{it}$）。赵伟等（2011）指出企业平均工资的高低可以用来近似衡量企业劳动力质量的高低，一般来说，平均工资较高的企业对高技能人才具有更强的吸引力，而更多高技能人才的加入无疑将有利于企业的技术升级。有鉴于此，为了更好地分析出口持续时间对出口企业技术升级的影响，有必要控制平均工资这个因素。同时根据上述的分析，本书预期平均工资对出口企业技术升级具有正向的影响。借鉴毛其淋和盛斌（2013）的做法，本书使用企业的应付工资总和（其中包括应付福利费）与企业从业人员数之比的对数来对平均工资（$wage_{it}$）进行衡量。

（6）企业年龄（age_{it}）。企业的生命周期理论表明，随着企业年龄的增长，企业的生产规模会扩大、资金积累会变充实、管理方式会变成熟、组织架构会变健全等，这些无疑能为企业进行技术升级创造更加稳定的环境，从这个角度来看，年龄越大的企业越有利于企业的技术升级；但另外，随着企业年龄变大，企业的很多硬件设施很可能会由于折旧、老化而跟不上企业发展的步伐，同时就中国的企业而言，大年龄的企业特别是国有企业往往还存在一些历史遗留的债务问题或人员问题等，这些都将不利于企业的技术升级。总体来看，企业年龄会影响企业的技术升级，为了更好地分析出口持续时间对出口企业技术升级的影响，有必要对企业年龄这个因素加以控制。借鉴毛其淋和盛斌（2013）的做法，本书用当年年份与企业成立年份之差并取对数来衡量企业年龄。

（7）政府补贴（$subsidy_{it}$）。一方面，政府补贴应该有利于出口企业的技术升级，因为政府补贴是政府对企业的一种转移支付，企业得到补贴，其实就是变相地使自己的生产利润得到了增加，更多的企业利润积累显然有利于企业的技术升级；然而另一方面，政府补贴也可能会降低企业进行技术升级的积极性。余明桂等（2010）指出政府补贴在一定程度上成了政府官员和企业利益"勾结"的载体，大量企业很可能把心思都集中在通过寻租活动来获取政府补贴上，而无心进行技术升级来提高生产效率。从这个角度来看，政府补贴十分容易让出口企业形成很强的依赖，从而降低出口企业通过技术升级来提升生产效率的内在动机。邵敏和包群（2011）则指出，政府补贴对企业生产率的影响是非线性的：当政府补贴处于较低水平时，政府补贴的增加有利于企业生产率的提高；而当政府补贴达到较高水平时，补贴的进一步增加反而会对企业生产率的提高产生抑制作用。有鉴于此，在分析出口持续时间对出口企业技术升级的影响时，有必要对政府补贴因素加以控制。本书使用政府补贴与企业销售额的比值来对政府补贴进行衡量。

3. 估计方法

根据之前变量选取的具体说明，本书用出口企业全要素生产率的变动幅度来衡量其技术升级程度 $[upgrading_{it} = \ln(TFP_{it}) - \ln(TFP_{it-1})]$，考虑到企业的全要素生产率跟出口持续时间很可能存在双向因果关系（一方面，出口持续时间会影响企业全要素生产率的变化；另一方面，企业的全要素生产率也会影响到企业在出口市场的存活时间[①]），因而出口企业的技术升级（$upgrading_{it}$）与出口持续时间也可能会存在双向因果关系，对（4-1）式直接使用固定效应回归很可能出现内生性问题（因为出口企业的技术升级和出口持续时间很可能为内生变量）。为了避免可能存在的内生

[①] Melitz（2003）表明企业的生产率只有达到一定的临界值后才会自主选择进入出口市场，因而企业生产率的变化会影响企业在出口市场的存活，进而影响到企业的出口持续时间。

性问题，本书将采用 GMM 估计方法来对（4 – 1）式进行估计①。GMM 估计方法中，比较常用的是由 Arellano 和 Bond（1991）、Blundell 和 Bond（1998）等发展起来的差分 GMM 估计，其主要思路是将原方程差分后，利用解释变量的滞后项来作为相应的工具变量以解决估计方程中的内生性问题。但是差分 GMM 方法在实际运用中和蒙特卡罗模拟中都表现较差，主要原因在于对差分后的方程而言，解释变量的水平滞后项似乎是弱工具变量，小样本情况下尤其如此。为解决水平值的滞后项是弱工具变量问题，Blundell 和 Bond（1998）建议进一步使用差分变量的滞后项作为水平值的工具变量来估计水平方程，相当于进一步增加了可用的工具变量。由于这种方法在估计过程中会同时使用水平方程和差分方程，因而被称为系统 GMM 估计（之前的估计方法中只使用了差分方程，因而被称为差分 GMM 估计)②。由于增加了更多的工具变量，系统 GMM 估计方法在一定程度上解决了差分 GMM 估计方法中的弱工具变量问题，提高了估计效率，因而具有相对比较明显的优势（岳文和陈飞翔，2015）。

在使用系统 GMM 方法进行估计时，需要十分注意工具变量的有效性问题。为此，一般会进行差分模型残差的序列相关检验以及工具变量过度识别检验。残差的序列相关检验主要是利用估计方程一阶差分的 n 阶残差序列来构建相应的统计量，以此来检验工具变量的有效性。残差的序列相关检验的原假设为差分残差不存在序列相关。Brown 和 Petesen（2009）指出当差分残差没有通过一阶序列相关检验时，只有二阶及以上的高阶滞后项才能作为有效的工具变量；当差分残差没有通过二阶序列相关检验时，只有三阶及以上的高阶滞后项才能作为有效的工具变量，以此类推。检验模型差分的残差是否序列相关最常用的检验为 Arellano – Bond 的自相关检验方法（简称 AB 检验）。工具变量的过度识别检验则需要运用 Hansen

① Rigobon（2003）在解决国际贸易与经济增长间的内生性问题（双向因果）时采用了差分 GMM 估计，而黄新飞和舒元（2010）则使用了系统 GMM 方法来解决贸易开放与经济增长间的内生性问题等。

② 岳文和陈飞翔（2015）在回顾解决企业生产函数估计中内生性问题的方法时，对差分 GMM 和系统 GMM 进行了详细的介绍。

（即 J 统计量）或 Sargan 检验（Sargan 统计量），这两个检验的原假设都是工具变量并不存在过度识别。Hansen 检验和 Sargan 检验的主要差别在于，当干扰项存在异方差时，Sargan 检验倾向于过度拒绝原假设。因而当干扰项存在异方差时，Hansen 检验将更为可靠。

二　用结构模型方法来估算企业的全要素生产率

根据之前的讨论，为了衡量出口企业的技术升级程度 $[upgrading_{it} = \ln(TFP_{it}) - \ln(TFP_{it-1})]$，需要对企业的全要素生产率进行估计。而要估计企业的全要素生产率（TFP），其关键就是要对企业的生产函数进行估计。

为简便，假设企业的生产函数是 C – D 形式的[①]，技术进步为 hicks 中性，用增加值来衡量产出：

$$y_{it} = \beta_l l_{it} + \beta_k k_{it} + \omega_{it} + \varepsilon_{it} \qquad (4-2)$$

其中 y_{it} 是企业 i 在 t 时期的增加值的对数，l_{it} 是可变的劳动投入的对数，k_{it} 是资本存量的对数。ω_{it} 是企业的全要素生产率，企业是在观测到 ω_{it} 后才选择可变要素的投入，由此导致了生产函数估计中的内生性问题。ε_{it} 是随机误差项。

企业的生产函数描述了要素投入与产出之间的一种对应关系，而运用计量技术对生产函数进行估计遇到的最大困难可能就是存在一些决定生产的因素（如 TFP）无法被研究者观测到，但是企业可以观测到。如果是这样，那么追求利润最大化的企业所做的要素投入的决策就会是这些决定因素的函数，由此导致内生性问题（Marschak 和 Andrews，1944），此时采用传统的 OLS 估计出来的投入要素前的系数会存在偏差。

[①]　因为在实际应用中，C – D 生产函数是最为常用的，而且其结构相对简单，同时其对于规模经济的测度很直观（鲁晓东和连玉君，2012）。当然，也可以采用其他更为灵活的生产函数（如超越对数）形式，在后面的实证分析中，本书也将对超越对数形式的生产函数进行估计，其相应的估计结果会用来进行稳健性检验。

    早期对内生性问题最主要的两个解决方法是寻找合适的工具变量（即 IV 估计）或采用固定效应估计（Mundlak，1961）。IV 估计需要寻找到合适的工具变量，工具变量要求与要素投入高度相关，但与 ω_{it} 不相关。许多研究中的通常做法是用要素的投入价格 P_{it} 作为 IV，主要原因在于 P_{it} 可观察到，同时与要素投入高度相关，而且 P_{it} 由要素市场决定，可以认为其与 ω_{it} 不相关。然而仔细考察，如果只存在一个竞争的要素市场，那么 P_{it} 就不会有变化（同一个要素市场里所有企业都面临相同的要素价格）；如果存在多个竞争的要素市场，由于生产率更高的企业往往在要素市场会拥有市场力量，其面临的 P_{it} 会相对较低，因而很可能 $cov(\omega_{it}, P_{it}) \neq 0$。因此无论是哪种情况，$P_{it}$ 都不是一个合格有效的 IV。若想寻找其他合适可用的工具变量也十分困难，因而用 IV 估计来解决内生性问题在理论上可行，在实际中的可操作性却不高。而使用固定效应估计虽然允许影响企业决策的那部分不可观测的生产率是因企业而异的，但是必须假设其是跨时不变的，即暗含要求（4 – 2）式中残差项为 $\omega_{it} = \omega_i$。此时，通过一阶差分可以得到生产函数的一致估计。然而对 ω_{it} 跨时不变的假定显得太过苛刻，有点脱离实际，难以在企业实际操作层面找到令人信服的论据支持（鲁晓东和连玉君，2012）。因而该方法也并没有很好地解决内生性问题。Ackerberg 等（2007）详细阐述了固定效应估计和 IV 估计在解决生产函数估计的内生性问题时面临的限制。

    不过从 20 世纪 90 年代开始，一些新的计量技术逐渐发展起来，使得对生产函数的估计有了突破性的进展。当前文献中主要有两种方法来解决生产函数估计过程中的内生性问题：一种方法是使用动态面板数据模型（Chamberlain，1982；Arellano 和 Bond，1991；Arellano 和 Bover，1995；Blundell 和 Bond，1998）；另一种方法是使用由 Olley 和 Pakes（1996）、Levinsohn 和 Petrin（2003）、Ackerberg 等（2015）基于结构模型发展起来的半参数估计方法，利用可以观察到的企业的投入决策（如投资、中间投入品等）来控制不可观测的生产率。这两种方法具有各自的优劣势，不过考虑到使用第二种结构模型方法得到的估计量比动态面板估计量更有效 [见 Ackerberg 等（2015）的详细讨论]，因而本书将主要采用结构模型方法来解决生产函数估计中的内生性问题①。

借鉴已有的相关研究（Olley 和 Pakes，1996；Levinsohn 和 Petrin，2003；Ackerberg 等，2015），假设生产率服从一阶马尔科夫过程：

$$\omega_{it} = E(\omega_{it} \mid \omega_{it-1}) + \xi_{it} = g_t(\omega_{it-1}) + \xi_{it} \qquad (4-3)$$

其中 ξ_{it} 是企业 i 在 t 期受到的随机生产率冲击，它与当期资本无关 [因为资本是动态投入，当前资本是由上期的资本存量与上期投资决定：$k_{it} = (1-\delta)k_{it-t} + i_{it-1}$]，但会与当期劳动力相关（因为劳动都是可变投入，企业是在观测到 ξ_{it} 后才决定当期的劳动投入），这也是内生性问题的主要原因。

Olley 和 Pakes（1996）指出企业每期通过选择可变要素的投入（如劳动）和投资水平以使其期望利润最大化，利用企业利润最大化的 Bellman 方程，可得企业的投资需求方程：

$$i_{it} = i_t(\omega_{it}, k_{it}) \qquad (4-4)$$

Pakes（1994）证明了当 $i_{it} > 0$ 时，即企业投资不为零时，企业投资 i_{it} 是企业生产率 ω_{it} 的严格递增函数，因而通过对（4-4）式求关于 ω_{it} 的反函数可以得到：

$$\omega_{it} = \omega_t(i_{it}, k_{it}) \qquad (4-5)$$

OP 方法通过（4-5）式用可以观测到的企业投资来作为不可观测到的企业生产率的代理变量，从而解决了生产率的内生性问题。然而 Levinsohn 和 Petrin（2003）指出 OP 方法很依赖企业投资 i_{it} 是企业生产率 ω_{it} 的严格递增函数这个关键条件，而现实中企业投资调整的灵活性较差，很多

---

① 岳文和陈飞翔（2015）对如何解决企业生产函数估计中的内生性问题进行了一个比较全面系统的总结，是该领域内一篇较好的研究综述论文。该文比较全面地回顾了解决生产函数估计中内生性问题的方法：IV 估计，固定效应估计，动态面板模型（如差分 GMM，系统 GMM）和结构模型（如 OP，LP，ACF）。并对动态面板模型和结构模型进行了详细比较，分析了这两种主流方法在估计生产函数中各自具有的优劣势。同时针对近期生产函数估计领域内的最新发展动向，文章还进一步介绍了在存在内生的生产率过程的条件下如何对生产函数进行估计。对这些内容的详细介绍也可以参见本书附录 A 部分。

企业的投资都为零，为了使 OP 方法中关键假设继续满足，必须把投资为零的样本全部剔除，这将会造成很大的效率损失。为了避免这个问题，LP 方法提出用中间投入品（如原材料、能源、电力等）作为生产率的代理变量，因为企业总是要使用中间投入品。Ackerberg 等（2015）进一步认为在 LP 方法中，由于劳动和中间投入都是非动态投入，因而两者很可能有相同的决定方式，即 $m_{it} = m_t(\omega_{it}, k_{it})$，$l_{it} = l_t(\omega_{it}, k_{it})$。结合上述两式容易得到：$l_{it} = l_t[m_t^{-1}(m_{it}, k_{it}), k_{it}] = h_t(m_{it}, k_{it})$。此时使用 LP 方法第一阶段的回归就会产生多重共线性问题，原有的 LP 估计程序会失效[①]。类似的，使用 OP 方法也会存在同样的问题。为解决多重共线性问题，Ackerberg 等（2015）提出了一个新的估计程序（ACF 方法），其基本思想是：放弃 LP（或 OP）方法中第一阶段对相关系数（如 β_l）的识别，同时将劳动投入也引入企业中间投入品（m_{it}）函数[②]。此时，企业的中间投入决策会具有以下形式：

$$m_{it} = m_t(\omega_{it}, l_{it}, k_{it}) \tag{4-6}$$

中间投入品的需求是关于生产率的严格递增函数（Levinsohn 和 Petrin，2003），对（4-6）式求关于 ω_{it} 的反函数可以得到：

$$\omega_{it} = \omega_t(m_{it}, l_{it}, k_{it}) \tag{4-7}$$

将（4-7）式代入（4-2）式，可得：

$$y_{it} = \beta_l l_{it} + \beta_k k_{it} + \omega_t(m_{it}, l_{it}, k_{it}) + \varepsilon_{it} = \varphi_t(m_{it}, l_{it}, k_{it}) + \varepsilon_{it} \tag{4-8}$$

对生产函数的具体估计程序有以下阶段。

第一阶段，用 y_{it} 对 m_{it}、l_{it}、k_{it} 进行非参数回归（可以采用三次多项式逼近），可以得到企业的期望产出：

---

① 当生产函数是 C-D 型的，LP 方法第一阶段的回归就变为：$y_{it} = \beta_l l_{it} + m_t^{-1}(m_{it}, k_{it}) + \varepsilon_{it}$。由于多重共线性，此时无法识别 β_l，这与使用 LP 方法第一阶段回归要识别 β_l 的初衷相悖。

② 这主要是基于实际生产中劳动投入的决策往往会先于中间投入品的决策的考虑。因为企业往往需要一定的时间来招聘和培训新员工，解雇员工前需要预先通知等，这都会使劳动投入的可变性要弱于中间投入。

$$\hat{\phi}_{it} = \beta_l l_{it} + \beta_k k_{it} + \omega_t(m_{it}, l_{it}, k_{it}) \qquad (4-9)$$

对于任意给定的 $\beta = (\beta_l, \beta_k)$，结合（4－9）式，可以计算出企业的全要素生产率：$\omega_{it}(\beta) = \hat{\phi}_{it} - \beta_l l_{it} - \beta_k k_{it}$。用 $\omega_{it}(\beta)$ 对它的滞后一期 $\omega_{it-1}(\beta)$ 做非参数回归，就可以得到随机的生产率冲击 $\xi_{it}(\beta)$。

第二阶段，根据（4－3）式，利用（4－10）式所示的两个矩条件进行 GMM 估计就可以对参数 $\beta = (\beta_l, \beta_k)$ 进行识别。

$$E[\xi_{it}(\beta)(l_{it-1}, k_{it})] = 0 \qquad (4-10)$$

（4－10）式成立的原因在于：资本是动态投入，根据资本积累方程 $k_{it} = (1-\delta)k_{it-t} + i_{it-1}$，$t$ 期资本在 $t-1$ 期就被决定，因而与 t 期的 $\xi_{it}(\beta)$ 无关；而劳动是可变投入，t 期的劳动投入在 t 期决定，因而与 $\xi_{it}(\beta)$ 相关，但是 $t-1$ 期的劳动投入 l_{it-1} 与 t 期的 $\xi_{it}(\beta)$ 无关。

一旦完成了对企业生产函数（4－7）式的估计，很容易据此得到企业的全要素生产率，再利用 $\gamma_{it} = \ln(TFP_{it} - TFP_{it-1})$，就可以得到衡量企业技术升级的指标（$\gamma_{it}$）。

三 数据来源与相应变量的描述性统计

1. 数据来源说明

本章使用的企业层面的微观数据均来自中国工业企业调查数据库，该数据库从 1998 年开始采集，其统计对象为全部国有企业以及年主营业务收入 500 万元及以上的非国有工业法人企业（但是 2011 年起，该数据库统计对象的规模标准改为 2000 万元及以上规模企业），与《中国统计年鉴》的工业部分和《中国工业统计年鉴》中的覆盖范围一致。平均而言，该数据库里企业每年的生产总值占了中国所有企业生产总值的 95%。鉴于已有的使用工业企业数据库的多数研究涉及的年份在 1999～2007 年（聂辉华等，2012），因而本书也将样本期限定在 1999～2007 年。为了结果的可靠，本书选取了其中的制造业企业，结合已有相关研究（如谢千里等，2008；余淼杰，2011；鲁晓东和连玉君，2012；Feenstra 等，2013；Yu，2015），本书首先依据以下原则对该数据库进行了相应整理：第一步把数据库存在遗漏变量的样本删除，比如所有工业增加值为零的企业、所有工业总产值为零的企业等都被剔除到本书的样本之外；第二步把雇员人数在 8 人以下的企业剔除到样本之外；第三步把在统计上存在明显错误的异常企业也剔除到本书的样本之外，比如固定资产净值大于总资产的企业、出口交货值为负值的企业、实收资本小于零的企业等。

由于工业企业数据库中并没有很好的指标可以直接用来衡量企业的资本存量，依照鲁晓东和连玉君（2012）的类似做法，本书利用宏观层面资本存量的核算方法，根据 $K_t = I_t + \eta * K_{t-1}$ 核算了企业层面的资本存量，其中 K_t 表示企业 t 期的固定资产总值，I_t 为企业 t 期的投资额，η 为固定资产折旧率。

2. 变量的描述性统计

由于本书的主要研究对象是出口企业，因此对于非出口企业，本书根据工业企业数据库里"出口交货值"这个指标，将其从本书的样本中剔除。通过对数据的相应处理，本章所使用的主要变量的描述性统计特征如表 4 - 1 所示。其中，出口持续时间、要素密集度、企业年龄、平均工资、企业规模、政府补贴等指标都是按照本章第二节里介绍的相关变量计算得到。而 labor_p 表示企业劳动生产率的对数，是用企业的工业增加值除以其平均从业人员数并取对数得到。在后面的实证分析中，将会用劳动生产率来构造衡量出口企业技术升级的指标进行稳健性检验。

表 4 - 1 主要变量的描述性统计

变量	观测值	最大值	最小值	均值	中位数	标准差
y	470000	17.43	-0.236	8.983	8.809	1.444
l	470000	12.15	2.079	5.296	5.193	1.164
k	470000	17.83	-0.235	8.567	8.450	1.825
m	470000	18.93	-0.278	10.10	9.912	1.400
kl	470000	11.19	-6.774	3.363	3.406	1.403
age	460000	7.604	0.000	1.890	1.946	0.885
wage	470000	8.873	-7.371	2.621	2.602	0.645

变量	观测值	最大值	最小值	均值	中位数	标准差
size	470000	12.15	2.079	5.296	5.193	1.164
subsidy	470000	7.594	−1.056	0.002	0.000	0.027
labor_p	470000	12.82	−2.597	5.165	5.111	1.016

根据之前变量选取的具体说明，本书用出口企业全要素生产率的变动幅度来衡量其技术升级程度，因此，为了衡量出口企业的技术升级，必须先估计由企业的生产函数得到的企业全要素生产率（TFP）水平。而考虑到不同行业之间的生产技术可能存在较大差别（Pavcnik，2002），为了得到更加准确的全要素生产率估算结果，本书先根据工业企业数据库里的行业代码，同时借鉴鲁晓东和连玉君（2012）的类似做法，把所有企业分成了 16 个大的行业，分别为：食品饮料烟草，纺织业，服装，木材加工，造纸印刷，石油炼焦，化学医药，非金属矿物，金属冶炼，金属制品业，机械设备，交通运输设备，武器弹药，电气机械，电子通信，仪器仪表。然后利用之前介绍的结构模型方法对每个行业的生产函数分别进行了估计以此来得到各企业的全要素生产率。对全要素生产率的具体估算结果见表 4 - 2。总体来看，各行业的平均 TFP 在 2000～2007 年都得到了明显提高。

表 4 - 2　不同行业的平均 TFP 水平

行业类别	2000 年	2001 年	2002 年	2003 年	2004 年	2005 年	2006 年	2007 年
食品饮料烟草	1.332	1.596	1.690	1.723	1.795	1.810	1.992	2.174
纺织业	4.223	4.286	4.379	4.492	4.504	4.615	4.729	4.785
服装	3.397	3.370	3.424	3.498	3.477	3.596	3.711	3.811
木材加工	3.561	3.547	3.632	3.731	3.731	3.892	3.997	4.104
造纸印刷	2.476	2.467	2.540	2.600	2.602	2.740	2.846	2.902
石油炼焦	3.698	3.832	3.881	4.240	4.286	4.218	4.288	4.438
化学医药	3.923	4.040	4.125	4.248	4.212	4.324	4.463	4.577
非金属矿物	4.832	4.779	4.974	5.069	5.143	5.270	5.475	5.515
金属冶炼	3.682	3.887	4.013	4.259	4.391	4.451	4.690	4.850

续表

行业类别	2000 年	2001 年	2002 年	2003 年	2004 年	2005 年	2006 年	2007 年
金属制品业	3.506	3.435	3.520	3.617	3.549	3.698	3.814	3.945
机械设备	3.651	3.808	3.955	4.078	4.151	4.189	4.325	4.425
交通运输设备	2.361	2.582	2.762	2.785	2.794	2.861	2.970	3.087
武器弹药	2.257	2.079	2.197		3.620	3.647	3.757	3.850
电气机械	2.794	2.746	2.855	2.774	2.975	2.982	3.080	3.155
电子通信	3.081	3.036	3.221	3.049	2.934	3.115	3.232	3.323
仪器仪表	3.733	3.716	3.822	3.712	3.532	3.665	3.758	3.899

注：行业的平均 TFP 是根据该行业内所有企业的 TFP 通过简单平均计算所得。

利用估算出来的企业全要素生产率水平，根据 $upgrading_{it} = \ln(TFP_{it}) - \ln(TFP_{it-1})$，很容易就可以得到出口企业所选择的技术升级的程度（upgrading）。表 4 - 3 报告了样本期内各年份出口企业的平均技术升级水平与平均出口持续时间（出口持续时间根据本章第二节里介绍的相关变量计算得到），从中可以看出，除了 2004 年外，其余年份出口企业的平均技术升级水平都为正。同时值得注意的是，2005 ~ 2007 年，出口企业的平均技术升级水平要明显高于 2000 ~ 2003 年出口企业的平均技术升级水平。

表 4 - 3   出口企业的平均技术升级水平与平均出口持续时间

年份	upgrading			exporttime	
	均值	中位数	标准差	均值	标准差
2000	—	—	—	1.000	0.000
2001	0.062	0.074	0.596	1.219	0.414
2002	0.090	0.099	0.533	1.418	0.624
2003	0.080	0.087	0.497	1.869	0.853
2004	-0.003	-0.001	0.548	1.883	1.082
2005	0.126	0.128	0.531	1.863	1.206
2006	0.116	0.100	0.586	2.506	1.335
2007	0.110	0.105	0.481	3.015	1.602

注：各年份的平均技术升级水平是根据该年份内所有企业的技术升级水平通过简单平均计算所得，平均出口持续时间也采取类似的计算方法。

第三节 计量结果的呈现与分析

在这一部分，本书将呈现相关的回归结果并进行初步分析，本书将首先呈现基准回归结果，其次是分行业回归结果，再次是分地区估计结果，最后是分企业所有制类型估计结果，以及一些稳健性检验。

一 基准回归

表4-4报告了利用中国企业层面微观数据对（4-1）式进行估计的基准回归结果，所有回归中均加入了年份虚拟变量。根据之前的估计方法介绍，为了解决可能存在的内生性问题，本书将主要采用系统GMM估计（见表4-4中模型1到模型4），同时为了进行对比（或者是稳健性检验），在表4-1中模型5和模型6中分别采用了差分GMM和固定效应估计。在模型1中，不加入任何控制变量，直接用出口企业所选择的技术升级程度对出口持续时间进行回归，结果显示出口持续时间前面的系数显著为负。在模型2中，加入了企业规模和平均工资这两个控制变量，结果显示出口持续时间对出口企业技术升级程度的影响跟模型1的结果类似。在模型3中，加入了企业规模、平均工资、要素密集度、政府补贴四个控制变量，出口持续时间前面的系数仍然显著为负。而在模型4中，加入企业规模、平均工资、要素密集度、政府补贴、企业年龄五个控制变量，最终还是发现出口持续时间前面的系数显著为负。

本书采用的是系统GMM估计，为此有必要进行AB检验和Hansen检验。从AB检验（残差序列相关性检验）的结果来看，各差分方程残差均存在一阶序列相关和二阶序列相关问题，但是并不存在三阶序列相关问题 [AR（3）的P值大于0.1，因而即使在10%的显著性水平也不能拒绝原假设]，因而可以使用变量滞后三阶及以上的值来作为工具变量。Sargan检验和Hansen检验的结果显示即使在10%的显著性水平下，也不能拒绝原假设，这表明本章在系统GMM中所使用的工具变量是有效的，并不存在过度识别问题。

AB 检验和 Hansen 检验结果表明本章采用系统 GMM 估计并不存在任何问题。但是模型 4 的基准回归结果显示出口持续时间前面的系数显著为负，初一看，这好像和平时的直觉不一致。然而实际上要理解这一实证结论也并不难，只需要对出口企业技术升级有更加深入的认识。根据之前的相关论述，本书是用企业当年 TFP 的对数减去企业上一年 TFP 的对数来衡量企业技术升级的程度，据此可知本书中出口企业的技术升级程度实际上表示的是出口企业生产效率的"边际提高量"：当出口企业的技术升级程度为正，表明出口企业的生产效率相对于上一年提高了；当出口企业的技术升级程度为负，表明出口企业的生产效率相比于上一年反而降低了。但是出口企业的技术升级程度的下降并不代表出口企业生产效率"绝对水平"的下降，只是表示出口企业生产效率"边际增量"的下降（即生产效率每年提高的幅度会越来越低）。

出口企业的技术升级程度实际上指的是出口企业生产效率的"边际提高量"，并不是表示出口企业生产效率的"绝对水平"。再来看表 4 - 4 模型 4 的基准回归结果，出口持续时间前面的系数显著为负，这表明出口持续时间的增加对出口企业技术升级的边际作用递减，即这只是意味着出口持续时间的增加会使得出口企业生产效率的"边际提高量"越来越低（即出口企业生产效率每年提高的幅度会越来越低），并不意味着出口持续时间的增加会使得出口企业的生产效率越来越低[①]。对于这个结论，应该是符合现实情况的且能较好理解的，随着出口企业在出口市场的时间越来越长，出口市场对企业生产效率提高的边际作用会越来越低，即表现为出口

---

① 举个简单的例子，比如某出口企业进入出口市场后的 1 ~ 5 年内其生产率分别为 1，2，2.8，3.4，3.8。根据本书对衡量企业技术升级指标的相关定义，可知该出口企业进入出口市场后第 2 年的技术升级程度为 1，第 3 年的技术升级程度为 0.8，第 4 年的技术升级程度为 0.6，第 5 年的技术升级程度为 0.4。容易知道随着出口持续时间的增加，该出口企业所选择的技术升级从 1 降到了 0.4，即出口持续时间的增加对出口企业技术升级的边际作用递减，但是该出口企业的生产效率（用生产率衡量）在进入出口市场后是不断提高的（从第 1 年的 1 增加到了第 5 年的 3.8）。

持续时间的增加对出口企业技术升级的边际作用递减（或出口企业生产效率的"边际提高量"越来越低）。

对于其他控制变量，从表4-4中模型4可以看出，企业规模对出口企业技术升级程度的影响显著为负，即规模越大的出口企业，其选择技术升级的程度相对越低（生产效率的"边际提高量"越低），这表明在技术升级上，中小企业其在治理结构上的优势相对于大规模企业的规模经济优势更加明显。平均工资对出口企业技术升级程度的影响显著为正，即平均工资越高的出口企业，其选择技术升级的程度也会相对越高（生产效率的"边际提高量"越高），这跟之前的预期相一致：平均工资较高的企业能够吸引生产与管理技能更强的员工，更多高技能人才的加入无疑将有利于企业的技术升级。要素密集度对出口企业技术升级程度的影响显著为负，即要素密集度较高的出口企业，其选择技术升级的程度反而相对较低（生产效率的"边际提高量"较低）。政府补贴对出口企业技术升级程度的影响显著为负，即政府补贴越高的出口企业，其选择技术升级的程度相对越低（生产效率的"边际提高量"越低），这在一定程度上表明政府补贴降低了出口企业进行技术升级的积极性。企业年龄前面的系数即使在10%的显著性水平下仍不显著，这表明企业年龄并不会对出口企业所选择的技术升级程度产生显著影响。

虽然之前的分析主要是基于系统GMM方法的估计结果（见表4-4中的模型1至模型4），但是本章仍然使用了差分GMM方法（模型5）和固定效应方法（模型6）对4-1式进行了估计作为稳健性检验。相应的估计结果跟模型4的估计结果（系统GMM估计）十分类似，各变量的符号都一致（但是在数值上存在较大差异：系统GMM估计下，出口持续时间对出口企业所选择的技术升级程度的影响系数为-0.0087，比差分GMM和固定效应估计下的-0.02在绝对值上要小）。总体来看，所有回归结果都表明出口企业所选择的技术升级程度（出口企业生产效率的"边际提高量"）会随着出口持续时间的增加而减小，即出口持续时间的增加对出口企业技术升级的边际作用递减。

表 4 - 4　基准回归结果

因变量 upgrading	系统 GMM				差分 GMM	固定效应
	模型 1	模型 2	模型 3	模型 4	模型 5	模型 6
exporttime	- 0.00965*** (0.00125)	- 0.0085*** (0.00130)	- 0.0081*** (0.00132)	- 0.0087*** (0.00143)	- 0.0207*** (0.00441)	- 0.0234** (0.0114)
size	—	- 0.0251*** (0.00142)	- 0.0253*** (0.00141)	- 0.0256*** (0.00142)	- 0.520*** (0.0150)	- 0.343*** (0.00735)
wage	—	0.0961*** (0.00408)	0.1005*** (0.00433)	0.1005*** (0.00433)	0.231*** (0.0101)	0.206*** (0.00609)
kl	—	—	- 0.006*** (0.00132)	- 0.006*** (0.00131)	- 0.124*** (0.00718)	- 0.0817*** (0.00447)
subsidy	—	—	- 0.1618** (0.0885)	- 0.1627* (0.08923)	- 0.243** (0.114)	- 0.155*** (0.0632)
age	—	—	—	0.0039 (0.00251)	0.0133 (0.0144)	0.0137 (0.00905)
年份虚拟变量	是	是	是	是	是	是
AR (1) P 值	0.000	0.000	0.000	0.000	0.000	—
AR (2) P 值	0.000	0.000	0.000	0.000	0.000	—
AR (3) P 值	0.179	0.149	0.150	0.154	0.189	—
Sargan 检验 (P 值)	0.205	0.149	0.148	0.146	0.256	—
Hansen 检验 (P 值)	0.149	0.145	0.142	0.146	0.219	—
样本数	127118	127108	127108	127006	67950	127006
R^2	—	—	—	—	—	0.060

注：①所有回归中均加入了年份虚拟变量；②AR (1) P 值、AR (2) P 值、AR (3) P 值分别表示差分方程残差的一阶、二阶、三阶序列相关检验的 P 值，原假设为无序列相关；③AB 检验结果显示模型 1 至模型 5 均存在一阶序列相关和二阶序列相关问题，但是并不存在三阶序列相关问题，因而可以使用变量滞后三阶及以上的值来作为工具变量；④Hansen 检验或 Sargan 检验在于检验工具变量是否存在过度识别，其原假设为无过度识别，当干扰项存在异方差时，Hansen 检验相对更为可靠；⑤Hansen 检验结果显示模型 1 至模型 5 在 10% 的显著性水平上均不存在过度识别问题；⑥括号内的值为标准差，***、**、* 分别表示在 1%、5% 和 10% 水平上显著。下表同。

二　分行业回归

在前面的相关内容中，根据工业企业数据库里的二级行业代码，同时借鉴鲁晓东和连玉君（2012）的类似做法，本书把所有企业分成了 16 个大的行业，分别为：食品饮料烟草、纺织业、服装、木材加工、造纸印刷、石油炼焦、化学医药、非金属矿物、金属冶炼、金属制品业、机械设备、交通运输设备、武器弹药、电气机械、电子通信、仪器仪表。在这一部分，本书将利用这 16 个行业里的企业所组成的子样本来对（4－1）式进行估计以考察出口持续时间对出口企业技术升级的影响是否会因行业的不同而存在较大差异。相应的回归结果报告在表 4－5、表 4－6、表 4－7、表 4－8 中。

表 4－5　分行业回归结果（1）

因变量 *upgrading*	食品饮料烟草	纺织业	服装	木材加工
	模型 1	模型 2	模型 3	模型 4
exporttime	－0.0250** （0.0125）	－0.0121*** （0.00381）	－0.0132*** （0.00360）	－0.0165** （0.00726）
size	－0.125*** （0.0145）	－0.0176*** （0.00438）	－0.0532*** （0.00533）	－0.0536*** （0.00808）
wage	0.132*** （0.0350）	0.100*** （0.0144）	0.218*** （0.0153）	0.162*** （0.0256）
kl	0.0918*** （0.0155）	－0.0163*** （0.00390）	0.00868** （0.00435）	0.0192*** （0.00649）
subsidy	－0.440 （1.468）	－0.658*** （0.177）	－1.724* （0.996）	－1.193 （0.840）
age	－0.0232 （0.0225）	0.00567 （0.00657）	0.00579 （0.00909）	－0.00253 （0.0140）
年份虚拟变量	是	是	是	是
AR（1）P 值	0.000	0.000	0.000	0.000
AR（2）P 值	0.997	0.000	0.000	0.393
AR（3）P 值	0.235	0.854	0.434	0.273
Sargan 检验（P 值）	0.104	0.333	0.495	0.140
Hansen 检验（P 值）	0.237	0.231	0.422	0.078
样本数	3357	15687	21585	5304

注：①同表 4－4；②所有模型均采用系统 GMM 估计；③根据 AB 检验结果，模型 1 和模型 4 使用变量滞后二阶及以上的值来作为工具变量，模型 2 和模型 3 则使用变量滞后三阶及以上的值来作为工具变量。

表 4 - 6 分行业回归结果 (2)

因变量 upgrading	造纸印刷 模型 1	石油炼焦 模型 2	化学医药 模型 3	非金属矿物 模型 4
exporttime	0.00564 (0.00590)	- 0.0395 (0.0374)	- 0.0115*** (0.00336)	- 0.0162*** (0.00521)
size	- 0.0738*** (0.00856)	- 0.0132 (0.0169)	- 0.0208*** (0.00375)	0.00619 (0.00718)
wage	0.165*** (0.0249)	0.0650 (0.0754)	0.0978*** (0.0116)	0.0884*** (0.0184)
kl	- 0.0137** (0.00630)	- 0.0248 (0.0280)	- 0.0318*** (0.00456)	- 0.0320*** (0.00744)
subsidy	- 0.431 (0.433)	- 2.097 (4.134)	- 0.701** (0.357)	- 1.384** (0.689)
age	0.0172 (0.0136)	- 0.0813 (0.0495)	- 0.0113* (0.00682)	- 0.0139 (0.0141)
年份虚拟变量	是	是	是	是
AR (1) P 值	0.000	0.044	0.000	0.000
AR (2) P 值	0.222	0.475	0.003	0.359
AR (3) P 值	0.487	0.815	0.876	0.187
Sargan 检验 (P 值)	0.590	0.714	0.343	0.710
Hansen 检验 (P 值)	0.332	0.745	0.242	0.300
样本数	7080	175	17701	6421

注：①同表 4 - 4；②所有模型均采用系统 GMM 估计；③根据 AB 检验结果，模型 1、模型 2 和模型 4 使用变量滞后二阶及以上的值来作为工具变量，模型 3 则使用变量滞后三阶及以上的值来作为工具变量。

表 4 - 7 分行业回归结果 (3)

因变量 upgrading	金属冶炼 模型 1	金属制品业 模型 2	机械设备 模型 3	交通运输设备 模型 4
exporttime	- 0.0223** (0.00897)	- 0.0104* (0.00554)	- 0.0118*** (0.00361)	- 0.0105 (0.00643)
size	0.00824 (0.00734)	- 0.0496*** (0.00735)	- 0.00435 (0.00451)	- 0.0499*** (0.0104)
wage	0.0985*** (0.0201)	0.153*** (0.0174)	0.0992*** (0.0124)	0.214*** (0.0373)

续表

因变量 upgrading	金属冶炼 模型 1	金属制品业 模型 2	机械设备 模型 3	交通运输设备 模型 4
kl	− 0.0366*** (0.0125)	− 0.0156** (0.00630)	− 0.0102* (0.00527)	0.00468 (0.00975)
subsidy	− 0.0564*** (0.00829)	0.0886 (0.622)	− 0.233 (0.217)	− 0.816*** (0.225)
age	0.00330 (0.0116)	0.000636 (0.0102)	0.00772 (0.00612)	0.0538*** (0.0136)
年份虚拟变量	是	是	是	是
AR（1）P 值	0.000	0.000	0.000	0.000
AR（2）P 值	0.359	0.080	0.314	0.074
AR（3）P 值	0.150	0.595	0.100	0.800
Sargan 检验（P 值）	0.080	0.313	0.587	0.627
Hansen 检验（P 值）	0.125	0.558	0.380	0.158
样本数	2403	7683	12900	4822

注：①同表 4 - 4；②所有模型均采用系统 GMM 估计；③根据 AB 检验结果，在 10% 的显著性水平下，所有模型均存在二阶自相关，因而所有模型均使用变量滞后三阶及以上的值来作为工具变量。

表 4 - 8　分行业回归结果（4）

因变量 upgrading	武器弹药 模型 1	模型 2	电气机械 模型 3	电子通信 模型 4	仪器仪表 模型 5	模型 6
exporttime	− 0.0198 (0.0387)	− 0.0138 (0.0148)	− 0.00715 (0.0123)	0.00759 (0.0191)	0.0200 (0.0125)	0.190 (0.179)
size	− 0.0159 (0.0897)	− 0.417*** (0.0360)	− 0.0340*** (0.00689)	− 0.0409*** (0.0106)	− 0.0580*** (0.00916)	− 0.555*** (0.0334)
wage	0.450 (0.371)	0.214*** (0.0288)	0.121*** (0.0187)	0.112*** (0.0396)	0.137*** (0.0207)	0.147*** (0.0294)
kl	0.0727 (0.133)	− 0.188*** (0.0207)	− 0.0134* (0.00707)	− 0.0153 (0.0112)	− 0.00159 (0.00610)	− 0.0962*** (0.0191)
subsidy	− 19.16 (19.12)	0.212 (0.484)	− 0.0227 (0.174)	− 2.016** (0.854)	− 0.310 (0.351)	− 0.508 (0.678)
age	− 0.0226 (0.0864)	0.0170 (0.0693)	0.00196 (0.0158)	0.0478** (0.0200)	− 0.00305 (0.0136)	− 0.0545 (0.0676)
年份虚拟变量	是	是	是	是	是	是

续表

因变量 upgrading	武器弹药		电气机械	电子通信	仪器仪表	
	模型 1	模型 2	模型 3	模型 4	模型 5	模型 6
AR（1）P 值	0.000		0.000	0.000	0.000	
AR（2）P 值	.		0.666	0.438		
AR（3）P 值	.		0.349	0.182	.	
Sargan 检验（P 值）	0.173		0.822	0.125	0.220	
Hansen 检验（P 值）	0.123		0.468	0.453	0.133	
样本数	6868	6868	6578	2534	5908	5908
R^2	0.070				0.109	

注：①同表 4-4；②除模型 2 和模型 6 采用固定效应估计外，其余模型均采用系统 GMM 估计；③模型 1 和模型 5 的 AR（2）P 值、AR（3）P 值都为空缺，可能的原因在于 AB 检验要对数据进行进一步的差分，从而出现样本量不够的问题，为此，模型 2 和模型 6 报告了相应的固定效应估计结果以作补充；④根据 AB 检验结果，模型 3 和模型 4 使用变量滞后二阶以上的值来作为工具变量。

分行业回归的结果显示，食品饮料烟草、纺织业、服装、木材加工、化学医药、非金属矿物、金属冶炼、金属制品业、机械设备这 9 个行业中出口企业的出口持续时间的增加对其技术升级的边际作用递减（除了金属制品业出口持续时间前面的系数只通过了 10% 的显著性检验外，其余 8 个行业出口持续时间前面的系数都通过了 5% 的显著性检验），这表明这 9 个行业中出口持续时间的增加会使得出口企业生产效率的边际提高量越来越低（即出口企业生产效率每年提高的幅度会越来越低）。具体而言，出口持续时间增加对出口企业生产效率的边际提高量影响最大的为食品饮料烟草行业（出口持续时间前面的系数为 -0.0250），影响最小的为金属制品业（出口持续时间前面的系数为 -0.0104）。

至于造纸印刷、石油炼焦、交通运输设备、武器弹药、电气机械、电子通信、仪器仪表这 7 个行业，出口持续时间前面的系数并不显著，说明出口持续时间的增加对这 7 个行业里出口企业的技术升级程度并没有显著影响（并不会影响到出口企业生产效率的边际提高量）。

三　分地区估计

为了考察不同地区出口企业的出口持续时间对其技术升级程度的影

响，本书借鉴谢千里、罗斯基、张轶凡（2008）的相关研究，把所有省份按照国家统计局的标准分为东部沿海地区、中部地区、西部地区和东北地区四个区域。这四个区域所包含的省份见表 4 - 9。利用划分出来的四个区域内的所有出口企业分别对（4 - 1）式进行估计，相应的回归结果报告见表 4 - 10。

表 4 - 9　区域划分标准

地区划分	所含省份
东部沿海地区	广东、海南、北京、福建、河北、天津、浙江、江苏、上海、山东
东北地区	黑龙江、吉林、辽宁
中部地区	河南、湖北、安徽、广西、湖南、江西、山西、内蒙古
西部地区	贵州、宁夏、重庆、甘肃、青海、新疆、西藏、陕西、四川、云南

从表 4 - 10 可以看出，虽然出口持续时间前面的系数都为负，这跟表 4 - 4 中模型 4 的基准回归结果类似，但是只有模型 1 和模型 3 中出口持续时间前面的系数通过了显著性检验，这表明出口持续时间的增加仅对东部沿海地区和中部地区出口企业技术升级的边际作用递减，即出口持续时间的增加仅会使得东部沿海地区和中部地区出口企业生产效率的边际提高量越来越低，但是对东北地区和西部地区出口企业生产效率的边际提高量没有显著影响。具体来看，出口持续时间增加对中部地区出口企业生产效率的边际提高量影响最大（出口持续时间前面的系数为 - 0.0295），对东部沿海地区出口企业生产效率的边际提高量影响相对较小（出口持续时间前面的系数为 - 0.00444）。而其他控制变量前面系数的符号则跟表 4 - 4 中模型 4 的基准回归结果类似。

表 4 - 10　分地区回归结果

因变量 upgrading	东部沿海地区	东北地区	中部地区	西部地区
	模型 1	模型 2	模型 3	模型 4
exporttime	- 0.00444** (0.00183)	- 0.00890 (0.00940)	- 0.0295*** (0.00677)	- 0.00569 (0.00984)
size	- 0.0219*** (0.00147)	- 0.0621*** (0.0104)	- 0.0778*** (0.00803)	- 0.0310*** (0.00864)

续表

因变量 *upgrading*	东部沿海地区	东北地区	中部地区	西部地区
	模型 1	模型 2	模型 3	模型 4
wage	0.127*** (0.00446)	0.133*** (0.0323)	0.0519*** (0.0201)	0.147*** (0.0292)
kl	−0.0108*** (0.00133)	0.000317 (0.0108)	0.00305 (0.00719)	−0.0158* (0.00909)
subsidy	−0.133* (0.0718)	−1.329** (0.626)	−1.050* (0.537)	−0.990** (0.463)
age	0.00258 (0.00279)	0.0374* (0.0191)	−0.0116 (0.00909)	0.000729 (0.00980)
年份虚拟变量	是	是	是	是
AR (1) P 值	0.000	0.000	0.000	0.000
AR (2) P 值	0.000	0.080	0.228	0.926
AR (3) P 值	0.023	0.315	0.756	0.763
AR (4) P 值	0.294	—	—	—
Sargan 检验（P 值）	0.326	0.369	0.220	0.145
Hansen 检验（P 值）	0.192	0.315	0.338	0.282
样本数	109635	3974	10258	3139

注：①同表 4 - 4；②所有模型均采用系统 GMM 估计；③根据 AB 检验结果，模型 1 使用变量滞后四阶及以上的值来作为工具变量，而模型 2、模型 3 和模型 4 则使用变量滞后三阶及以上的值来作为工具变量。

四 分企业所有制类型估计

中国独特的体制设置使得所有制结构成了影响中国企业绩效表现的重要因素（Hu 和 Liu，2014）。之前的一些相关研究已表明不同所有制的企业往往有不同的生产效率，例如余淼杰（2010，2011）指出中国国有企业的生产率要比私营企业低。为了考察不同所有制类型出口企业的出口持续时间对其技术升级程度的影响是否会存在差异，借鉴 Ding 等（2013）的类似做法，本书按照企业投资注册资本所占比重（≥50%）的标准对所有出口企业进行了分类，根据工业企业数据库里的相关信息，本书将国家资本金占实收资本比例大于等于 50% 的企业划分为国有企业，将集体资本金占实收资本比例大于等于 50% 的企业划分为集体企业，将法人资本金加上个人资本金占实收资本比例大于等于50%的企业划分为私营企业，将外商资本金加上港澳台资本金占实收资本比例大于等于50%的企业划分为外资企业。除此之外，还包含任何一项注册资本都没有超过50%的其他企业，它们在样本中的占比只有0.22%，故将其略去。利用国有企业、集体企业、私营企业和外资企业所组成的子样本分别对（4−1）式进行估计，相应的回归结果报告见表4−11。

表4−11　分企业所有制类型回归结果

因变量 upgrading	国有企业	集体企业	私营企业	外资企业
	模型 1	模型 2	模型 3	模型 4
exporttime	− 0.0231* (0.0138)	− 0.00723 (0.0144)	− 0.0104*** (0.00192)	− 0.0096*** (0.00292)
size	− 0.0166* (0.00876)	− 0.0289*** (0.00873)	− 0.0265*** (0.00194)	− 0.0191*** (0.00232)
wage	0.141*** (0.0288)	0.105*** (0.0276)	0.105*** (0.00593)	0.109*** (0.00693)
kl	0.00148 (0.0106)	− 0.00969 (0.00819)	0.000312 (0.00178)	− 0.0137*** (0.00207)
subsidy	− 0.516*** (0.152)	− 0.456* (0.253)	− 0.150 (0.0919)	− 0.182 (0.290)
age	0.0231** (0.0107)	− 0.0226* (0.0134)	0.00130 (0.00319)	− 0.00435 (0.00616)
年份虚拟变量	是	是	是	是
AR（1）P 值	0.000	0.000	0.000	0.000
AR（2）P 值	0.801	0.263	0.000	0.000
AR（3）P 值	0.147	0.696	0.034	0.221
AR（4）P 值	—	—	0.146	—
Sargan 检验（P 值）	0.247	0.359	0.354	0.375
Hansen 检验（P 值）	0.090	0.127	0.254	0.279
样本数	2771	4278	74267	45412

注：①同表4−4；②所有模型均采用系统 GMM 估计；③根据 AB 检验结果，模型1和模型2使用变量滞后二阶及以上的值来作为工具变量，模型4使用变量滞后三阶及以上的值来作为工具变量，模型3则使用变量滞后四阶及以上的值来作为工具变量。

从表 4 – 11 可以看出，虽然出口持续时间前面的系数都为负，这跟表
4 – 4 中模型 4 的基准回归结果类似，但是模型 2 出口持续时间前面的系数
并不显著，模型 1 出口持续时间前面的系数只通过了 10% 的显著性检验，
只有模型 3 和模型 4 中出口持续时间前面的系数通过了 5% 的显著性检验。
可知，对于国有企业、私营企业和外资企业，出口持续时间的增加会使得
出口企业生产效率的边际提高量越来越低，即出口持续时间的增加对出口
企业技术升级的边际作用递减；而对于集体企业，出口持续时间的增加对
出口企业生产效率的边际提高量并没有显著影响。具体来看，出口持续时
间增加对国有企业中出口企业生产效率的边际提高量影响最大（出口持续
时间前面的系数为 – 0.0231），对外资企业中出口企业生产效率的边际提
高量影响相对最小（出口持续时间前面的系数为 – 0.0096）。

五　更多稳健性检验

企业生产函数为超越对数形式。根据之前的相关论述，本书用企业当
年 TFP 的对数减去企业上一年 TFP 的对数来构造衡量企业技术升级程度的
指标，为了得到企业的 TFP，本书估计了形如（4 – 2）式 C – D 型企业生
产函数。虽然 C – D 型企业生产函数结构简单，在经济学相关研究中最为
常用，但是它假定所有企业的劳动和资本产出弹性是恒定不变的，只取决
于 β_l 和 β_k，这可能并不太符合现实。为此，本书也考虑了如下超越对数形
式的企业生产函数：

$$y_{it} = \beta_l l_{it} + \beta_k k_{it} + \beta_{ll} l_{it}^2 + \beta_{kk} k_{it}^2 + \beta_{lk} l_{it} k_{it} + \omega_{it} + \varepsilon_{it} \qquad (4 – 11)$$

（4 – 11）式中所有变量所代表的含义跟（4 – 2）式里变量的含义相
同。用前面所介绍的结构模型方法对（4 – 11）式进行估计，可以重新估
计出企业的全要素生产率水平，据此可以重新计算出口企业的技术升级程
度。利用新计算出来的企业技术升级衡量指标，本书重新对（4 – 1）式
进行了估计以检验之前的回归结果是否过于依赖于使用 C – D 形式的企
业生产函数来构造的衡量出口企业技术升级程度的指标。相应的回归结
果报告在表 4 – 12 的模型 1 中。可以看出，表 4 – 12 中模型 1 的回归结

果跟表 4 - 4 中模型 4 的基准回归结果十分类似，出口持续时间前面的系数依然显著为负（虽然数值上存在一些差异），即出口持续时间的增加对出口企业技术升级的边际作用递减。这在一定程度上表明之前的回归结果相当稳健，并不依赖于使用 C - D 形式的企业生产函数来构造的出口企业的技术升级指标。

额外的出口企业技术升级衡量。之前都是利用出口企业的 TFP 来构建衡量技术升级的指标，在这一部分本书将利用出口企业的劳动生产率来构建衡量其技术升级程度的指标。具体来看，这里重新将出口企业 i 在时期 t 的技术升级程度（$upgrading_{it}$）定义为：$upgrading_{it} = \ln(labor\_p_{it}) - \ln(labor\_p_{it-1})$，其中 $labor\_p$ 表示企业的劳动生产率。利用新构建出来的衡量出口企业技术升级的指标，本书重新对（4 - 1）式进行了估计以检验之前的回归结果是否稳健。相应的回归结果报告在表 4 - 12 的模型 2 中。容易看出，表 4 - 12 中模型 2 的回归结果跟表 4 - 4 中模型 4 的基准回归结果十分类似，出口持续时间前面的系数依然显著为负（虽然数值上存在一些差异），表明出口持续时间的增加对出口企业技术升级的边际作用递减，也即出口企业生产效率的边际提高量会随着出口持续时间的增加而减小。这在一定程度上表明即使使用劳动生产率来构建衡量出口企业技术升级程度的指标，之前的回归结果依然相当稳健。

出口持续时间的滞后效应。Rakhman（2010）指出出口持续时间更多的是影响企业产品下一年的出口行为，因而出口持续时间对出口企业技术升级的影响也可能存在时滞，（4 - 1）式中直接用当期出口企业的技术升级对当期的出口持续时间进行回归可能并不合适。为了检验出口持续时间对出口企业技术升级程度的影响是否真的存在时滞，本书用滞后一期的出口持续时间来替代当期的出口持续时间，重新对（4 - 1）式进行估计，表 4 - 12 的模型 3 报告了相应的回归结果。可知，滞后一期出口持续时间前面的系数仍然显著为负（跟表 4 - 4 中模型 4 的基准回归结果一致），这表明即使考虑出口持续时间的滞后效应，本章的主要结论依然成立，即出口持续时间的增加对出口企业技术升级的边际作用递减。

表 4 – 12　更多稳健性检验估计结果

因变量	使用超越对数生产函数来估算企业 TFP	用劳动生产率来构建衡量技术升级的指标	出口持续时间的滞后效应	只保留连续存在 7 年及以上的企业
	模型 1	模型 2	模型 3	模型 4
exporttime	– 0.00982***	– 0.00863***	—	– 0.0217**
	(0.00142)	(0.00200)		(0.01019)
size	– 0.0170***	– 0.0467***	– 0.0380***	– 0.0217***
	(0.00139)	(0.00190)	(0.00169)	(0.00423)
wage	0.0948***	0.138***	0.133***	0.1012***
	(0.00421)	(0.00508)	(0.00502)	(0.01264)
kl	– 0.0175***	0.0183***	– 0.00894***	– 0.0064*
	(0.00133)	(0.00159)	(0.00152)	(0.00366)
subsidy	– 0.164*	– 0.182**	– 0.198**	– 0.0680***
	(0.0925)	(0.0796)	(0.0979)	(0.02386)
age	0.00232	0.000757	0.00447	0.0189***
	(0.00249)	(0.00313)	(0.00287)	(0.00714)
lag_exporttime	—	—	– 0.00605***	—
			(0.00173)	
年份虚拟变量	是	是	是	是
AR（1）P 值	0.000	0.000	0.000	0.000
AR（2）P 值	0.000	0.000	0.000	0.001
AR（3）P 值	0.125	0.837	0.148	0.033
AR（4）P 值	—	—	—	0.384
Sargan 检验（P 值）	0.058	0.164	0.478	0.222
Hansen 检验（P 值）	0.057	0.105	0.247	0.573
样本数	127006	127006	127006	10882

注：①同表 4 – 4；②所有模型均采用系统 GMM 估计；③根据 AB 检验结果，模型 1、模型 2、模型 3 均使用变量滞后三阶及以上的值来作为工具变量，模型 4 使用变量滞后四阶及以上的值来作为工具变量。

只保留连续存在 7 年及以上的企业。之前的回归样本是非平衡面板，其中很多企业只在样本中出现了 1 次或 2 次，即样本中很多企业的出口持续时间都只有 1 年或 2 年。具体来看，样本中出口持续时间小于等于 2 年的企业占比高达 66%。考虑到样本中大量出口企业的出口持续时间都普遍较短，为了检验之前的主要回归结果是否会受到这些出口持续时间较短的企业的影响，本书将样本中出口持续时间小于 7 年的企业全部删除，只保留了连续存在 7 年及以上的出口企业。用保留下来的这些出口企业组成子样本重新对（4 – 1）式进行估计，表 4 – 12 的模型 4 报告了相应的回归结果。容易看出，表 4 – 12 中模型 4 的回归结果跟表 4 – 4 中模型 4 的基准回归结果十分类似，出口持续时间前面的系数依然显著为负（虽然数值绝对值变大了），表明出口企业生产效率的边际提高量会随着出口持续时间的增加而减小，即出口持续时间的增加对出口企业技术升级的边际作用递减。这在一定程度上说明即使只考虑出口持续时间较长的出口企业，之前的回归结果依然相当稳健。

第四节　进一步的讨论与相关政策建议

一　进一步的讨论

上一节的实证结果表明出口持续时间的增加对出口企业技术升级的边际作用递减，由于出口企业的技术升级程度实际上表示的是出口企业生产效率的边际提高量，也即随着企业出口持续时间的增加，出口企业生产效率的边际提高量会越来越低。那么到底是什么原因导致出口企业生产效率的边际提高量会随着出口持续时间的增加而减小？

对于其背后的深层次原因，可以从以下两个方面来思考。首先，之前就已提到，出口持续时间是企业在出口方面经验丰富程度的一个重要体现，出口企业长期出口经验的积累有利于其生产可变成本和进入出口市场固定成本的降低，这其实就是出口中学习效应。出口企业在出口市场中可以见识到最新的产品设计、接触到最先进的生产技术和管理模式，这些都将直接或间接地有利于出口企业进行技术升级，促进其生产效率的提高。但是正如学习效应理论一样，随着时间的增加，学习效应对企业成本降低的边际作用会不断递减，具体表现为学习效应曲线会随着时间的增加变得越来越平缓。出口中学习效应作为学习效应的一种，应该具有同样的性质：随着企业出口持续时间的增加，出口中学习效应对出口企业成本降低和生产效应提升的边际作用也会越来越弱，也即随着企业出口持续时间的增加，出口企业生产效率的边际提高量会越来越低。由于出口企业生产效率的边际提高量实际上就是指出口企业的技术升级程度，因而最终表现为出口持续时间的增加对出口企业技术升级的边际作用递减。总结来看，企业对出口市场的参与利用有利于企业生产效率的提高，这已经得到了许多的论证，但是对于出口企业，随着其出口持续时间的增加，其对出口市场的利用会日趋充分，出口市场对其生产效率提升的边际作用会越来越弱，由于出口企业的技术升级程度实际上表示的是出口企业生产效率的边际提高量，因而体现为出口企业生产效率的边际提高量越来越低。可以将其概括为"出口市场对出口企业技术升级的边际作用递减"。

其次，已有大量研究表明企业对出口市场的参与利用有利于企业生产效率的提高，因而理性企业都会想进入出口市场谋求长远发展，然而 Melitz（2003）指出由于进入出口市场需要支付一定的固定成本，所以只有生产率水平超过一定临界值的企业才会自主选择进入出口市场。因此，生产率水平相对不高的非出口企业要想进入出口市场来分享出口市场这块"大蛋糕"，就必须通过技术升级来提升自身的生产率水平以达到进入出口市场的生产率临界值，从这个角度看，非出口企业为进入出口市场将有很大的技术升级动机。然而对于已经出口的企业，出口市场这块"大蛋糕"对它们的诱惑已经不再存在，同时结合之前的一些分析，随着出口持续时间的增加，出口企业的相关成本还会由于学习效应而出现一定程度的降低，这两个方面的原因都会降低出口企业通过技术升级来提高生产效率的积极性，出口企业将会更多地享受依靠出口经验的积累（出口持续时间的增加）所带来的成本降低好处，其主动通过技术升级来提升生产效率的动机将降低①，可以将其概括为"出口企业进行技术

---

① 值得注意的是，金祥荣、刘振兴和于蔚（2012）指出中国充裕的劳动力资源使得劳动力的相对价格较低，这也在一定程度上降低了出口企业进行技术升级的积极性，因为出口企业可能更多依靠低成本的劳动力而放弃进行技术升级来提高生产效率。

升级的激励缺失"。

综合以上两个方面的分析，出口企业生产效率的边际提高量会随着出口持续时间的增加而减小的外部因素主要在于出口市场对出口企业技术升级的边际作用递减，而内部因素则在于出口企业进行技术升级的激励缺失。正是外部因素和企业自身内部因素的存在才使得出口持续时间的增加对出口企业技术升级的边际作用递减。

二　相关政策建议分析

之前的实证研究结果表明随着出口持续时间的增加，中国出口企业生产效率的边际提高量会越来越低，即出口持续时间的增加对出口企业技术升级的边际作用递减。因而那些认为较长的出口持续时间就能使出口企业的生产效率提高得越来越快的看法存在很大的认识误区。然而，出口企业的技术升级，对于出口企业生产效率的提升与长远发展无疑又显得十分重要，既然出口持续时间的增加对出口企业技术升级的边际作用递减，那么政府采取哪些政策措施会相对更为合适？

其实，政府可以从导致出口企业生产效率的边际提高量会随着出口持续时间的增加而减小的外部原因和内部原因出发，通过采取相关政策措施来促进出口企业的技术升级。

首先，针对外部原因（出口市场对出口企业技术升级的边际作用递减），政府应该鼓励出口企业多开发新的出口市场，为出口企业开发新出口市场创造有利条件。对于出口企业而言，假如其只专注于单一出口市场，随着其出口持续时间的增加，其对该出口市场的利用会日趋充分，该出口市场对其生产效率提升的边际作用会越来越弱，因而出口企业生产效率的边际提高量会越来越低。但是倘若出口企业能够适时地开发新的出口市场，那么出口企业不仅能够充分利用其之前积累的出口经验所带来的优势，而且新出口市场能够给出口企业带来新的市场规模，新的市场规模通过规模经济效应无疑将有利于出口企业的技术升级。在这种情况下，即使单个出口市场对出口企业技术升级的边际作用递减，出口企业还是可以充分利用好新出口市场开发对其技术升级所带来的正效应。应当指出，从技术升级的角度来看，出口企业专注于单一的出口市场并不是明智之举。有鉴于此，政府应当鼓励出口企业开发新的出口市场，同时创造有利的条件为出口企业进入新的出口市场提供足够的动力。

其次，针对出口企业自身的内部原因（出口企业进行技术升级的激励缺失），政府应当创造竞争性的市场环境，通过采取相关措施加强出口企业间的竞争等方式来提高出口企业进行技术升级的积极性。对于出口企业而言，已不需要通过技术升级来提升自身的生产率水平以达到进入出口市场的生产率临界值（出口市场这块"大蛋糕"对它们的诱惑已经不再存在），同时出口企业能够享受之前出口经验的积累（出口持续时间的增加）所带来的成本降低的好处，这两方面的原因使得出口企业主动通过技术升级来提升生产效率的激励不足。而政府通过采取相关措施加强出口企业间的竞争无疑将给出口企业带来强烈的危机意识。竞争的结果是优胜劣汰，在激烈的市场竞争环境下，假如某出口企业不进行技术升级来提高自身的生产效率，则很可能被其他企业所取代。因而只有不断进行技术升级提高自身生产效率的出口企业才能在激烈的竞争环境下存活下来，竞争的加剧无疑将提高出口企业进行技术升级的积极性。从这个角度看，政府通过创造竞争性的市场环境等措施来加强出口企业间的竞争，将有利于出口企业的技术升级。

最后，虽然总体来看出口持续时间的增加对出口企业技术升级的边际作用递减，但是对于不同行业的出口企业、不同地区的出口企业以及不同所有制类型的出口企业，出口持续时间增加对出口企业技术升级边际作用的影响并不一样。比如出口持续时间增加对中部地区出口企业生产效率的边际提高量影响最大，对东部沿海地区出口企业生产效率的边际提高量影响相对较小，而对东北地区和西部地区出口企业生产效率的边际提高量却没有显著影响。因此，政府在采取相关措施（如为出口企业开发新出口市场创造有利条件，加强出口企业间的竞争来提高出口企业进行技术升级的积极性等）促进出口企业技术升级时不应该对所有出口企业一视同仁，对不同行业、不同地区以及不同所有制类型的出口企业应该各有所侧重。

第五节　本章小结

在内生的企业技术升级框架下，作为企业异质性出口特征之一的出口持续时间，通过影响出口企业生产的可变成本和进入出口市场的固定成本，最终会影响出口企业的技术升级。本章首先比较详细地分析了出口持续时间影响出口企业技术升级的内在机制，其次利用中国企业层面的微观数据，通过建立相应的面板数据回归模型，利用系统 GMM 估计方法，进一步实证检验了出口持续时间对中国出口企业技术升级的影响。

总体来看，出口持续时间的增加对出口企业技术升级的边际作用递减，由于出口企业的技术升级程度实际上指的是出口企业生产效率的边际提高量，也即随着企业出口持续时间的增加，出口企业生产效率的边际提高量会越来越低。

分行业估计的结果显示，食品饮料烟草、纺织业、服装、木材加工、化学医药、非金属矿物、金属冶炼、金属制品业、机械设备这 9 个行业中出口企业的出口持续时间的增加对其技术升级的边际作用递减。而对于造纸印刷、石油炼焦、交通运输设备、武器弹药、电气机械、电子通信、仪器仪表这 7 个行业，出口持续时间的增加对这 7 个行业里出口企业生产效率的边际提高量并没有显著影响。分地区估计的结果显示，出口持续时间的增加仅对东部沿海地区和中部地区出口企业技术升级的边际作用递减，对东北地区和西部地区出口企业生产效率的边际提高量没有显著影响。分不同所有制类型估计的结果表明，对于国有企业、私营企业和外资企业，出口持续时间的增加会使得出口企业生产效率的边际提高量越来越低，即出口持续时间的增加对出口企业技术升级的边际作用递减；而对于集体企业，出口持续时间的增加对出口企业生产效率的边际提高量并没有显著影响。

另外，本章还进一步探讨了出口持续时间的增加对出口企业技术升级的边际作用递减的原因，并将其概括为外部因素（出口市场对出口企业技术升级的边际作用递减）和内部因素（出口企业进行技术升级的激励缺失）。而从出口持续时间的增加对出口企业技术升级的边际作用递减的外部原因和内部原因出发，本章还为政府如何采取相关政策措施来促进出口企业的技术升级提出了相应的政策建议。

第五章
出口强度与出口企业技术升级

本章集中分析了出口强度对出口企业技术升级的影响。在内生的企业技术升级框架下，作为企业异质性出口特征之一的出口强度，对出口企业技术升级的积极影响相当明显，但并非线性单调，而是呈"倒 U 形"：出口强度的增加一方面既会通过规模经济效应促进出口企业选择更高程度的技术升级；另一方面又会减少出口企业对技术升级的投入成本，对出口企业的技术升级产生消极影响。利用中国企业层面的微观数据，通过建立相应的面板数据回归模型，本章进一步实证检验了理论分析的结论，实证结果表明出口强度对中国出口企业技术升级的积极影响确实呈"倒 U 形"。具体来看，本章包含以下六个方面的内容：第一节分析了出口强度与出口企业技术升级间的内在联系；第二节基于异质性企业贸易模型对出口强度如何影响出口企业的技术升级进行了理论分析；第三节介绍了基于面板数据的实证框架设定，包括计量模型的具体设定、相关变量指标的选取与主要变量的描述性统计等；第四节是实证结果的呈现与分析；第五节是政策建议讨论；第六节是本章小结。

第一节 出口强度与出口企业技术
升级间的内在联系

出口强度（有时又称为出口密集度）反映了出口企业在出口与内销之

间的权衡抉择，从数量维度上衡量了出口企业对出口市场的参与程度。不同的出口企业根据自身的发展要求会选择不同的出口强度，出口强度的不同显然构成了出口企业间的重大差异，由于任何出口企业间相关出口特征的差异其实都可以视为出口企业的异质性出口特征，因而出口强度无疑也是出口企业重要的异质性出口特征之一。根据第三章的相关分析，企业的异质性出口特征会影响到出口企业的技术升级，本章将着重分析作为出口企业重要异质性出口特征之一的出口强度对出口企业技术升级的影响。

根据史青（2013）、陈勇兵等（2014b）、田巍和余淼杰（2013）、杨治和郭艳萍（2015）、杨亚平和李晶（2014，2015）、周瑞辉（2015）等的相关研究，可以用企业出口交货值占其总销售额的比值①来衡量企业的出口强度。该比值越大表明企业的出口强度越高，企业更多的是进行出口；该比值越小表明企业的出口强度越低，企业更多的是在国内市场进行销售。进一步根据企业出口强度的高低可以将所有企业分为如下三类：①若出口强度为零，则说明该类企业只在国内市场进行销售，完全没有出口，可以将这类企业称为非出口企业；②若出口强度大于零且小于1，则说明该类企业同时在国内市场和出口市场进行销售，可以将这类企业称为一般出口企业；③若出口强度等于1，则说明该类企业只服务出口市场，并不在国内市场进行销售，这类企业则为纯出口企业。不同的出口强度代表了出口企业对出口市场的不同参与程度，已有的相关研究表明出口强度会对生产率、员工工资、销售额增长率、利润率等企业绩效产生重大影响。

Liu 等（1999）指出企业的出口强度会对其生产率产生消极的影响；与此不同，Castellani（2002）则表明企业的出口强度会对其生产率产生积极影响，两者之间存在正相关关系；考虑到自我选择效应的存在会使得企业的出口中学习效应被高估，Antolín 等（2013）通过使用倾向得分匹配方法，在控制住自我选择效应后，还是发现西班牙制造业企业的出口强度与生产率之间存在正相关关系。陈勇兵等（2014b）利用中国 2000 ~ 2007 年

---

① 与此不同，范剑勇和冯猛（2013）则是用企业出口交货值占其总产值的比值来衡量企业的出口强度。

工业企业数据库中的相关数据，通过使用广义倾向得分匹配方法研究发现企业的出口强度对其生产率的影响并不是简单的线性影响，而是呈"倒 U 形"，也就是说企业的生产率会随着出口强度的增加先上升后下降。杨亚平和李晶（2015）采用 2001～2007 年中国工业企业微观面板数据，基于所有制、资本密集度、企业规模等企业异质性，探索了出口强度、吸收能力与生产率之间的关系，发现企业的出口强度与其生产率之间存在"倒 U 形"关系。当企业的出口强度处于较低水平时，出口强度的增加有利于企业生产率的提高；而当企业的出口强度超过一定的临界值后，出口强度的进一步增加反而会抑制企业生产率的提高。同时企业的吸收能力对企业生产率的提高存在积极的影响，能够正向地对企业的出口活动进行调节，即出口强度增加促进企业生产率提高的临界点会随着企业吸收能力的增强而变大。

史青（2013）则使用广义倾向得分法（GPS），利用 2000～2007 年中国工业企业层面的微观数据研究了企业的出口强度对其员工工资的影响，结果发现企业出口强度对其员工工资的影响呈"倒 U 形"：当企业的出口强度处于较低水平时，出口强度的增加有利于改善企业员工工资；而当企业的出口强度达到较高水平后，出口强度的进一步增加反而会不利于企业员工工资的提高。陈勇兵等（2014a）利用 2003～2007 年中国制造业企业数据，着重分析了企业出口强度对其销售额增长率及利润率的影响。为了尽量减少企业出口的"自我选择"效应对结果产生的不利影响，他们没有使用传统的 OLS 进行估计，而是使用了广义倾向得分匹配法，结果发现：对于已经进入国际市场的出口企业而言，一方面，其销售额增长率会随其出口强度的提高先上升后下降，即两者呈"倒 U 形"关系；另一方面，其利润率会随其出口强度的提高而下降，即出口企业出口强度的提高反而不利于其利润率的增加。苏振东和洪玉娟（2013）选取 2000～2007 年中国制造业企业的微观面板数据，采用面板回归模型考察了出口企业是否存在"利润率溢价"，研究发现：总体而言，出口企业的利润率反而要低于非出口企业的利润率，同时他们也发现出口企业出口密集度的提高不利于其利润率的增加。

已有的相关研究为理解和认识出口强度对相关出口企业绩效（如生产率、员工工资、销售额增长率、利润率等）的影响提供了深刻的洞见。而出口企业的技术升级作为出口企业绩效最重要的一方面，事关出口企业长期的可持续发展，出口强度是否会影响出口企业的技术升级？如果是，那么具体的影响机制又是怎样的？

根据第三章建立的理论分析框架，每个企业在利润最大化的条件下选择自身最优的技术升级程度［参见第三章中的（3－3）式、（3－4）式、（3－6）式、（3－7）式］，这决定了企业选择的技术升级程度将内生于自身的利润函数。因此在内生的企业技术升级框架下，不难发现出口企业利润函数的变化无疑会影响到出口企业所选择的技术升级程度。而已有的研究也表明出口强度会对出口企业的利润率产生重大影响（陈勇兵等，2014a；苏振东和洪玉娟，2013），从这个角度来看，出口强度显然会影响到出口企业的技术升级。

那出口强度究竟会如何影响出口企业的技术升级？根据第二章对企业技术升级的界定，企业技术升级实际指的是企业通过从事研究、开发等活动或采用新生产技术降低了生产成本，改进了现有生产技术，最终表现为生产效率（即生产率）的提高。这十分接近杨治和郭艳萍（2015）对渐进式创新的定义[1]。杨治和郭艳萍（2015）从管理学的角度分析指出出口强度与出口企业的渐变式创新呈现"倒U形"关系。一方面，出口企业出口强度的提高有利于其进行渐进式创新。首先，较高的出口强度表明出口企业对出口市场有较深的嵌入程度，对出口市场较深的嵌入程度有利于出口企业获取国外消费者对出口产品质量的建议、了解国外竞争对手的生产技术等，这些都将有利于出口企业进行渐进式创新；其次，具有较高出口强度的出口企业相对具有更多的出口经验，丰富的出口经验能够使出口企业更好地把握国外消费者的消费习惯以及对相关产品的质量要求等，这些将

---

① 杨治和郭艳萍（2015）将渐进式创新定义为企业对现有产品的改进或者是对现有产品线的不断扩展，表现为技术上的微小或简单的调整，主要依赖于企业现有的知识基础。

有利于出口企业相关创新活动的展开；最后，企业在出口的过程中可能需要重复利用已有的一些知识，对已有相关知识的重复使用有利于企业提取其中有用的知识来开展创新活动，在这一点上，低出口强度的出口企业很难达到。另一方面，出口企业的出口强度过高则可能会对其渐进式创新产生抑制作用：出口企业的技术路径是其在反复出口中慢慢形成的，过高的出口强度容易使得出口企业过于依赖出口市场，固化其原有技术路径，这不利于出口企业新技术范式的建立。

那出口强度与出口企业的技术升级间是否真存在非线性关系？对于这个问题，可以从以下两个方面来进行思考。一方面，从规模经济效应来看，出口强度的增加表示企业的出口规模在扩大，因为 Melitz（2003）早就指出企业首先是服务国内市场，在此基础上再考虑是否要进行出口。依照 Melitz（2003）的逻辑也就是说一般进行出口的企业必定同时服务国内市场，据此，出口强度的大小实际上衡量了出口企业利用的出口市场的大小。其原因在于：对出口企业而言，其必定已经充分利用了国内市场（因为企业是首先服务国内市场然后再出口），所以此时企业出口强度的增加只可能是企业利用了更大的出口市场。而出口规模的扩大通过规模经济效应能够使出口企业进行技术升级的成本得到更大程度的摊销，这无疑将提高出口企业进行技术升级的边际回报，由此出口企业必将选择更高的技术升级程度。因此，出口强度提高随之而来的规模经济效应无疑将有利于出口企业的技术升级。另一方面，从技术升级的投入成本来看，出口企业投入研发中进行技术升级的成本很可能会随着其出口强度的提高而减少，因为当出口企业在提高其出口强度时，很可能需要开发更多的海外市场，由此也必然会产生更多的协调成本、控制成本等，在出口企业有限的资金中，如果要将其大部分投入由出口引致的相关成本上去，企业投入技术升级活动的成本必然会相应降低[①]，这显然不利于出口企业的技术升级（陈

---

① 比如 Long 等（2011）在研究贸易自由化对出口企业研发支出的影响时指出在一定条件下贸易自由化所带来的出口市场的扩大会降低出口企业的研发支出。

勇兵等，2014b）。

结合以上两方面的分析，出口强度的提高既会通过规模经济效应促进出口企业选择更高程度的技术升级，同时又会减少出口企业对技术升级的投入成本，对出口企业的技术升级产生消极影响。因而出口强度与出口企业的技术升级间应当存在非线性关系。出口强度对出口企业技术升级的具体影响机制可参见图 5 – 1。

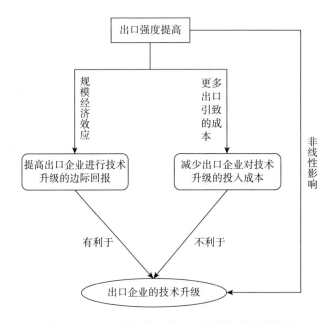

图 5 – 1   出口强度影响出口企业技术升级的机制

第二节   基于异质性企业贸易模型的理论分析

本章的理论分析主要是延续第三章的基本分析框架。本章的理论模型在消费与偏好、生产技术、企业的进入与退出、企业技术升级的引入、贸易的引入等方面的设定都与第三章中的设定相同，唯一不同的是本章引入了出口强度，为了之后的分析能够变得简单，在这一小节里，将出口强度（e_intensity）定义为出口企业的出口销售额与其在国内市场的销售额的比[①]。而参见第三章的相关设定，易知进行 γ^x 程度技术升级的出口企业的国内销售额为 $\gamma^x B\varphi^{\sigma-1}$，其出口销售额则为 $\gamma^x n\tau^{1-\sigma} B\varphi^{\sigma-1}$，因此该企业的出口强度为 $e\_intensity(\varphi) = \gamma^x n\tau^{1-\sigma} B\varphi^{\sigma-1}/(\gamma^x B\varphi^{\sigma-1}) = n\tau^{1-\sigma}$。可知，在本书建立的分析框架下，具有不同生产率水平的企业都拥有相同的出口强度（$n\tau^{1-\sigma}$）。通过把 $n\tau^{1-\sigma}$ 替换成企业的出口强度（$e\_intensity$）[②]，根据第三章的相关设定，很容易得到行业 j 里出口企业 i（生产率为 φ_i）所选择的最佳技术升级程度：

$$\gamma_i^x = (1 + e\_intensity)(2f)^{-\frac{1}{2}}\left(\frac{k+1-\sigma}{\sigma-1}\cdot\frac{\delta f_E}{f_x}\right)^{\frac{\sigma-1}{2k}}\left[\left(\frac{2e\_intensity + e\_intensity^2}{f_x}f\right)^{\frac{k}{\sigma-1}} + \frac{f}{f_x}\right]^{-\frac{\sigma-1}{2k}}$$

$$(5-1)$$

进一步定义 $s(e\_intensity) = (1 + e\_intensity)$

$\left[\left(\dfrac{2e\_intensity + e\_intensity^2}{f_x}f\right)^{\frac{k}{\sigma-1}} + \dfrac{f}{f_x}\right]^{-\frac{\sigma-1}{2k}}$，可以将（5-1）式变换为：

$$\gamma_i^x = (2f)^{\frac{1}{2}}\left(\frac{k+1-\sigma}{\sigma-1}\cdot\frac{\delta f_E}{f_x}\right)^{\frac{\sigma-1}{2k}}s(e\_intensity) \qquad (5-2)$$

令 $\dfrac{\mathrm{d}s(e\_intensity)}{\mathrm{d}e\_intensity} = \left[\left(\dfrac{2e\_intensity + e\_intensity^2}{f_x}f\right)^{\frac{k}{\sigma-1}} + \dfrac{f}{f_x}\right]^{-\frac{\sigma-1}{2k}-1}$

$\dfrac{f}{f_x}\left[1 - \left(\dfrac{2e\_intensity + e\_intensity^2}{f_x}f\right)^{\frac{k+1-\sigma}{\sigma-1}}\right] > 0$，可以得到 $e\_intensity <$

$\left(\dfrac{f_x}{f}+1\right)^{\frac{1}{2}} - 1$。易知当 $e\_intensity < \left(\dfrac{f_x}{f}+1\right)^{\frac{1}{2}} - 1$ 时，$s(e\_intensity)$ 是

$e\_intensity$ 的增函数；而当 $e\_intensity > \left(\dfrac{f_x}{f}+1\right)^{\frac{1}{2}} - 1$ 时，$s(e\_intensity)$

---

① 已有的相关文献以及第五章第一节里的介绍都是把出口强度定义为出口企业的出口销售额占总销售额的比重。如果把出口企业出口销售额占总销售额的比重用 A 表示，把出口企业的出口销售额与其在国内市场的销售额的比用 B 表示，那么有 $A = B/(1+B) = 1 - 1/(1+B)$。可知，虽然 A 和 B 这两个出口强度的定义不一样，但是 A 与 B 具有相同的单调性。在这一小节里使用 B 来定义出口强度主要是为了使之后的分析变得简单。而使用 A 来定义出口强度并不会改变这里分析所得到的结论，只是会使分析变得复杂。

② 由于所有企业的出口强度都相同，单个企业的出口强度实际上就代表了整个行业的出口强度，因而可以这样替换。

则是 $e\_intensity$ 的减函数。而结合（5-2）式，易知 γ_i^x 是 $s(e\_intensity)$ 的增函数，进一步根据复合函数的单调性法则容易得到：在其他条件不变的情况下，当 $e\_intensity < \left(\dfrac{f_x}{f}+1\right)^{\frac{1}{2}} - 1$ 时，γ_i^x 是 $e\_intensity$ 的增函数；而当 $e\_intensity > \left(\dfrac{f_x}{f}+1\right)^{\frac{1}{2}} - 1$ 时，γ_i^x 是 $e\_intensity$ 的减函数。

以上的分析都是基于同一时期内，由于同一时期内行业里不同企业都拥有相同的出口强度，结合（5-1）式，可知同一时期内行业里企业都会选择相同的技术升级程度。但是如果考虑多个时期，由于其他外生因素的影响，在不同时期内行业里企业的出口强度会不一样，结合（5-1）式可知不同时期内行业里企业所选择的技术升级程度也会不一样。因此虽然同一时期内行业里的企业都有相同的技术升级程度，但是在不同时期内行业里企业的技术升级程度是不一样的。

因此，从多期的视角来看，利用（5-1）式，易知：在其他条件不变的情况下，当 $e\_intensity < \left(\dfrac{f_x}{f}+1\right)^{\frac{1}{2}} - 1$ 时，出口企业所选择的技术升级程度（γ_i^x）是出口强度（$e\_intensity$）的增函数；而当 $e\_intensity > \left(\dfrac{f_x}{f}+1\right)^{\frac{1}{2}} - 1$ 时，出口企业所选择的技术升级程度（γ_i^x）是出口强度（$e\_intensity$）的减函数。

以上的分析表明，在本书所建立的内生的企业技术升级框架下，出口强度对出口企业技术升级的积极影响并非线性单调，而是呈"倒 U 形"（具体可以参见图 5-2）。当出口企业的出口强度（$e\_intensity$）较低时，随着出口强度的增加，出口企业所选择的技术升级程度会随之提高；当出口强度增加到 $\left(\dfrac{f_x}{f}+1\right)^{\frac{1}{2}} - 1$ 时，出口企业所选择的技术升级程度也会达到最大值；而之后随着出口强度的进一步增加，出口企业所选择的技术升级程度反而会随之降低。这跟本书在本章第一节里所分析的出口强度与出口企业的技术升级间存在非线性关系的结论相一致。

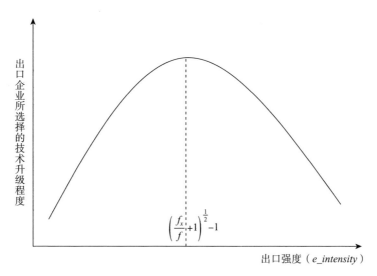

图 5 - 2　出口强度对出口企业技术升级的影响

第三节　基于面板数据的实证框架设定

根据之前的相关分析，出口强度会对出口企业的技术升级产生积极的影响，并且这种积极的影响并非线性单调，而是呈"倒 U 形"。然而现实是否如此？这亟须用相关数据来对此进行检验。为此，从这一部分开始，本书将利用中国企业层面的微观数据，通过建立相应的面板数据回归模型，力图比较深入地分析出口强度对出口企业技术升级的影响。这里将先介绍实证模型的设定以及相关变量指标的选取；然后再介绍相应指标的描述性统计；而实证结果的分析与讨论将单独放在下一节。

一　实证模型的设定与变量选取

结合之前的相关分析，可知出口强度对出口企业技术升级的积极影响并非线性单调，而是呈"倒 U 形"。为了更好地实证考察出口企业的出口强度对其技术升级的非线性影响，参见之前的理论分析以及相关实证研究文献，本章设定回归模型：

$$upgrading_{it} = \beta_0 + \beta_1 e\_intensity_{it} + \beta_2 e\_intensity_{it}^2 + \delta X_{it} + \lambda_i + \upsilon_t + \mu_{it} \qquad (5-3)$$

其中，被解释变量 $upgrading_{it}$ 为企业 i 在时期 t 所选择的技术升级程度的对数；$e\_intensity_{it}$ 衡量了企业 i 在时期 t 的出口强度，$e\_intensity_{it}^2$ 则是企业 i 在时期 t 出口强度的二次项，即有 $e\_intensity_{it}^2 = e\_intensity_{it} \cdot e\_intensity_{it}^2$，$e\_intensity_{it}$ 和 $e\_intensity_{it}^2$ 是本节所关注的核心解释变量，之所以在回归中加入出口强度的二次项是为了更好地考察出口强度与出口企业技术升级的"倒 U 形"关系；X_{it} 表示其他控制变量集合，这些控制变量包括企业年龄、企业规模、要素密集度、平均工资、政府补贴等；λ_i、υ_t 分别表示企业和年份固定效应，企业固定效应可以捕捉到那些不随时间变化但是又会影响到出口企业技术升级的不可观测到的相关因素，而年份固定效应则可以捕捉到那些因时间变化会对所有出口企业技术升级产生影响的不可观测的相关因素（如宏观政策的变化）；μ_{it} 表示随机扰动项。

本章实证所用的数据均来自中国工业企业数据库，样本时间为 1999 ~ 2007 年，该数据库的详细介绍以及相关处理可参见第四章的第二节。关于各变量的具体定义，本章仍将出口企业 i 在时期 t 的技术升级程度（$upgrading_{it}$）定义为：$upgrading_{it} = \ln(TFP_{it}) - \ln(TFP_{it-1})$，其中 TFP_{it} 表示出口企业 i 在时期 t 的全要素生产率，出口企业的全要素生产率仍使用第四章第二节所介绍的结构模型方法来进行估算。而企业年龄、企业规模、要素密集度、平均工资、政府补贴等控制变量的定义在第四章第二节里已有详细说明，这里不再重复。至于本章所关心的核心解释变量出口强度，在借鉴史青（2013）、陈勇兵等（2014b）、田巍和余淼杰（2013）、杨治和郭艳萍（2015）、杨亚平和李晶（2014，2015）、周瑞辉（2015）等相关研究的基础上，用企业出口交货值占其总销售额的比重来进行衡量。

在对（5-3）式的具体估计方法上，考虑到出口强度与出口企业技术升级间可能会存在双向因果关系：一方面出口企业的出口强度会影响其技术升级（之前的分析已对此进行了说明），另一方面当出口企业选择较高程度的技术升级时，说明出口企业的生产效率提升很快，出口企业为了谋求更快的扩张与发展，很可能会提高自身的出口强度以增加对出口市场的利用，即出口企业的技术升级程度很可能反过来会影响其自身的出口强度。因而出口企业的技术升级和出口强度很可能都为内生变量，对（5-3）式直接使用固定效应回归很可能会出现内生性问题。为避免此类内生性问题影响到估计结果的准确性，本章将采用系统 GMM 方法对（5-3）式进行估计。对系统 GMM 估计方法的详细介绍可以参见第四章第二节。

二　主要变量的描述性统计

在对工业企业数据库进行初步处理后（具体处理过程可参见第四章第二节的介绍），本书利用结构模型方法对 16 个行业的生产函数进行了估计以得到出口企业的全要素生产率，并以此构建出衡量出口企业技术升级程度的指标，同时将非出口企业从样本中剔除（因为本书的主要研究对象是出口企业）。经过对工业企业数据的相关处理，本章所使用的主要变量的描述性统计特征如表 5-1 所示。其中，出口企业的技术升级程度、出口强度、要素密集度、企业年龄、平均工资、企业规模、政府补贴等指标都是根据之前的定义计算得到。而 $labor\_p$ 表示企业劳动生产率的对数，具体计算方法是用企业的工业增加值除以其平均从业人员数，并取对数得到。

表 5-1　主要变量的描述性统计

变量	观测值	最大值	最小值	均值	中位数	标准差
y	310000	17.43	-0.236	9.176	9.006	1.438
l	310000	12.15	2.079	5.379	5.288	1.160
k	310000	17.83	-0.235	8.737	8.605	1.798
m	310000	18.93	-0.278	10.28	10.10	1.404
$upgrading$	180000	8.720	-9.212	0.086	0.088	0.521
$e\_intensity$	340000	1.000	0.000	0.570	0.640	0.372
$e\_intensity^2$	340000	1.000	0.000	0.464	0.410	0.402
kl	340000	10.22	-6.774	3.452	3.490	1.359
age	310000	7.604	0.000	2.009	1.946	0.813
$wage$	310000	8.873	-7.371	2.691	2.665	0.627
$size$	340000	12.15	2.079	5.395	5.298	1.166
$subsidy$	340000	7.594	-0.789	0.002	0.000	0.025
$labor\_p$	340000	10.79	-7.338	3.809	3.743	1.076

    本章的实证研究主要是考察中国出口企业的出口强度对其技术升级的影响，在此之前，对中国出口企业出口强度的变化趋势及其分布特征进行定性分析与认识无疑将有利于之后相关实证研究的展开。为此，这里接下来将从多个角度（包括整体状况、分行业、分地区、分不同所有制）来对中国出口企业出口强度的分布特征与变化趋势进行定性分析。

    图5－3为1999~2007年中国出口企业出口强度的整体分布状况。从图5－3中容易看出，出口强度为1的纯出口企业在所有出口企业中占非常大的比例，这说明中国出口企业中有很大一部分是不服务国内市场，只进行出口。然而，这跟Melitz（2003）的经典结论相违背，因为在Melitz（2003）的框架下，由于进入出口市场需要支付一定的固定成本，所以企业都是在服务国内市场的基础上才进行出口。而综观欧美等发达国家的出口企业，不服务国内市场的纯出口企业也很少存在（Eaton等，2011）。中国出口企业出口强度的分布状况与Melitz（2003）中的经典结论相违背，导致这种情况的原因是什么？一个重要的原因可能在于中国出口企业中大量企业主要是从事加工贸易，由于加工贸易存在"两头在外"和"大进大出"的特点，因而从事加工贸易的出口企业其出口强度必然很高，甚至其出口强度达到1（就是纯出口企业）。这也得到了相关经验证据的支持，戴觅和余淼杰（2011）研究发现中国大量出口强度较高的出口企业（特别是

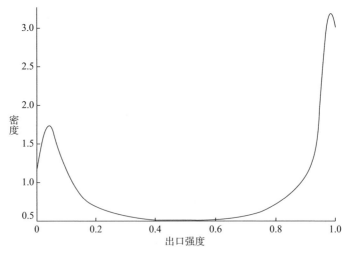

图5－3　出口企业出口强度分布的核密度估计

纯出口企业）主要从事的是加工贸易。从这个角度来看，中国加工贸易的蓬勃发展促使了大量纯出口企业的出现。

接下来看不同行业出口企业平均出口强度的变化趋势。在第四章中，根据工业企业数据库里的行业代码，同时借鉴鲁晓东和连玉君（2012）的类似做法，本书把所有企业分成了 16 个大的行业：食品饮料烟草、纺织业、服装、木材加工、造纸印刷、石油炼焦、化学医药、非金属矿物、金属冶炼、金属制品业、机械设备、交通运输设备、武器弹药、电气机械、电子通信及仪器仪表。在本章以及以后的章节中，将依旧采用这种行业分类方法。表 5 - 2 汇报了 16 个行业在 1999 ~ 2007 年的平均出口强度的变化趋势。总体来看，不同行业的平均出口强度存在较大差异。石油炼焦行业的平均出口强度最低，为 14% ~ 28%；而服装行业的平均出口强度最高，稳定在 80% 左右。同时值得指出的是在样本期间内，大多数行业的平均出口强度都呈上升趋势，其中平均出口强度增加相对较快的行业是仪器仪表行业和武器弹药行业。

表 5 - 2　不同行业的平均出口强度

单位：%

行业类别	1999 年	2000 年	2001 年	2002 年	2003 年	2004 年	2005 年	2006 年	2007 年
食品饮料烟草	43.2	41.9	43.5	42.5	42.6	42.1	37.9	39.5	45.1
纺织业	55.1	56.1	55.1	55.5	57.2	56.0	60.0	60.4	61.6
服装	79.2	80.8	81.0	79.7	79.9	81.6	79.0	78.7	78.1
木材加工	65.7	66.2	67.8	68.6	69.3	69.9	65.9	67.4	69.8
造纸印刷	64.8	65.9	66.7	65.9	67.0	65.2	61.4	62.2	64.8
石油炼焦	18.6	27.7	22.1	20.7	16.5	14.2	16.8	18.0	21.9
化学医药	44.9	44.5	44.6	44.9	44.7	43.3	44.7	46.0	47.2
非金属矿物	47.7	47.8	50.3	52.2	51.9	51.6	43.7	47.5	55.5
金属冶炼	37.9	33.4	31.4	33.0	31.3	29.9	30.3	31.0	33.0
金属制品业	58.5	59.1	60.3	62.3	62.9	64.1	63.3	63.8	63.9
机械设备	33.4	33.8	34.4	36.4	37.2	36.9	40.2	41.3	43.5
交通运输设备	32.6	33.4	34.3	34.9	36.6	38.1	42.0	41.8	42.3
武器弹药	14.3	11.3	14.1	12.5	55.0	56.5	57.7	57.6	—

续表

行业类别	1999 年	2000 年	2001 年	2002 年	2003 年	2004 年	2005 年	2006 年	2007 年
电气机械	47.3	49.0	50.5	52.1	64.5	59.3	61.8	62.7	60.8
电子通信	60.5	61.3	61.0	61.2	65.4	61.1	60.3	59.6	59.5
仪器仪表	53.6	53.4	53.3	53.7	92.3	81.9	79.3	78.9	78.4

注：行业的平均出口强度是根据该行业内所有企业的出口强度通过简单平均计算所得，图 5 - 4、图 5 - 5 同此。

图 5 - 4 呈现了样本期内不同区域内出口企业平均出口强度的变化趋势。在第四章中，本书把所有省份按照国家统计局的标准分为四个区域，分别是东部沿海地区、中部地区、西部地区和东北地区（四个区域所包含的省份见表 4 - 9）。在本章以及以后的章节中，也将依旧采用这种区域分类方法。从图 5 - 4 中可以明显地看出，东部沿海地区出口企业的平均出口强度最高，中部地区和东北地区出口企业的平均出口强度次之，而西部地区出口企业的平均出口强度最低。这其实很好理解，我国东部沿海地区经济发达、交通便利开放程度也最高，这使得大量出口强度较高的企业集中在这个区域。同时值得指出的是，除中部地区外，其他地区出口企业的平均出口强度在样本期内并没有出现很大的波动。中部地区出口企业的平均出口强度虽然在 2005 年有一个骤降的过程，不过在 2006 年、2007 年又

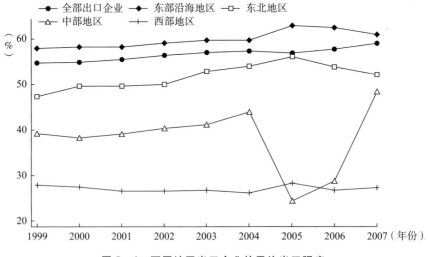

图 5 - 4　不同地区出口企业的平均出口强度

快速恢复到了原有水平上。

　　图 5 - 5 呈现了样本期内不同所有制出口企业平均出口强度的变化情况。在第四章中，通过借鉴 Ding 等（2013）的类似做法，本书按照企业投资注册资本所占比重（≥50%）的标准把所有出口企业分成了国有企业、集体企业、私营企业和外资企业这四类不同所有制企业。在本章以及以后的章节中，也将依旧采用这种所有制分类方法。从图 5 - 5 中可以看出，国有企业的平均出口强度最低，在 30% 左右；集体企业与私营企业的平均出口强度次之；而外资企业的平均出口强度最高，超过 65%。这表明，相比于国有企业等内资企业主要是在国内市场进行销售，外资企业的销售主要是在出口市场进行。同时也可以看到不同所有制类型出口企业的平均出口强度在样本期内并没有出现很大的波动，这在一定程度上说明中国不同所有制类型出口企业都具有相对稳定的出口结构。

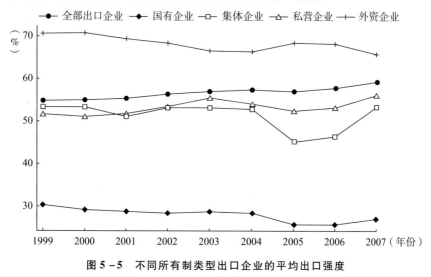

图 5 - 5　不同所有制类型出口企业的平均出口强度

第四节　回归结果及其分析

　　在这一部分，本书将呈现相关的回归结果并对其进行分析，首先将呈现基准回归结果，其次是分行业回归结果，再次是分地区估计结果，最后是分企业所有制类型估计结果，以及一些稳健性检验。

一　基准回归

表 5 - 3 报告了利用中国企业层面微观数据对（5 - 3）式进行估计的基准回归结果，所有回归中均加入了年份虚拟变量。根据之前的估计方法介绍，为了解决可能存在的内生性问题，本章将主要采用系统 GMM 估计。在模型 1 中，不加入任何控制变量，直接用出口企业所选择的技术升级程度对出口强度及其二次项进行回归，结果显示出口强度前面的系数显著为正，而出口强度二次项前面的系数显著为负，这表明出口强度对出口企业技术升级的正面影响并非线性单调，而是呈"倒 U 形"，这跟之前理论分析的预测相一致：当企业的出口强度较低时，出口强度的增加有利于出口企业选择更高的技术升级程度；而当企业的出口强度达到一定临界值后，出口强度的进一步增加反而会促使出口企业选择较低的技术升级程度。在模型 2 中，加入了企业规模这个控制变量，发现回归结果跟模型 1 的结果类似：出口强度前面的系数显著为正，而出口强度二次项前面的系数显著为负。在第 3 列中，加入了企业规模和平均工资这两个控制变量，结果表明出口强度对出口企业技术升级程度的影响仍然显著呈"倒 U 形"。而在模型 4 中，加入了企业规模、平均工资和要素密集度这三个控制变量，回归结果跟模型 1 相比并没有出现显著改变：出口强度前面的系数依然显著为正，而出口强度二次项前面的系数依然显著为负（虽然系数的绝对值变小了）。在模型 5 中，加入了企业规模、平均工资、要素密集度和政府补贴四个控制变量，结果显示出口强度对出口企业技术升级程度的影响仍然显著呈"倒 U 形"。在模型 6 中，加入了企业规模、平均工资、要素密集度、政府补贴、企业年龄五个控制变量，发现出口强度前面的系数为 0.311 并且通过了 5% 的显著性检验，出口强度二次项前面的系数为 -0.232 且通过了 10% 的显著性检验。

而对于其他控制变量，从表 5 - 3 中可以看出，企业规模对出口企业技术升级程度的影响显著为负，即规模越大的出口企业，其选择技术升级的程度相对越低，这表明在技术升级上，中小企业治理结构上的优势相对于大规模企业的规模经济优势更加明显。平均工资对出口企业技术升级程度的影响显著为正，即平均工资越高的出口企业，其选择技术升级的程度也会相对越高，这跟之前的预期相一致：平均工资较高的企业能够吸引生产与管理技能更强的员工，更多高技能人才的加入无疑将有利于企业的技术升级。要素密集度前面系数的符号为负，但是并不显著。政府补贴对出口企业技术升级程度的影响显著为负，即政府补贴越高的出口企业，其选择技术升级的程度相对越低，这在一定程度上表明政府补贴降低了企业进行技术升级的积极性。企业年龄前面的系数显著为正，这表明随着企业的年龄增加，出口企业会选择更高程度的技术升级。注意到表 5 - 3 中控制变量前面系数的符号跟表 4 - 4 完全相同（虽然在显著性上存在一点差异，比如企业年龄前面的系数虽然都为正，但是在表 5 - 3 中它是显著的，而在表 4 - 4 中并不显著）。

综观表 5 - 3 的回归结果，虽然控制变量的加入会改变出口强度及其二次项前面系数的绝对值大小，但是系数的符号并没有改变（出口强度前面的系数显著为正，而出口强度二次项前面的系数显著为负），这在一定程度上表明出口强度对出口企业技术升级程度影响的"倒 U 形"关系并不会随控制变量的变化而改变，因而之前的基准回归结果是相当稳健的。

本章采用的是系统 GMM 估计，为此有必要进行 AB 检验和 Hansen 检验。从 AB 检验（残差序列相关性检验）的结果来看，各差分方程残差均存在一阶序列相关和二阶序列相关问题，但是并不存在三阶序列相关问题 [AR（3）的 P 值大于 0.1，因而即使在 10% 的显著性水平上也不能拒绝原假设]，因而可以使用变量滞后三阶及以上的值来作为工具变量。Sargan 检验和 Hansen 检验的结果显示在 5% 的显著性水平下，不能拒绝原假设，这表明本章在系统 GMM 中所使用的工具变量是有效的，并不存在过度识别问题。

用中国企业层面微观数据（见表 5 - 3）对（5 - 3）式进行回归的结果支持了之前理论分析的预测：出口强度对出口企业技术升级程度的正面影响并非线性单调，而是呈"倒 U 形"。进一步结合第四章的相关分析，出口企业的技术升级程度实际上指的是出口企业生产效率的边际提高量，并不是表示出口企业生产效率的绝对水平。可知，当企业的出口强度较低时，出口强度的增加会促使出口企业生产效率的边际提高量越来越高；而当企业的出口强度达到一定临界值后，出口强度的进一步增加反而会使得出口企业生产效率的边际提高量越来越低。

表 5 - 3　基准回归结果

因变量（upgrading）	模型 1	模型 2	模型 3	模型 4	模型 5	模型 6
$e\_intensity$	1.984*** (0.352)	0.332** (0.144)	0.344** (0.167)	0.304** (0.145)	0.303** (0.145)	0.311** (0.145)
$e\_intensity^2$	-1.416*** (0.348)	-0.281** (0.127)	-0.260* (0.145)	-0.226* (0.132)	-0.226* (0.132)	-0.232* (0.132)
$size$	—	-0.0308*** (0.00201)	-0.0290*** (0.00223)	-0.0292*** (0.00200)	-0.0291*** (0.00200)	-0.0306*** (0.00176)
$wage$	—	—	0.128*** (0.00517)	0.132*** (0.00409)	0.132*** (0.00409)	0.132*** (0.00410)
kl	—	—	—	-0.00613 (0.00413)	-0.00608 (0.00412)	-0.00643 (0.00401)
$subsidy$	—	—	—	—	-0.180** (0.0782)	-0.182** (0.0789)
age	—	—	—	—	—	0.00932*** (0.00332)
年份虚拟变量	是	是	是	是	是	是
AR（1）P 值	0.000	0.000	0.000	0.000	0.000	0.000
AR（2）P 值	0.000	0.000	0.000	0.000	0.000	0.000
AR（3）P 值	0.140	0.163	0.174	0.174	0.175	0.184
Sargan 检验（P 值）	0.087	0.463	0.253	0.409	0.407	0.390
Hansen 检验（P 值）	0.242	0.181	0.060	0.125	0.124	0.117
样本数	184117	184117	184075	184075	184075	183856

注：①所有回归中均加入了年份虚拟变量，所有模型均使用系统 GMM 方法估计；②AR（1）P 值、AR（2）P 值、AR（3）P 值分别表示差分方程残差的一阶、二阶、三阶序列相关检验的 P 值，其原假设为无序列相关；③AB 检验结果显示模型 1 至模型 6 均存在一阶序列相关和二阶序列相关问题，但是并不存在三阶序列相关问题，因而可以使用变量滞后三阶及以上的值来作为工具变量；④Hansen 检验或 Sargan 检验在于检验工具变量是否存在过度识别，其原假设都为无过度识别，当干扰项存在异方差时，Hansen 检验相对更为可靠；⑤Hansen 检验结果显示模型 1 至模型 6 在 5% 的显著性水平下均不存在过度识别问题；⑥括号内的值为标准差，***、**、* 分别表示在 1%、5% 和 10% 水平上显著。下表同此。

对于中国出口企业，当企业的出口强度达到一定临界值后，出口强度的进一步增加反而会使得出口企业生产效率的边际提高量越来越低的原因除了本章第一节所说的出口强度增加导致更多出口成本增加外，结合中国的实际情况，其背后的原因还可能有以下几点。第一，中国大量具有较高出口强度的企业主要从事的是加工贸易。Fu（2005）指出加工贸易并不利于企业出口中学习效应的发挥。由于历史原因，改革开放以来，中国实施了许多优惠政策来促进加工贸易的发展，当前加工贸易出口几乎占到了我国对外贸易出口的"半壁江山"。然而，中国大量的加工贸易出口企业主要还是依靠低成本的劳动力、土地等要素优势参与到全球经济之中，主要从事的还是技术含量很低的低端加工与制造。加工贸易出口企业这种主要依赖低成本的要素优势以及政策优惠进行的出口不但不利于出口企业通过发挥出口中学习效应来提高自身的生产效率，反而会在很大程度上占用出口企业用于技术升级的资源，降低出口企业进行技术升级的积极性，这显然不利于出口企业的技术升级（Ho 等，2005）。第二，中国很多出口企业在国际市场上都缺乏核心竞争力，但还是可以看到大量企业涌入出口市场，而已经在出口市场的企业也是尽量扩大出口规模，其中一个很重要的原因在于中国实施了包括出口退税在内的一系列出口优惠政策。从这个角度来说，中国大量企业出口扩张的背后其实并不是企业自主选择出口，而是为了得到出口优惠而进行出口。企业这种盲目的出口扩张提高了企业的出口强度，但是也容易使其过分关注生产，而忽视了生产效率的提升，反而会对其技术升级产生不利影响。第三，由于中国地方政府对 GDP 的追逐，地区间相继采取"以邻为壑"的地方保护主义政策，导致严重的国内市场分割，使得本土企业进入国内其他地区的交易成本高于进入国际市场的成本，大量企业选择出口，国际贸易成了国内贸易的替代。因此大量高出口强度企业的存在可能是外生因素导致的企业"扭曲性"过度出口的结果（朱希伟等，2005）。

二 分行业回归

在前面的相关内容中，本书已经把所有企业分成了 16 个大的行业，分别为：食品饮料烟草、纺织业、服装、木材加工、造纸印刷、石油炼焦、化学医药、非金属矿物、金属冶炼、金属制品业、机械设备、交通运输设备、武器弹药、电气机械、电子通信、仪器仪表。在这一部分，本书将利用这 16 个行业里的企业所组成的子样本来对（5－3）式进行估计以考察出口强度对出口企业技术升级的影响是否会因行业的不同而存在较大差异。相应的回归结果报告在表 5－4、表 5－5、表 5－6、表 5－7 中。

表 5－4　分行业回归结果（1）

因变量 upgrading	食品饮料烟草 模型 1	纺织业 模型 2	服装 模型 3	木材加工 模型 4
$e\_intensity$	-0.351 (0.803)	-0.207 (0.422)	-0.633 (0.777)	1.769^* (0.913)
$e\_intensity^2$	-0.0620 (0.762)	0.215 (0.390)	0.516 (0.597)	-1.458^{**} (0.736)
$size$	-0.168^{***} (0.0387)	-0.0131^{**} (0.00635)	-0.0507^{***} (0.00422)	-0.0554^{***} (0.00952)
$wage$	0.106^{***} (0.0297)	0.113^{***} (0.0124)	0.195^{***} (0.0117)	0.180^{***} (0.0239)
kl	0.0671^{**} (0.0283)	-0.0173^* (0.00992)	0.00139 (0.00520)	0.0170^* (0.0102)
$subsidy$	-0.824 (1.105)	-0.617^{***} (0.183)	-1.696^{**} (0.712)	-0.101 (0.581)
age	-0.0205 (0.0236)	-0.0114^{**} (0.00470)	-0.00412 (0.00605)	-0.0129 (0.0120)
年份虚拟变量	是	是	是	是
AR（1）P 值	0.000	0.000	0.000	0.000
AR（2）P 值	0.868	0.000	0.000	0.063
AR（3）P 值	0.287	0.952	0.636	0.424
Sargan 检验（P 值）	0.086	0.250	0.364	0.692
Hansen 检验（P 值）	0.060	0.614	0.123	0.355
样本数	5076	23275	31370	6439

注：①同表 5－3；②所有模型均采用系统 GMM 估计；③根据 AB 检验结果，模型 1 和模型 4 使用变量滞后二阶及以上的值来作为工具变量，模型 2 和模型 3 则使用变量滞后三阶及以上的值来作为工具变量。

表 5 - 5　分行业回归结果（2）

因变量 upgrading	造纸印刷 模型 1	石油炼焦 模型 2	化学医药 模型 3	非金属矿物 模型 4
$e\_intensity$	0.643 (0.496)	0.0419 (0.724)	0.935*** (0.280)	1.053*** (0.402)
$e\_intensity^2$	− 0.325 (0.424)	− 0.338 (0.808)	− 0.860*** (0.272)	− 1.154*** (0.415)
$size$	− 0.0672*** (0.00782)	− 0.0255* (0.0154)	− 0.0116*** (0.00390)	− 0.00733 (0.00767)
$wage$	0.165*** (0.0211)	0.0783 (0.0581)	0.112*** (0.00927)	0.108*** (0.0183)
kl	0.0173 (0.0174)	− 0.0251 (0.0258)	− 0.0384*** (0.00757)	− 0.0634*** (0.0144)
$subsidy$	− 0.527 (0.488)	− 1.089 (1.170)	− 0.597** (0.255)	− 0.891 (0.681)
age	0.0265* (0.0138)	− 0.0236 (0.0400)	− 0.00828 (0.00678)	− 0.0263** (0.0121)
年份虚拟变量	是	是	是	是
AR（1）P 值	0.000	0.000	0.000	0.000
AR（2）P 值	0.012	0.187	0.000	0.201
AR（3）P 值	0.255	0.766	0.264	0.283
Sargan 检验（P 值）	0.502	0.895	0.626	0.266
Hansen 检验（P 值）	0.544	0.913	0.103	0.224
样本数	10767	268	28012	8749

注：①同表 5 - 3；②所有模型均采用系统 GMM 估计；③根据 AB 检验结果，模型 2 和模型 4 使用变量滞后二阶及以上的值来作为工具变量，模型 1 和模型 3 则使用变量滞后三阶及以上的值来作为工具变量。

表 5 - 6　分行业回归结果（3）

因变量 upgrading	金属冶炼 模型 1	金属制品业 模型 2	机械设备 模型 3	交通运输设备 模型 4
$e\_intensity$	0.304 (0.684)	− 0.108 (0.548)	− 0.0332 (0.274)	0.729* (0.388)
$e\_intensity^2$	− 0.819 (0.798)	− 0.0868 (0.485)	0.111 (0.270)	− 0.562* (0.338)

续表

因变量 upgrading	金属冶炼	金属制品业	机械设备	交通运输设备
	模型 1	模型 2	模型 3	模型 4
size	-0.0172 (0.0106)	-0.0408*** (0.00660)	-0.00280 (0.00576)	-0.0150 (0.00995)
wage	0.0962*** (0.0194)	0.140*** (0.0146)	0.106*** (0.0113)	0.126*** (0.0245)
kl	-0.0341*** (0.0122)	-0.0351*** (0.00947)	-0.00753 (0.00542)	0.0106 (0.00927)
subsidy	-0.0732*** (0.0151)	0.215 (0.421)	-0.121 (0.0772)	-0.339 (0.346)
age	-0.00899 (0.0102)	-0.0151 (0.00950)	0.0100 (0.00671)	0.0502*** (0.00934)
年份虚拟变量	是	是	是	是
AR（1）P 值	0.000	0.000	0.000	0.000
AR（2）P 值	0.414	0.042	0.046	0.005
AR（3）P 值	0.578	0.295	0.527	
Sargan 检验（P 值）	0.443	0.195	0.891	0.668
Hansen 检验（P 值）	0.168	0.383	0.370	0.607
样本数	3634	11034	19740	7182

注：①同表 5-3；②所有模型均采用系统 GMM 估计；③根据 AB 检验结果，模型 1 使用变量滞后二阶及以上的值来作为工具变量，模型 2、模型 3 和模型 4 则使用变量滞后三阶及以上的值来作为工具变量。

表 5 - 7　分行业回归结果（4）

因变量 upgrading	武器弹药	电气机械	电子通信	仪器仪表
	模型 1	模型 2	模型 3	模型 4
e_intensity	-1.120 (0.8107)	2.315* (1.365)	0.646 (1.569)	-0.112 (1.577)
e_intensity^2	0.539 (0.7695)	-2.194* (1.163)	-1.178 (1.245)	0.312 (1.329)
size	-0.014* (0.0075)	-0.0186 (0.0223)	-0.0108 (0.0180)	-0.0408*** (0.0127)
wage	0.055*** (0.0191)	0.0921*** (0.0189)	0.0692 (0.0557)	0.136*** (0.0218)

续表

因变量 *upgrading*	武器弹药	电气机械	电子通信	仪器仪表
	模型 1	模型 2	模型 3	模型 4
kl	-0.0387 (0.0264)	-0.0216 (0.0189)	-0.0424 (0.0277)	0.0131 (0.0312)
subsidy	-0.1228 (0.1815)	-0.0955 (0.550)	-3.141 (1.979)	-0.215 (0.451)
age	-0.0476 (0.0337)	0.0251 (0.0549)	-0.0191 (0.0799)	0.0190 (0.0235)
年份虚拟变量	是	是	是	是
AR (1) P 值	0.000	0.000	0.000	0.000
AR (2) P 值	.	0.863	0.228	.
AR (3) P 值	.	0.864	0.166	.
Sargan 检验 (P 值)	0.089	0.259	0.849	0.493
Hansen 检验 (P 值)	0.169	0.284	0.971	0.446
样本数	8166	9454	4635	6055

注：①同表 5-3；②所有模型均采用系统 GMM 估计；③根据 AB 检验结果，模型 2 和模型 3 均使用变量滞后二阶及以上的值来作为工具变量；④模型 1 和模型 4 只报告了 AR (1) 的 P 值，AR (2) 的 P 值和 AR (3) 的 P 值均为 "."，可能的原因在于 AB 检验要对数据进行进一步的差分，从而出现样本量不够。

分行业回归的结果显示，木材加工、化学医药、非金属矿物、交通运输设备、电气机械这 5 个行业中出口企业的出口强度对其所选择的技术升级程度存在显著影响（出口强度及其二次项前面的系数都通过了显著性检验）：出口强度前面的系数显著为正，而出口强度二次项前面的系数显著为负，这表明 5 个行业中出口强度对出口企业技术升级的积极影响呈"倒 U 形"。这跟之前理论分析的预测以及表 5-3 中的基准回归结果相一致：对于这 5 个行业中的出口企业，出口强度的增加有利于促使出口企业生产效率的边际提高量越来越高；而当企业的出口强度达到一定临界值后，出口强度的进一步增加反而会使得出口企业生产效率的边际提高量越来越低。具体而言，出口强度及其二次项前面的系数绝对值最大的是电气机械行业（出口强度前面的系数为 2.315，出口强度二次项前面的系数为 -2.194），出口强度及其二次项前面的系数绝对值最小的是交通运输设备行业（出口强度前面的系数为 0.729，出口强度二次项前面的系数为 - 0.562）。

至于食品饮料烟草、纺织业、服装、造纸印刷、石油炼焦、金属冶炼、金属制品业、机械设备、武器弹药、电子通信、仪器仪表这 11 个行业，出口强度及其二次项前面的系数都不显著（即使在 10% 的显著性水平下也不显著），说明出口强度对这 11 个行业的出口企业的技术升级并没有显著影响（并不会影响到出口企业生产效率的边际提高量），即出口强度对出口企业技术升级影响的"倒 U 形"关系在这 11 个行业里并不存在。

三 分地区估计

在第四章中，本书把所有省份按照国家统计局的标准分为四个区域，分别是东部沿海地区、中部地区、西部地区和东北地区（四个区域所包含的省份见表 4 - 9）。在这一部分，本书将利用划分出来的四个区域内的所有出口企业组成的子样本分别对（5 - 3）式进行估计，相应的回归结果报告在表 5 - 8 中。

表 5 - 8　分地区回归结果

因变量 *upgrading*	东部沿海地区	东北地区	中部地区	西部地区
	模型 1	模型 2	模型 3	模型 4
e_ intensity	0. 500*** (0. 167)	- 0. 101 (0. 434)	- 0. 464 (0. 376)	- 0. 152 (0. 582)
e_ intensity^2	- 0. 374** (0. 149)	0. 0410 (0. 470)	0. 294 (0. 356)	0. 140 (0. 677)
size	- 0. 0296*** (0. 00167)	- 0. 0627*** (0. 0125)	- 0. 0595*** (0. 00635)	- 0. 0284** (0. 0127)
wage	0. 153*** (0. 00472)	0. 167*** (0. 0225)	0. 0758*** (0. 0155)	0. 144*** (0. 0231)
kl	- 0. 00817** (0. 00407)	- 0. 0153 (0. 0198)	- 0. 0227* (0. 0129)	- 0. 0262*** (0. 00864)
subsidy	- 0. 171** (0. 0851)	- 1. 542*** (0. 588)	- 0. 289*** (0. 0982)	- 0. 567** (0. 258)
age	0. 0101*** (0. 00356)	0. 0406*** (0. 0149)	- 0. 0165** (0. 00811)	0. 00894 (0. 00889)

因变量 *upgrading*	东部沿海地区	东北地区	中部地区	西部地区
	模型 1	模型 2	模型 3	模型 4
年份虚拟变量	是	是	是	是
AR（1）P 值	0.000	0.000	0.000	0.000
AR（2）P 值	0.000	0.030	0.239	0.576
AR（3）P 值	0.093	0.330	0.554	0.503
AR（4）P 值	0.364	—	—	—
Sargan 检验（P 值）	0.666	0.727	0.758	0.389
Hansen 检验（P 值）	0.236	0.121	0.426	0.573
样本数	158651	6125	13706	5374

注：①同表 5 - 3；②所有模型均采用系统 GMM 估计；③根据 AB 检验结果，模型 1 和模型 2 使用变量滞后三阶及以上的值来作为工具变量，模型 3、模型 4 则使用变量滞后二阶及以上的值来作为工具变量。

从表 5 - 8 可以看出，模型 1 中出口强度前面的系数为 0.5，且通过了 1% 的显著性检验，而出口强度二次项前面的系数为 - 0.374，也通过了 5% 的显著性检验，这表明对于东部沿海地区的出口企业，出口强度对出口企业技术升级的积极影响呈 "倒 U 形"，这也与表 5 - 3 中的基准回归结果相一致。对于东部沿海地区的出口企业，出口强度的增加有利于促使出口企业生产效率的边际提高量越来越高；而当企业的出口强度达到一定临界值后，出口强度的进一步增加反而会使得出口企业生产效率的边际提高量越来越低。而在模型 2、模型 3 和模型 4 中，出口强度及其二次项前面的系数都不显著，这表明对于东北地区、中部地区、西部地区这三个区域的出口企业，出口强度对其技术升级并没有显著影响（并不会影响到其生产效率的边际提高量），即出口强度对出口企业技术升级影响的 "倒 U 形" 关系在这三个区域的出口企业中并不存在。

四　分企业所有制类型估计

中国独特的体制设置使得所有制结构成了影响中国企业绩效表现的重要因素（Hu 和 Liu，2014）。在第四章中，通过借鉴 Ding 等（2013）的类似做法，本书已经按照企业投资注册资本所占比重（≥50%）的标准把所有出口企业分成了国有企业、集体企业、私营企业和外资企业这四类不同所有制企业。在这一部分，为了考察不同所有制类型出口企业的出口强度对其技术升级的影响是否会存在差异，本书将利用国有企业、集体企业、私营企业和外资企业所组成的子样本分别对（5-3）式进行估计，相应的回归结果报告在表5-9中。

表5-9　分企业所有制类型回归结果

因变量 *upgrading*	国有企业	集体企业	私营企业	外资企业
	模型1	模型2	模型3	模型4
e_ intensity	−0.260 (0.492)	1.592* (0.875)	0.460* (0.250)	0.496** (0.243)
e_ intensity^2	0.0351 (0.576)	−1.438** (0.675)	−0.306 (0.212)	−0.446** (0.227)
size	−0.0289*** (0.00945)	−0.0147 (0.0145)	−0.0273*** (0.00366)	−0.0315*** (0.00246)
wage	0.145*** (0.0177)	0.157*** (0.0193)	0.139*** (0.00566)	0.128*** (0.00764)
kl	−0.00625 (0.0123)	−0.0113 (0.0357)	0.00599 (0.00579)	−0.0191*** (0.00482)
subsidy	−0.561** (0.264)	−0.612 (0.422)	−0.169** (0.0834)	−0.297 (0.277)
age	0.0133* (0.00790)	−0.00471 (0.0160)	0.00695* (0.00391)	−0.0186*** (0.00450)
年份虚拟变量	是	是	是	是
AR（1）P值	0.000	0.000	0.000	0.000
AR（2）P值	0.184	0.380	0.000	0.000
AR（3）P值	0.766	0.492	0.458	0.700
Sargan 检验（P值）	0.511	0.407	0.938	0.812
Hansen 检验（P值）	0.703	0.197	0.734	0.477
样本数	8754	9402	96444	68399

注：①同表5-3；②所有模型均采用系统GMM估计；③根据AB检验结果，模型1和模型2使用变量滞后二阶及以上的值来作为工具变量，模型3和模型4则使用变量滞后三阶及以上的值来作为工具变量。

从表5-9中可以看出，在模型2和模型4中，出口强度前面的系数都显著为正，而出口强度二次项前面的系数都显著为负，这表明对于集体企业和外资企业，出口强度对出口企业技术升级的积极影响呈"倒 U 形"，这也与表 5 - 3 中的基准回归结果相一致。对于集体企业和外资企业，出口强度的增加有利于提高出口企业生产效率的边际提高量；而当企业的出口强度达到一定临界值后，出口强度的进一步增加反而会使得出口企业生产效率的边际提高量越来越低。具体而言，出口强度及其二次项前面的系数绝对值较大的是集体企业（出口强度前面的系数为 1.592，出口强度二次项前面的系数为 - 1.438），出口强度及其二次项前面的系数绝对值较小的是外资企业（出口强度前面的系数为 0.496，出口强度二次项前面的系数为 - 0.446）。

而在模型 1 中，出口强度及其二次项前面的系数都不显著，这表明对国有企业而言，出口强度对其技术升级并没有显著影响（并不会影响到其生产效率的边际提高量），即出口强度对出口企业技术升级影响的"倒 U 形"关系在国有企业中并不存在。而在模型 3 中，出口强度二次项前面的系数并不显著，这表明出口强度对出口企业技术升级影响的"倒 U 形"关系在私营企业中并不存在。但是出口强度前面的系数为 0.46 且通过了 10% 的显著性检验，这表明对于私营企业而言，出口强度对其选择的技术升级程度的影响是线性的正效应：出口强度的增加有利于私营出口企业选择更高程度的技术升级。

值得指出的是，控制变量中政府补贴与国有企业技术升级之间的负相关关系从数值上而言是几个企业类型中最为明显的，这表明从企业技术升级的角度来看，政府对国有企业的补贴效果是不理想的。

五 更多稳健性检验结果

企业生产函数为超越对数形式。之前回归分析中所用到的衡量出口企业技术升级程度的指标依赖对 C - D 型企业生产函数的估计［本书用企业当年 TFP 的对数减去企业上一年 TFP 的对数来构造衡量企业技术升级程度的指标，为了得到企业的 TFP，本书估计了形如（4 - 2）式 C - D 型企业生产函数］。之前的回归结果是否过于依赖使用 C - D 形式的企业生产函数来构造衡量出口企业技术升级程度的指标？跟第四章中相关稳健性检验的做法类似，这里用前面所介绍的结构模型方法对（4 - 11）式所示的超越对数生产函数进行了估计，本书利用估计出来的超越对数生产函数重新计算了企业的全要素生产率水平，并据此重新构建了衡量出口企业技术升级程度的指标。利用新计算出来的技术升级衡量指标，本书重新对（5 - 3）式进行了估计，相应的回归结果报告在表 5 - 10 的模型 1 中。可以看出，表 5 - 10 中模型 1 的回归结果跟表 5 - 3 中模型 6 的基准回归结果十分类似，出口强度前面的系数依然显著为正，而出口强度二次项前面的系数依然显著为负（虽然数值上存在一些差异），即出口强度对出口企业技术升级的影响呈"倒 U 形"。这在一定程度上表明之前的回归结果相当稳健，并不依赖使用 C - D 形式的企业生产函数来构造出口企业的技术升级衡量指标。

额外的出口企业技术升级衡量。本章之前都是利用出口企业的 TFP 来构建衡量技术升级的指标，跟第四章中相关稳健性检验的做法类似，在这一部分本书将利用出口企业的劳动生产率来构建衡量其技术升级程度的指标。利用新构建出来的衡量出口企业技术升级的指标，本书重新对（5 - 3）式进行了估计以检验之前的回归结果是否稳健。相应的回归结果报告在表 5 - 10 的模型 2 中。容易看出，表 5 - 10 中模型 2 的回归结果跟表 5 - 3 中模型 6 的基准回归结果十分类似，出口强度前面的系数为 2.095，且十分显著，而出口强度二次项前面的系数为 - 1.72，十分显著，即出口强度对出口企业技术升级的影响呈"倒 U 形"。这在一定程度上表明即使使用劳动生产率来构建衡量出口企业技术升级程度的指标，之前的回归结果依然相当稳健。

剔除纯出口企业。从图 5 - 3 中可以看出，出口强度为 1 的纯出口企业在中国出口企业中占据相当大的比重，戴觅和余淼杰（2011）研究发现中国大量出口强度较高的出口企业（特别是纯出口企业）主要从事的是加工贸易。考虑到加工贸易存在"两头在外"和"大进大出"的特点，纯出口企业的存在可能会影响到之前的回归结果。为了检验出口强度为 1 的纯出口企业（主要是加工贸易出口企业）是否会对之前的主要回归结果产生重大影响，这里删除原样本中的纯出口企业以构建新的子样本。使用新构建的子样本本书重新对（5－3）式进行了估计，表5－10的模型3报告了相应的回归结果。可知，出口强度前面的系数依然显著为正，而出口强度二次项前面的系数依然显著为负，即出口强度对出口企业技术升级的影响仍呈"倒U形"。这在一定程度上表明即使不考虑样本中纯出口企业的存在，本章之前的回归结果依然相当稳健。

表5－10　更多稳健性检验估计结果

因变量 upgrading	使用超越对数生产函数来估算企业 TFP	用劳动生产率来构建衡量技术升级的指标	剔除纯出口企业	平衡面板（只保留连续存在的企业）
	模型 1	模型 2	模型 3	模型 4
e_ intensity	0.372** (0.144)	2.095*** (0.640)	0.440** (0.2173)	0.289* (0.168)
e_ intensity^2	－ 0.301** (0.131)	－ 1.720*** (0.548)	－ 0.400* (0.2192)	－ 0.255* (0.155)
size	－ 0.0198*** (0.00171)	－ 0.654*** (0.0156)	－ 0.0199*** (0.0019)	－ 0.00335 (0.00278)
wage	0.126*** (0.00399)	0.291*** (0.0108)	0.1113*** (0.0042)	0.0719*** (0.00637)
kl	－ 0.0237*** (0.00395)	0.0785*** (0.00807)	－ 0.0257*** (0.0045)	－ 0.00491 (0.00653)
subsidy	－ 0.181** (0.0797)	－ 0.303** (0.122)	－ 0.156** (0.0730)	－ 0.0705** (0.0329)
age	0.00526 (0.00329)	0.0173 (0.0112)	0.0041 (0.0038)	0.0165** (0.00644)
年份虚拟变量	是	是	是	是
AR（1）P 值	0.000	0.000	0.000	0.000
AR（2）P 值	0.000	0.000	0.000	0.000
AR（3）P 值	0.337	0.306	0.583	0.270
Sargan 检验 （P 值）	0.475	0.605	0.819	0.416
Hansen 检验 （P 值）	0.197	0.740	0.568	0.117
样本数	183856	183856	157351	33609

　　注：①同表5－3；②所有模型均采用系统 GMM 估计；③根据 AB 检验结果，所有模型均使用变量滞后三阶及以上的值来作为工具变量。

平衡面板（只保留样本中连续存在的企业）。之前的回归样本是非平衡面板，其中很多出口企业只在样本中出现了 1 次或 2 次。为了检验这些在样本中存活较短的出口企业是否会对之前的主要回归结果产生重大影响，这里只保留了原样本中连续存在的出口企业以构建平衡面板。本书使用平衡面板重新对（5－3）式进行了估计，表 5－10 中模型 4 报告了相应的回归结果。容易看出，表 5－10 中模型 4 的回归结果跟表 5－3 中模型 6 的基准回归结果十分类似，出口强度前面的系数依然显著为正，而出口强度二次项前面的系数依然显著为负（都通过了 10% 的显著性检验），即出口强度对出口企业技术升级的影响依然呈"倒 U 形"。这在一定程度上表明，即使只考虑样本中连续存活的出口企业（平衡面板），本章之前的回归结果依然相当稳健。

第五节　政策建议讨论

上一节的实证研究结果表明，出口强度对出口企业技术升级的积极影响并非线性单调，而是呈"倒 U 形"：当企业的出口强度处于较低水平时，出口强度的提高能够促进出口企业的技术升级；而当企业的出口强度超过一定的临界值后，出口强度的进一步提高反而不利于出口企业的技术升级。因而从技术升级角度来看，对于出口企业，其出口强度并不是越高越好。

对于中国出口企业，当企业的出口强度达到一定临界值后，出口强度的进一步提高反而会使得出口企业生产效率的边际提高量越来越低的原因除了本章第一节里所说的出口强度提高引致更多出口成本外，结合中国的实际情况，其背后的原因还可能包括：中国出口强度高的企业大多为加工贸易企业；国家的优惠政策（比如出口退税等）使得企业的出口强度盲目扩大；中国的制度性障碍（如地方保护主义）使得国际贸易代替了国内贸易，导致企业"扭曲性"过度出口（详见本章第四节里的讨论）。因而从当企业的出口强度达到一定临界值后，出口强度的进一步提高反而会使得出口企业生产效率的边际提高量越来越低的原因这个角度来看，政府为更好地发挥出口强度对出口企业技术升级的正效应，可以采取以下相关措施。

首先，对于出口强度较高的出口企业，为更好地发挥出口强度对出口企业技术升级的正效应，政府应当采取相关措施（如鼓励企业追求生产效率改进等更为长远的目标）限制其一味地追求高出口强度，因为出口强度过高反而会抑制其所选择的技术升级程度。当前中国出口强度高的企业大多为加工贸易企业，但是，中国大量的加工贸易出口企业主要还是依靠低成本的劳动力、土地等要素优势参与到全球经济之中，主要从事的还是技术含量很低的简单加工或低端制造（陈勇兵等，2014a）。大量出口强度高的加工贸易出口企业大多处于劳动密集型行业而且技术含量不高，由于生产的核心技术都是被境外企业所掌控，这些加工贸易出口企业出口强度的进一步提高不但不能提升其从出口中获得的生产效率，反而会在很大程度上占用其用于技术升级的资源，在一定程度上阻碍自身的技术升级。因而对于出口强度较高的出口企业，政府应当着力鼓励其追求生产效率改进等更为长远的目标，而不仅仅是一味地追求高出口强度，只有这样才能更好地发挥出口强度对出口企业技术升级的正效应。

其次，政府应该适时地减少出口企业的优惠政策（如出口补贴、出口退税、出口免税等），防止出口企业为得到出口优惠（如出口补贴、出口退税、出口免税等）而盲目进行出口，忽视了进行技术升级来提升生产效率。改革开放初期，中国刚从计划经济体制中走出来，当时外贸出口几乎为零，政府结合当时特有的国情，为鼓励外贸的发展、鼓励企业进入国际市场，出台了一系列的出口优惠政策，如出口补贴、出口退税、出口免税等。毋庸置疑，这些出口优惠政策为我国外贸的快速发展以及出口企业的崛起做出了不可估量的贡献。经过30多年来的发展，中国现在已经成为世界第一贸易大国，经济总量也荣居全球第二。当前中国所处的经济与外贸环境跟改革开放之初相比已经完全不一样，虽然出口贸易在支持经济增长、解决国内就业等方面仍起着关键性的作用，但是大量具有国际竞争力的出口企业已经成长起来，现阶段仍然给予出口企业大量的优惠政策反而可能会使得中国经济过度依赖国外市场。更为重要的是，大量出口优惠政策的实施会使得国内很多企业为得到出口优惠（如出口补贴、出口退税、出口免税等）而盲目进行出口扩张，企业这种盲目的出口扩张提高了企业的出口强度，但是也容易使其过分关注生产，而忽视了生产效率的提升，反而会对其技术升级产生不利影响。因而政府当前应该适时地减少出口企业的优惠政策，防止出口企业为得到出口优惠而盲目进行出口。

最后，政府应该着力加强体制建设，降低甚至消除地方保护主义，避免体制等外生因素导致出口企业的出口强度"扭曲性"过高。由于中国特有的政治考核与晋升机制[1]，中国地方政府间常常为追逐较高的 GDP 而相继采取"以邻为壑"的地方保护主义政策[2]，导致国内市场严重分割，使得本土企业进入国内其他地区的交易成本高于进入国际市场的成本，大量企业选择出口，国际贸易成了国内贸易的替代品。因此大量高出口强度企业的存在可能是外生因素导致的企业"扭曲性"过度出口的结果（朱希伟等，2005）。应当看到，这种体制性障碍外生因素导致的"扭曲性"过度出口是出口企业的无奈之举，因为其进入国内其他地区的成本反而还要高于进入出口市场的成本。从这个角度来看，中国出口企业的出口强度可能普遍偏高。而过高的出口强度无疑会对出口企业正常的生产活动等造成扭曲，不利于出口企业进行技术升级。因此，政府应该着力加强体制建设，降低甚至消除地方保护主义，降低国内贸易的成本，防止体制等外生因素导致出口企业的"扭曲性"过度出口。

第六节　本章小结

在内生的企业技术升级框架下，作为企业异质性出口特征之一的出口强度，对出口企业技术升级的积极影响相当明显，但并非线性单调，而是

---

[1] 周黎安（2007）指出中国政府官员的激励模式为晋升锦标赛，这种激励模式虽存在一些缺陷，但它是中国经济奇迹的重要根源。
[2] 周黎安（2004）指出我国长期存在的地方保护主义问题不是简单的企业为谋求高额利润而过度进入某行业和保护本地市场的问题，而是政府官员实施地区发展战略和产业政策的一部分，它包含着明显的政治收益的计算。

呈"倒 U 形"：出口强度的提高一方面既会通过规模经济效应促进出口企业选择更高程度的技术升级；另一方面会减少出口企业对技术升级的投入成本，从而对出口企业的技术升级产生消极影响。利用中国企业层面的微观数据，通过建立相应的面板数据回归模型，利用系统 GMM 估计方法，本章进一步实证检验了理论分析的结论，实证结果表明，总体来看，出口强度对中国出口企业技术升级影响的"倒 U 形"关系确实存在。

分行业回归的结果显示，木材加工、化学医药、非金属矿物、交通运输设备、电气机械这 5 个行业中出口企业的出口强度对其技术升级的积极影响呈"倒 U 形"，而对于食品饮料烟草、纺织业、服装、造纸印刷、石油炼焦、金属冶炼、金属制品业、机械设备、武器弹药、电子通信、仪器仪表这 11 个行业，出口强度对出口企业技术升级影响的"倒 U 形"关系并不显著存在。分地区估计的结果显示，出口强度对出口企业技术升级影响的"倒 U 形"关系只在东部沿海地区的出口企业中存在，在东北地区、中部地区、西部地区这三个区域的出口企业中并不存在。分不同所有制类型估计的结果表明，对于集体企业和外资企业，出口强度对出口企业技术升级的积极影响呈"倒 U 形"；对于国有企业，出口强度对其技术升级并没有显著影响；对于私营企业，出口强度对出口企业技术升级的积极影响并不呈"倒 U 形"，而是简单的线性关系（出口强度的提高有利于私营企业中的出口企业选择更高程度的技术升级）。

当然，本章的主要实证结果还通过了一系列的稳健性检验（包括超越对数形式生产函数、额外的出口企业技术升级衡量、平衡面板等），这表明本章的主要实证结论相当稳健。最后，从出口强度视角，本章还对政府如何采取相关政策措施更好地发挥出口强度对出口企业技术升级的正效应提出了相应的政策建议。

第六章
出口贸易方式与出口企业技术升级

本章集中研究了出口贸易方式对出口企业技术升级的影响。在内生的企业技术升级框架下，作为企业异质性出口特征之一的出口贸易方式，通过影响出口企业的利润率和出口固定成本，最终会影响到出口企业的技术升级。利用中国企业层面的微观数据，通过建立相应的面板数据回归模型，本章实证检验了出口贸易方式对中国出口企业技术升级的影响。具体而言，本章包含以下五个方面的内容：第一节介绍了加工贸易这种特殊的贸易方式，同时分析了出口贸易方式与出口企业技术升级间的内在联系；第二节介绍了基于面板数据的实证框架设定，包括计量模型的具体设定、相关变量指标的选取、数据来源的说明、相应变量的描述性统计等；第三节是实证结果的呈现与分析；第四节是政策建议讨论；第五节是本章小结。

第一节　出口贸易方式选择与
出口企业技术升级

出口贸易方式反映了出口企业对出口市场的参与方式，出口企业对出口贸易方式的选择并非单一的，除了通常所说的一般贸易出口方式外，另外一种常见的方式就是加工贸易出口。不同的出口贸易方式具有不同的特点，比如一般贸易就是常规的对外贸易，加工贸易则具有"两头在外"和"大进大出"的特征，出口企业根据自身的特点和发展要求来选择适合自身的出口贸易方式，显然，出口企业对不同出口贸易方式的选择构成了出口企业间的重大差异，由于任何出口企业间相关出口特征的差异都可以视为出口企业的异质性出口特征，因而出口贸易方式选择无疑也是出口企业重要的异质性出口特征之一。根据第三章的相关分析，出口企业的异质性出口特征会影响到其技术升级，本章将着重分析作为出口企业重要异质性出口特征之一的出口贸易方式选择对出口企业技术升级的影响。

当前，中国的出口贸易方式主要有两种——一般贸易和加工贸易，其中一般贸易就是常规的对外贸易。根据《中华人民共和国海关对加工贸易货物监管办法》规定，加工贸易是指企业先从国外进口原材料、零部件等，经加工或者装配后，将最终品再出口的经营活动。中国的加工贸易包括来料加工和进料加工两种主要方式。具体来看，来料加工是指国内企业从境外企业直接获得相关原材料，然后根据境外企业的相关要求将原材料加工成最终产品并出口的贸易活动。值得注意的是，由于原材料直接来自境外企业，来料加工企业并不需要进口付汇。而进料加工则是指国内企业通过进口付汇获取相应的原材料，并将其加工成最终产品后进行出口的贸易活动。

加工贸易属于典型的产业链分工形式，是发展中国家企业融入由大型跨国公司所主导的全球价值链之中的主要形式。通常而言，开展加工贸易对技术、资本等要素要求相对较低，而开展一般贸易对技术、资本等要素的要求则相对比较高。因此，对于广大经济发展水平比较落后的发展中国家而言，在自身要素积累不足、企业产品缺乏竞争力的情况下，通过发展加工贸易来快速参与到全球经济循环之中，不失为一个好的选择。快速发展起来的加工贸易不仅有利于解决发展中国家的就业、外汇创收等问题，而且能够使发展中国家的企业享受到外商企业的技术外溢效应，这将有利于发展中国家的产业升级与结构调整（Barney，1996；Kandogan，2003）。改革开放之后，中国政府实施了许多促进加工贸易发展的优惠政策（比如出口免税、出口退税等），这些优惠政策（特别是出口退税政策①）的出台对于促进加工贸易在中国的快速发展无疑起到了极大的推动作用。经过 30 多年的快速发展，加工贸易在出口总额上逐年追赶一般贸易。当前，加工贸易已经取代一般贸易成为我国对外贸易的主要组成部分（陶攀等，2014）。到 20 世纪末 21 世纪初，加工贸易总额占比一度高达 53.4%。可见，加工贸易已经占据中国对外贸易的"半壁江山"。

加工贸易的快速兴起与发展虽然在很大程度上能够解决国内的劳动力就业问题，而且能大幅增加外汇收入。但是也应当看到，快速发展起来的加工贸易不仅导致了中国出口企业"生产率悖论"的出现②，即中国非出口企业的生产率水平反而要高于出口企业的生产率水平（李春顶，2010；戴觅等，2014；Dai 等，2016）；同时也造成了出口产品价格的"倒挂"现象，即中国大量出口企业的产品在出口市场的销售价格反而要低于其在国内市场的销售价格（盛丹和王永进，2012）。范子英和田彬彬（2014）更是指出加工贸易"两头在外"的特点使其非常容易受到国际市场变化的影响，因而快速发展起来的加工贸易还会加大中国整体贸易所面临的国际风险。

鉴于加工贸易这种贸易方式的特殊性，自 20 世纪 80 年代以来，有关加工贸易影响效应的研究就一直受到国内大量学者的普遍关注。已有的大量文献都偏向于从宏观角度对加工贸易的影响效应展开分析，不同学者从技术外溢（张二震，2014）、增加就业（李晨和戴国平，2013）、经济增长（于瀚和肖玲诺，2013）、出口贸易技术水平（刘钻石和张娟，2010）、创新活动（赵玉敏，2012）、环境污染（张少华和蒋伟杰，2014）、全要素生产率（张少华和蒋伟杰，2015）、贸易顺差（潘悦，2012；李莉，2012）等不同角度探讨了加工贸易的影响效应，由于研究视角的不同，不同学者

---

① 范子英和田彬彬（2014）认为中国差异化的出口退税政策才是加工贸易占比较高的重要原因。中国针对加工贸易和一般贸易制定了完全不同的出口退税政策，其中一般贸易企业的出口增值税是"先征后返"，并且退税的比例一般都低于征收的比例，而加工贸易实行的是"不征不退"，即在进口中间品和出口产成品两个环节都不征收增值税，这一方面使得加工贸易的实际税率低于一般贸易，另一方面也保证了加工贸易不受国家出口退税政策调整的影响。

② 更多关于中国出口企业"生产率悖论"的介绍可参见第二章第二节的相关内容。

所得出的结论也不一致。

但是，从微观角度来探讨企业加工贸易影响效应的研究还比较少，且已有的一些文献的研究结论也不统一：一些研究从融资约束程度（Manova 和 Yu，2012）、生产率（于春海和张胜满，2013；陶攀等，2014）等角度探讨了企业从事加工贸易的动因，结果发现从事加工贸易的企业其生产率水平相对低下，且一般都面临较大的融资约束；也有一些研究分析了加工贸易对企业生产率的影响，比如 Wang 和 Yu（2012）、项松林和马卫红（2013）利用中国企业的微观数据研究发现加工贸易出口企业并没有获得生产率的提高；与此相反，余淼杰（2011）针对中国企业的实证研究却发现加工贸易显著地提高了企业的生产率。同时，还有一些研究则分析了加工贸易对员工的工资水平、社会福利的影响。苏莉和冼国明（2015）运用中国工业企业数据库和海关进出口数据库（2003～2006 年）中的相关数据研究发现贸易方式对员工的工资水平有显著影响。从总样本来看，混合贸易方式的出口企业其工资水平高于其他贸易方式企业的工资水平，进料加工贸易企业的工资水平高于一般贸易方式企业的工资水平[①]。刘晴和徐蕾（2013）则指出尽管加工贸易会降低行业的平均生产率水平，但仍可能通过吸收二元经济结构中的剩余劳动力来改善社会福利水平。

已有的相关研究为从微观层面充分理解和认识加工贸易这种出口贸易方式对出口企业相关绩效（如生产率、员工工资等）的影响提供了深刻的洞见。而出口企业的技术升级作为出口企业绩效最重要的方面，事关出口企业长期的可持续发展，作为企业异质性出口特征之一的出口贸易方式选择（是一般贸易方式还是加工贸易方式）是否会影响出口企业的技术升级？如果是，那么具体的影响机制又是怎样的？

可以从以下两方面来思考这个问题。一方面，出口贸易方式的选择会影响到出口企业所获得的利润率。逯宇铎等（2015）指出虽然加工贸易在

---

① 借鉴相关文献的通行做法，根据海关数据信息，如果一个企业在其生存期间，仅从事加工贸易，就将该企业定义为纯加工贸易企业；如果一个企业仅从事一般贸易，就将其定义为一般贸易企业；如果一个企业同时从事加工贸易和一般贸易，就将其定义为混合型贸易企业。

我国对外贸易中占有十分重要的地位，但是大力发展的加工贸易其实并不利于我国企业获得长期有效的利润。当前，中国大量企业都是依靠低成本的劳动力等要素优势融入全球价值链当中，从事的都是简单加工与低端制造，这种处于微笑曲线底端的加工制造环节的利润十分微薄，大量的利润都被国外企业所获得，因而我国大量加工贸易出口企业的利润率其实很低下。于瀚和肖玲诺（2013）指出由于从事加工贸易的门槛相对比较低，许多国内企业都争取以加工贸易方式参与到全球价值链之中，同时越南、印度等发展中国家也在大力鼓励加工贸易的发展，这使得国际市场中加工贸易企业之间的竞争日趋激烈，激烈的竞争环境也会降低加工贸易出口企业的利润率。张杰等（2010）发现我国的大量加工贸易企业过于依附外商，结果导致议价能力缺失，同时许多地方政府实施了一系列优惠政策来吸引外资，这也进一步加强了外商的利润支配权，最终的结果就是国内大量加工贸易企业的利润空间很小。戴觅等（2014）指出加工贸易企业往往都是根据国外企业的相关要求来将原材料加工成最终产品，但是核心的生产技术以及产品的品牌、专利等都被国外企业所控制，因而加工贸易企业在谈判上处于劣势，缺乏议价能力；相反，国外企业凭借其较强的议价能力，会想尽办法来对加工贸易企业的出口价格进行限制，这无疑会使得加工贸易企业的利润率降低。唐朱昌和黄敏（2008）、李冀申和王慧娟（2011）、陈勇兵等（2014a）都指出企业加工贸易的利润率很小。Manova 和 Yu（2012）则比较了一般贸易出口、来料加工出口、进料加工出口三种不同贸易出口方式下企业的利润，发现利润最高的是一般贸易出口企业，其次是进料加工出口企业，利润最低的为来料加工出口企业。尹翔硕和陈陶然（2015）利用 2000~2006 年中国工业企业数据和海关进出口数据实证研究发现企业若倾向于以加工贸易方式进行出口，则该选择对于企业利润率有负向影响。

应当指出，加工贸易出口企业缺乏话语权，议价能力较低使得其利润率相比于一般贸易出口企业较低（Giuliani 等，2005；Antràs 和 Chor，2013），但是同时也应该看到加工贸易具有"两头在外"和"大进大出"的典型特征，这主要体现在其生产所需的原材料直接源于国外，而生产的最终产品也是直接出口到国外，加工贸易的这种典型特征使得从事加工贸易的相关企业面临较低的出口市场进入成本（包括出口市场营销渠道的建立、潜在客户的发掘等成本）。因此相比于一般贸易，加工贸易无须支付大量出口固定成本（Gereffi，1999；朱希伟等，2005；刘晴和徐蕾，2013）。戴觅等（2014）认为加工贸易的固定成本比较小可能是由于以下两个原因：第一，加工贸易企业只负责产品的生产环节，营销环节都由国外厂商完成，因此企业不用自己建立销售网络或支付巨额的广告费用；第二，海关通常对加工贸易企业，特别是在出口加工区中的加工贸易企业提供较多的通关便利，这降低了出口的固定交易成本。因而总体来看，不同出口贸易方式的选择通过影响出口企业的利润率和出口固定成本会对出口企业所获得的利润产生重大影响。

另一方面，根据第三章建立的理论分析框架，每个企业在利润最大化的条件下选择自身最优的技术升级程度［参见第三章（3－3）式、（3－4）式、（3－6）式、（3－7）式］，这决定了企业选择的技术升级程度将内生于自身的利润函数。因此在本书所建立的内生的企业技术升级框架下，不难发现出口企业利润函数的变化会影响到出口企业所选择的技术升级程度。

结合以上两个方面的分析，可以看出，作为企业异质性出口特征之一的出口贸易方式，通过影响出口企业的利润率和出口固定成本会对出口企业的利润函数产生重大影响［参见第三章（3－6）式、（3－20）式］。在内生的企业技术升级框架下，出口企业利润函数的变化会直接影响到其自身所选择的最优技术升级程度。从这个角度来看，作为企业异质性出口特征之一的出口贸易方式显然会影响到出口企业的技术升级。出口贸易方式对出口企业技术升级的具体影响机制可参见图6－1。

第二节　基于面板数据的实证框架设定

根据之前的相关分析，出口贸易方式通过影响出口企业的利润率和出口固定成本，最终会影响到出口企业的技术升级。然而现实是否如此？这

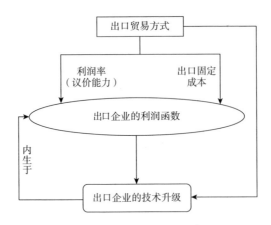

图 6 - 1   出口贸易方式影响出口企业技术升级的机制

急需用相关数据来对此进行检验。为了检验现实经济中出口贸易方式对出口企业技术升级的影响，从这一部分开始，本书将利用中国企业层面的微观数据，通过建立相应的面板数据回归模型来对此进行比较深入的分析。这里将先介绍实证模型的设定以及相关变量指标的选取，接着介绍实证分析所用数据的来源，然后再介绍相应变量的描述性统计，而实证结果的分析与讨论将单独放在第三节。

一　实证模型的设定与变量选取

为了更好地实证考察出口贸易方式对出口企业技术升级的影响，参见之前的相关分析以及已有的实证研究文献，本章设定如下的回归模型：

$$upgrading_{it} = \beta_0 + \beta_1 process_{it} + \delta X_{it} + \lambda_i + \upsilon_t + \mu_{it} \qquad (6-1)$$

其中，被解释变量 $upgrading_{it}$ 为企业 i 在时期 t 所选择的技术升级程度的对数。$process_{it}$ 衡量了企业 i 在时期 t 的出口贸易方式，是本章所关注的核心解释变量。$process_{it}$ 是一个虚拟变量，若企业只以一般贸易方式出口，则 $process_{it} = 0$；若企业只以加工贸易方式出口，则 $process_{it} = 1$；若企业既以加工贸易方式出口，同时又以一般贸易方式出口，该企业则为混合型贸易企业，为简便考虑，对于该类企业，仍然定义 $process_{it} = 1$。X_{it} 表示其他控制变量的集合，这些控制变量包括企业年龄、企业规模、要素密集度、平均工资、政府补贴等。λ_i、υ_t分别表示企业和年份固定效应，企业固定效应可以捕捉到那些不随时间变化但是又会影响到出口企业技术升级的不可观测到的相关因素（如企业的所在地等），而年份固定效应则可以捕捉到那些因时间变化会对所有出口企业技术升级产生影响的不可观测的相关因素（如人民币的升值等）。μ_{it}表示随机扰动项。

关于各变量的具体定义，本章仍将出口企业 i 在时期 t 的技术升级程度（$upgrading_{it}$）定义为：$upgrading_{it} = \ln(TFP_{it}) - \ln(TFP_{it-1})$，其中 TFP_{it} 表示出口企业 i 在时期 t 的全要素生产率，出口企业的全要素生产率仍使用第四章第二节所介绍的结构模型方法来进行估算。而企业年龄、企业规模、要素密集度、平均工资、政府补贴等控制变量的定义在第四章第二节里已有详细说明，这里不再重复。至于本章所关心的核心解释变量出口贸易方式 $process_{it}$，之前已提到它是一个虚拟变量，当企业只以加工贸易方式出口或同时以加工贸易方式和一般贸易方式出口时，有 $process_{it} = 1$。余淼杰（2011）指出中国的加工贸易类型总共包括来料加工和进料加工等 16 个种类：来料加工（海关编码：14）、进料加工（海关编码：15）、境外援助（海关编码：12）、补偿贸易（海关编码：13）、商品寄销代销（海关编码：16）、货物租赁（海关编码：17）、边境小额贸易（海关编码：19）、工程承包（海关编码：20）、外发加工（海关编码：22）、易货贸易（海关编码：30）、保税仓库进出口贸易（海关编码：33）、保税区转口贸易（海关编码：34）等。只要企业出口的贸易方式中含有上面 16 种中的任意一种，本书就认为该企业为加工贸易方式出口，因而有 $process_{it} = 1$。

考虑到 $process_{it}$ 作为一个虚拟变量，仅用其来衡量出口企业的贸易方式，可能会存在偏误，特别是对于混合型贸易企业，简单地将其归为加工贸易企业可能并不合适。为了能够更加准确地衡量混合型贸易企业的加工贸易程度，借鉴 Yu（2015）的做法，本书定义一个连续型变量 pex_{it} 来表示出口企业的出口贸易方式：对于纯加工贸易出口企业，$pex_{it} = 1$；对于纯一般贸易出口企业，$pex_{it} = 0$；对于混合型贸易出口企业，pex_{it} 等于企业加工贸易出口额占其总出口额的比重。pex_{it} 可以较好地衡量出口企业的加工贸易程度。pex_{it} 的值越大，表明企业的加工贸易程度越高。利用新构建的衡量出口企业加工贸易程度的指标 pex_{it}，本书也将对以下回归方程进行估计：

$$upgrading_{it} = \beta_0 + \beta_1 pex_{it} + \delta X_{it} + \lambda_i + \upsilon_t + \mu_{it} \qquad (6-2)$$

其中，pex_{it} 衡量了企业 i 在时期 t 的加工贸易程度，其他变量的含义跟 $(6-1)$ 式相同。

而在对 $(6-1)$ 式和 $(6-2)$ 式的具体估计方法上，考虑到出口企业在生产率较低的时期，可能会选择加工贸易出口方式，因为从事加工贸易的门槛相对较低；但是随着其生产率的提高，出口企业为了获得更高的利润，很可能会转而选择一般贸易出口方式，因而企业的出口贸易方式与其生产率之间很可能存在当期或者跨期反馈的内生性问题。而本书又是用出口企业全要素生产率的变动幅度来衡量其技术升级程度 [$upgrading_{it} = \ln(TFP_{it}) - \ln(TFP_{it-1})$]，因而出口企业的技术升级和其出口贸易方式间也很可能存在内生性问题。出口企业的技术升级和出口贸易方式很可能都为内生变量，对 $(6-1)$ 式和 $(6-2)$ 式直接使用固定效应回归很可能出现内生性问题。为避免此类内生性问题影响到估计结果的准确性，本章将采用系统 GMM 方法对 $(6-1)$ 式和 $(6-2)$ 式进行估计。对系统 GMM 估计方法的详细介绍可以参见第四章第二节。

二 数据来源说明

本章实证所使用的数据均来自中国工业企业数据库和海关进出口数据库，由于只有 2000～2006 年的海关贸易数据，所以本章的实证研究把样本区间也限定在 2000～2006 年。对工业企业数据库的详细介绍以及相关处理可参见第四章第二节，这里不再重复。这一部分将主要介绍海关进出口数据库。

中国海关总署的海关进出口数据库，包含了 2000～2006 年产品层面交易的月度数据，它涵盖了中国境内所有进出口企业。这个数据库包括样本期间内中国境内 717 个市县的 314757 家进出口企业，涉及 239 个贸易国与地区以及多达 8197 种 HS8 位码的商品，每年平均的观测值数目由 2000 年的 1000 万个增加到 2006 年的 1600 万个。产品层面的数据主要包括了三大类的信息，第一大类信息是关于企业的一些基本变量，包含企业的中文名称、10 位企业代码、企业地址、电话号码、邮编、传真、联系人、企业性质（国有/集体/私有/外资）。第二大类信息是关于贸易情况的一些基本变量，包括贸易产品数量、贸易金额（美元计价）、贸易价格、单位（公斤/个/套/平方米）、贸易状态（进口/出口）。第三大类信息则是关于贸易方式和贸易模型的一些变量，包括进口的来源国和出口的目的国、贸易方式（一般贸易/来料加工贸易/进料加工贸易等）、运输方式（航空运输/铁路运输/江海运输/邮件运输/汽车运输）、进出的海关名称、途经国家名称。

本章着眼于研究出口贸易方式对出口企业技术升级的影响，衡量出口企业的技术升级需要用到工业企业数据库中的相关数据，而衡量企业的出口贸易方式则需要用到海关进出口数据库中的相关数据，因而需要将上述两个数据库进行匹配，但是将两者很好地进行匹配面临一定的困难。虽然两个数据库中的企业都有企业代码，但是海关数据库中是 10 位的企业代码，工业企业数据库中是 9 位的企业代码，而且企业代码的编制方法完全不一样，因而不能通过企业代码来进行合并。为了克服这一困难，Ma 等（2014）提议使用企业的中文名称来进行匹配，匹配的规则是，如果在同一年两个企业在两套数据中的中文名称相同，这两个企业就是同一个企业。田巍和余淼杰（2013）以及 Yu（2015）则更进了一步，他们采取两种方法来进行匹配，先是利用企业名称来进行匹配，然后再根据企业所在地区的邮政编码以及企业电话号码的最后七位来进行匹配，因为在每一个邮政地区中，企业的电话号码都是不同的。为了使得匹配的数据能够包括尽量多的企业，只要企业可以通过以上任何一种方法成功匹配，就将它纳入合并数据中。本书将借鉴 Yu（2015）的方法对两套数据进行匹配，最终得到的匹配企业数目与他们得出的差不多，具体的匹配结果见表 6－1。

表6-1   海关数据和工业企业数据的匹配结果

单位：个

年份	贸易数据		生产数据		匹配方式		合并数据	
	产品	企业	原始数据	筛选数据	名称	邮编与电话	匹配总样本	只保留出口企业
	(1)	(2)	(3)	(4)	(5)	(6)	(7)	(8)
2000	10586696	80209	162820	115779	17062	9562	21004	10395
2001	12667685	87351	171190	131916	20441	9798	24086	10805
2002	14032675	97097	181499	140069	23508	9586	26989	13915
2003	18069404	112408	196158	161322	27190	8521	30254	12444
2004	21402355	134849	276455	227949	41981	12776	45779	18882
2005	24889639	123014	271785	226701	39479	11883	43052	26458
2006	16685377	184943	301902	287207	48922	6414	51142	30435

注：第（1）列是海关进出口贸易数据中 HS8 位码产品层面的月度观测值数目，第（2）列是海关进出口数据库中每年的企业数目，第（3）列是原始的中国工业企业数据库中的企业数目，第（4）列是经过相关处理，筛选后的企业数目，第（5）是按照企业名称对贸易数据和筛选后的生产数据进行匹配后得到的企业数目，第（6）列是根据电话号码的后七位和邮编对贸易数据和筛选后的生产数据进行匹配后得到的企业数目，第（7）列是根据企业名称以及邮编电话把贸易数据和筛选后的生产数据进行匹配后得到的总企业数目，第（8）列是根据企业名称以及邮编电话把贸易数据和筛选后的生产数据进行匹配后进一步将"出口交货值"为零的企业删除后得到的出口企业数目。

三   主要变量的描述性统计

在对工业企业数据库进行初步处理（具体处理过程可参见第四章第二节的介绍）后，本书利用结构模型方法对 16 个行业的生产函数进行了估计，得到了各行业里出口企业的 TFP，并根据 $upgrading_{it} = \ln(TFP_{it}) - \ln(TFP_{it-1})$ 构建出了衡量出口企业技术升级的指标。接着将工业企业数据与海关数据进行了匹配，经过以上步骤的相关处理，本章所使用的主要变量的描述性统计特征如表6-2所示。其中，出口企业的技术升级程度、出口贸易方式、要素密集度、企业年龄、平均工资、企业规模、政府补贴等指标都是根据之前的相关定义计算得到。

表6-2   主要变量的描述性统计

变量	观测值	最大值	最小值	均值	中位数	标准差
y	123334	17.29	-0.045	9.286	9.158	1.407
l	123334	11.02	2.079	5.523	5.460	1.135

变量	观测值	最大值	最小值	均值	中位数	标准差
k	123334	17.83	-0.099	9.008	8.905	1.695
m	123334	18.10	-0.007	10.41	10.27	1.366
$upgrading$	76941	6.432	-9.212	0.072	0.078	0.507
pex	123334	1.000	0.000	0.365	0.014	0.438
$process$	123334	1.000	0.000	0.514	1.000	0.500
$process\_$	123334	1.000	0.000	0.508	1.000	0.500
$pex\_$	123334	1.000	0.000	0.361	0.008	0.437
kl	123334	9.465	-5.908	3.570	3.600	1.332
age	123334	7.604	0.000	2.021	2.079	0.745
$wage$	123334	8.440	-7.371	2.698	2.664	0.606
$size$	123334	11.02	2.079	5.523	5.460	1.135
$subsidy$	123334	7.594	-0.308	0.002	0.000	0.032
$labor\_p$	123334	9.744	-5.753	3.807	3.744	1.064

注：$process\_$ 和 $pex\_$ 表示另外的出口贸易方式衡量指标，详细介绍可参见后面稳健性检验的相关内容；$labor\_p$ 表示企业劳动生产率的对数，具体计算方法是用企业的工业增加值除以其平均从业人员数并取对数得到，在之后的稳健性检验中将用到。

　　本章的实证研究主要是考察中国出口企业的出口贸易方式对其技术升级的影响，在此之前，对中国出口企业出口贸易方式的分布特征进行定性分析与深入认识无疑将有利于之后相关实证研究的展开。为此，这里接下来将从多个角度（包括整体状况、分地区、分不同所有制）来对中国出口企业出口贸易方式的分布特征进行定性分析。

　　图6-2为2000～2006年中国出口企业加工贸易程度的整体分布状况。容易看出，企业的加工贸易程度（pex）比较集中地分布于左端，可见，加工贸易程度为0（一般贸易出口企业）的出口企业在总样本中占据较大的比重。这也可以从表6-3中看出来，一般贸易出口企业在总样本中的占比高达48.63%。而纯加工贸易出口企业的占比只有15.71%，相对较低。值得注意的是，混合型贸易出口企业的占比为35.66%，超过1/3，这说明大量从事加工贸易出口的企业同时也在进行一般贸易出口。

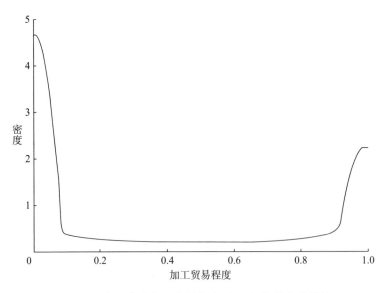

图6-2　出口企业加工贸易程度（*pex*）的核密度估计

表6-3　不同贸易方式下出口企业的数目统计

企业类型	企业数目	所占比例
一般贸易出口企业	59974	48.63%
纯加工贸易出口企业	19377	15.71%
混合型贸易出口企业	43983	35.66%

　　图6-3呈现了总样本中加工贸易出口企业（这里把混合型贸易企业也当作加工贸易企业处理）和一般贸易出口企业在样本期间内平均技术升级程度的变化趋势。从中可以看出，加工贸易出口企业和一般贸易出口企业的平均技术升级程度虽然在样本期内都经历了较大幅度的波动，但是总体来看，都保持着上升的趋势。这说明样本期间，加工贸易出口企业和一般贸易出口企业的平均技术升级程度都有一定程度的提高。同时注意到除了2004年和2006年外，一般贸易出口企业的平均技术升级程度要显著高于加工贸易出口企业的平均技术升级程度。

　　图6-4和图6-5进一步呈现了东部沿海地区、中部地区、西部地区和东北地区这四个区域内加工贸易出口企业（这里把混合型贸易企业也当作加工贸易企业处理）和一般贸易出口企业在样本期间内平均技术升级程

度的变化趋势。图6-6和图6-7则进一步呈现了不同所有制下（国有企业、集体企业、私营企业和外资企业）加工贸易出口企业（这里把混合型贸易企业也当作加工贸易企业处理）和一般贸易出口企业在样本期间内平均技术升级程度的变化情况。

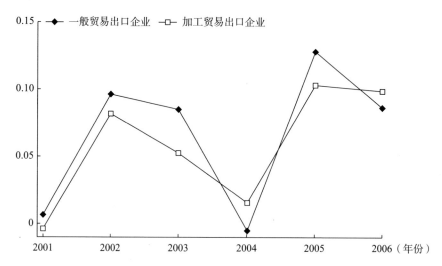

图6-3　加工贸易出口企业与一般贸易出口企业的平均技术升级程度

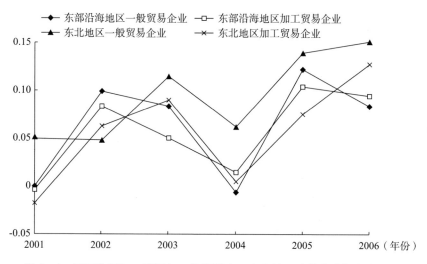

图6-4　不同地区加工贸易与一般贸易出口企业的平均技术升级程度（1）

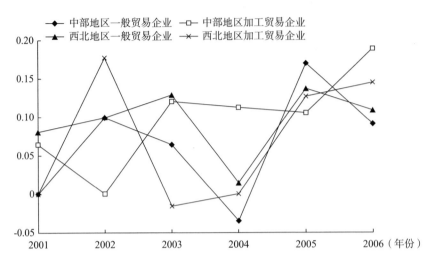

图 6 - 5　不同地区加工贸易与一般贸易出口企业的平均技术升级程度（2）

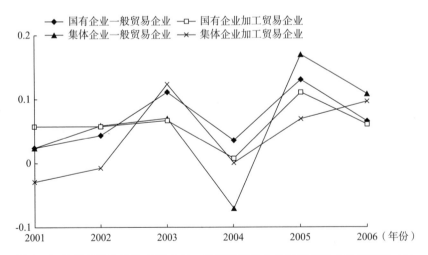

图 6 - 6　不同所有制下加工贸易与一般贸易出口企业的平均技术升级程度（1）

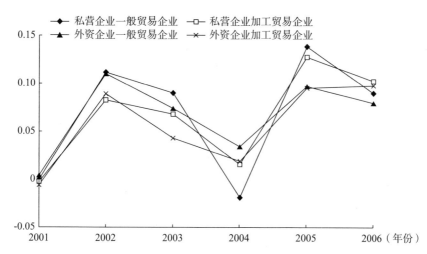

图 6 - 7　不同所有制下加工贸易与一般贸易出口企业的平均技术升级程度（2）

第三节　回归结果及其分析

在这一部分，本书将对（6 - 1）式和（6 - 2）式进行估计，并对相应的回归结果进行分析，本书将首先呈现基准回归结果，其次是分行业回归结果，再次是分地区估计结果，最后是分企业所有制类型估计结果，以及一些稳健性检验。

一　基准回归结果

表 6 - 4 报告了利用中国企业层面微观数据对（6 - 1）式和（6 - 2）式进行估计的基准回归结果，所有回归中均加入了年份虚拟变量。根据之前的估计方法介绍，为了解决可能存在的内生性问题，本章主要采用系统 GMM 估计（见表 6 - 4 中模型 1、模型 2），同时为了进行对比（或者是稳健性检验），表 6 - 4 模型 3 和模型 4 采用了差分 GMM 估计，模型 5 和模型 6 采用了固定效应估计。在模型 1 中，本书采用系统 GMM 方法对（6 - 1）式进行了估计，同时加入了要素密集度、企业年龄、平均工资、企业规模、政府补贴五个控制变量。回归结果显示 *process* 前面的系数显著为负，

这表明平均来看加工贸易出口企业的技术升级程度要显著低于一般贸易出口企业的技术升级程度，即对加工贸易出口方式的选择会对出口企业的技术升级产生显著的负影响，将不利于出口企业的技术升级。模型 2 采用系统 GMM 方法对（6-2）式进行了估计，同时也加入了多个控制变量。回归结果显示衡量出口企业加工贸易程度的变量（pex）其前面的系数也显著为负，这表明对于出口企业而言，其加工贸易出口程度越高将越不利于其进行较高程度的技术升级，即对加工贸易出口方式的选择会对出口企业的技术升级产生显著的负影响。这一点跟模型 1 所得的结论相一致。

表 6-4　基准回归结果

因变量 upgrading	系统 GMM		差分 GMM		固定效应	
	模型 1	模型 2	模型 3	模型 4	模型 5	模型 6
process	-0.1368** (0.057)	—	-0.3245** (0.154)	—	0.0176 (0.012)	—
pex	—	-0.1912*** (0.070)	—	-0.5215** (0.219)	—	0.0040 (0.018)
size	0.0268 (0.035)	0.0256 (0.031)	-0.1424 (0.137)	-0.0923 (0.127)	-0.2881*** (0.010)	-0.2874*** (0.010)
wage	0.1469*** (0.009)	0.0968*** (0.007)	0.2747*** (0.029)	-0.1515 (0.192)	0.1801*** (0.008)	0.1802*** (0.008)
kl	-0.0095*** (0.003)	-0.0084*** (0.002)	-0.0067 (0.041)	0.0790* (0.046)	-0.0617*** (0.006)	-0.0614*** (0.006)
subsidy	-0.1725* (0.093)	-0.1872 (0.118)	-0.1698** (0.074)	-0.1173 (0.084)	-0.1277* (0.072)	-0.1278* (0.072)
age	-0.0175 (0.014)	-0.0153 (0.014)	0.0106 (0.018)	0.0045 (0.018)	0.0247** (0.011)	0.0247** (0.011)
年份虚拟变量	是	是	是	是	是	是
AR（1）P 值	0.000	0.000	0.000	0.000	—	—
AR（2）P 值	0.000	0.000	0.000	0.000	—	—
AR（3）P 值	0.341	0.352	0.451	0.385	—	—
Sargan 检验（P 值）	0.246	0.318	0.263	0.136		

续表

因变量 upgrading	系统 GMM		差分 GMM		固定效应	
	模型 1	模型 2	模型 3	模型 4	模型 5	模型 6
Hansen 检验（P 值）	0.168	0.412	0.256	0.282	—	—
样本数	76856	76856	39102	39102	76856	76856
R^2	—	—	—	—	0.049	0.049

注：①所有回归中均加入了年份虚拟变量；②AR（1）P 值、AR（2）P 值、AR（3）P 值分别表示差分方程残差的一阶、二阶、三阶序列相关检验的 P 值，其原假设为无序列相关；③AB 检验结果显示模型 1 至模型 4 均存在一阶序列相关和二阶序列相关问题，但是并不存在三阶序列相关问题，因而可以使用变量滞后三阶及以上的值来作为工具变量；④Hansen 检验或 Sargan 检验在于检验工具变量是否存在过度识别，其原假设都为无过度识别，当干扰项存在异方差时，Hansen 检验相对更为可靠；⑤Hansen 检验结果显示模型 1 至模型 4 在 10% 的显著性水平下均不存在过度识别问题；⑥括号内的值为标准差，***、**、* 分别表示在 1%、5% 和 10% 水平上显著。下表同此。

本章采用的是系统 GMM 估计，为此有必要进行 AB 检验和 Hansen 检验。从 AB 检验（残差序列相关性检验）的结果来看，各差分方程残差均存在一阶序列相关和二阶序列相关问题，但是并不存在三阶序列相关问题 [AR（3）的 P 值大于 0.1，因而即使在 10% 的显著性水平也不能拒绝原假设]，因而可以使用变量滞后三阶及以上的值来作为工具变量。Sargan 检验和 Hansen 检验的结果显示即使在 10% 的显著性水平下，也不能拒绝原假设，这表明本章在系统 GMM 中所使用的工具变量是有效的，并不存在过度识别问题。

AB 检验和 Hansen 检验结果表明本章采用系统 GMM 估计并不存在任何问题。表 6 - 4 中模型 1 和模型 2 的回归结果一致表明出口贸易方式会对出口企业的技术升级产生显著的影响，具体而言，对加工贸易出口方式的选择将不利于出口企业的技术升级。而进一步结合第四章中的相关内容，出口企业的技术升级程度实际上指的是出口企业生产效率的边际提高量，并不是表示出口企业生产效率的绝对水平。可知，对加工贸易出口方式的选择将降低出口企业生产效率的边际提高量。进一步来看，随着出口企业加工贸易出口程度的增加，该出口企业生产效率的边际提高量会越来越低。

　　虽然之前的分析主要是基于系统 GMM 方法的估计结果（模型 1 和模型 2），但是本章仍然也使用了差分 GMM 方法（模型 3 和模型 4）和固定效应方法（模型 5 和模型 6）对（6-1）式和（6-2）式进行了估计，以作为稳健性检验。模型 3 的估计结果跟模型 1 十分类似，*process* 前面的系数仍然显著为负（在数值上存在一些差异，在系统 GMM 估计下，出口贸易方式对出口企业技术升级的影响系数为 -0.1368，比差分 GMM 估计下的 -0.3245 在绝对值上要小）。模型 4 的估计结果跟模型 2 也十分类似，衡量出口企业加工贸易程度的变量（*pex*）其前面的系数也显著为负（虽然在数值上也存在一些差异）。而模型 5 和模型 6 的估计结果显示 *process* 和 *pex* 前面的系数都不显著，这可能跟采用固定效应的估计方法有关，因为根据之前的分析，固定效应估计可能会存在相应的内生性问题。总体来看，采用 GMM 估计的回归结果表明出口贸易方式会对出口企业的技术升级产生显著的影响：出口企业的技术升级程度（出口企业生产效率的边际提高量）会随着出口企业加工贸易出口程度的增加而减小。

二　分行业回归

　　在这一部分，本书将分行业来对（6-1）式和（6-2）式进行估计以考察出口贸易方式对出口企业技术升级的影响是否会因行业的不同而存在较大差异。相应的回归结果报告在表 6-5、表 6-6、表 6-7、表 6-8 中。

表 6-5　分行业回归结果（1）

因变量 *upgrading*	食品饮料烟草		纺织业		服装		木材加工	
	模型 1	模型 2	模型 3	模型 4	模型 5	模型 6	模型 7	模型 8
process	-0.6042* (0.363)	—	-0.3447* (0.201)	—	-0.3118** (0.138)	—	-0.1921 (0.203)	—
pex	—	-0.7034* (0.389)	—	-0.5046* (0.278)	—	-0.2402* (0.139)	—	-0.0311 (0.239)
size	-0.2893 (0.462)	-0.7361 (0.494)	0.0759 (0.073)	-0.1834 (0.153)	0.1026* (0.054)	0.0294 (0.053)	-0.0432* (0.025)	-0.0618** (0.026)
wage	0.2521*** (0.057)	0.3446*** (0.108)	0.1695*** (0.047)	0.0892* (0.052)	0.1541 (0.147)	0.2971** (0.151)	0.2106*** (0.034)	0.1978*** (0.031)

续表

因变量 *upgrading*	食品饮料烟草		纺织业		服装		木材加工	
	模型 1	模型 2	模型 3	模型 4	模型 5	模型 6	模型 7	模型 8
kl	0.0838***	0.4348**	-0.0038	-0.0095	0.0051	-0.0119	0.0260**	0.0183
	(0.031)	(0.194)	(0.007)	(0.010)	(0.018)	(0.023)	(0.013)	(0.012)
subsidy	-0.8096	-0.3150	-1.4838**	-1.2461*	-2.5613*	-1.8039	-2.3110	-1.8269
	(3.928)	(4.594)	(0.690)	(0.721)	(1.417)	(1.407)	(1.487)	(1.636)
age	0.0174	0.0959	-0.0292	0.0766	-0.0016	0.0052	-0.0099	-0.0291
	(0.112)	(0.109)	(0.022)	(0.062)	(0.022)	(0.024)	(0.028)	(0.025)
年份虚拟变量	是	是	是	是	是	是	是	是
AR (1) P 值	0.000	0.000	0.000	0.000	0.000	0.000	0.000	0.000
AR (2) P 值	0.979	0.237	0.002	0.002	0.005	0.006	0.022	0.014
AR (3) P 值	0.252	0.225	0.781	0.710	0.374	0.393	—	—
Sargan 检验 (P 值)	0.861	0.825	0.823	0.296	0.159	0.197	0.389	0.356
Hansen 检验 (P 值)	0.791	0.566	0.615	0.257	0.124	0.146	0.247	0.349
样本数	2105	2105	9282	9282	14271	14271	2954	2954

注：①同表 6-4；②所有模型均采用系统 GMM 估计；③根据 AB 检验结果，模型 1 和模型 2 使用变量滞后二阶及以上的值来作为工具变量，其余模型则使用变量滞后三阶及以上的值来作为工具变量。

表 6-6　分行业回归结果（2）

因变量 *upgrading*	造纸印刷		石油炼焦		化学医药		非金属矿物	
	模型 1	模型 2	模型 3	模型 4	模型 5	模型 6	模型 7	模型 8
process	-0.3548***	—	0.0920	—	-0.2580*	—	-0.3642*	—
	(0.126)		(0.273)		(0.143)		(0.217)	
pex	—	-0.4214*	—	0.2758	—	-0.3934**	—	-0.3042*
		(0.221)		(0.296)		(0.197)		(0.165)
size	0.0419	0.0700	-0.0513	-0.0614	-0.2643**	-0.2170	0.0555	0.0686
	(0.050)	(0.053)	(0.046)	(0.055)	(0.131)	(0.158)	(0.069)	(0.087)
wage	0.2079***	0.2087***	0.2582**	0.2495*	0.0599**	0.0696**	-0.1986	0.0710
	(0.031)	(0.032)	(0.113)	(0.145)	(0.029)	(0.033)	(0.239)	(0.168)

续表

因变量 upgrading	造纸印刷		石油炼焦		化学医药		非金属矿物	
	模型1	模型2	模型3	模型4	模型5	模型6	模型7	模型8
kl	-0.0023 (0.010)	-0.0004 (0.010)	-0.1058* (0.058)	-0.1131* (0.064)	-0.0376*** (0.008)	-0.0418*** (0.008)	0.0316 (0.054)	-0.0180 (0.039)
$subsidy$	1.6765 (1.682)	0.9184 (1.846)	0.4263 (1.075)	1.1533 (1.525)	-0.5096 (0.381)	-0.6602 (0.545)	-0.2453 (1.480)	-0.3535 (1.206)
age	-0.0085 (0.024)	-0.0084 (0.027)	0.0004 (0.057)	0.0031 (0.065)	0.1078 (0.071)	0.0752 (0.088)	-0.0563 (0.039)	-0.0500 (0.042)
年份虚拟变量	是	是	是	是	是	是	是	是
AR (1) P 值	0.000	0.000	0.121	0.127	0.000	0.000	0.000	0.000
AR (2) P 值	0.025	0.020	0.213	0.246	0.626	0.523	0.048	0.053
AR (3) P 值	0.338	0.334	—	0.393	0.362	—		
Sargan 检验 (P 值)	0.840	0.804	0.148	0.258	0.084	0.105	0.881	0.173
Hansen 检验 (P 值)	0.457	0.303	0.929	0.940	0.097	0.235	0.889	0.480
样本数	4821	4821	93	93	11748	11748	3635	3635

注：①同表 6-4；②所有模型均采用系统 GMM 估计；③根据 AB 检验结果，模型 5 和模型 6 使用变量滞后二阶及以上的值来作为工具变量，模型 1、模型 2、模型 7 和模型 8 则使用变量滞后三阶及以上的值来作为工具变量；④模型 3 和模型 4 的 AB 检验结果表明并不存在一阶序列相关，其背后的原因可能是估计样本数太少，只有 93 个。

表6-7 分行业回归结果 (3)

因变量 upgrading	金属冶炼		金属制品业		机械设备		交通运输设备	
	模型1	模型2	模型3	模型4	模型5	模型6	模型7	模型8
$process$	-0.0244 (0.119)	—	-0.0965 (0.127)	—	0.0712 (0.0882)	—	-0.321 (0.197)	—
pex	—	-0.1270 (0.137)	—	-0.0266 (0.164)	—	0.286 (0.302)	—	0.1401 (0.231)
$size$	-0.0195 (0.060)	0.0078 (0.011)	0.1730* (0.095)	0.134* (0.0756)	0.00229 (0.00565)	0.00211 (0.00580)	-0.00173 (0.0105)	-0.0386*** (0.014)

续表

因变量 upgrading	金属冶炼		金属制品业		机械设备		交通运输设备	
	模型 1	模型 2	模型 3	模型 4	模型 5	模型 6	模型 7	模型 8
wage	0.2549*** (0.064)	0.1121*** (0.029)	0.1262*** (0.033)	0.109*** (0.0297)	0.0812*** (0.0159)	0.0722*** (0.0220)	0.163*** (0.0353)	0.1817*** (0.051)
kl	−0.0994 (0.074)	−0.0163 (0.016)	0.0034 (0.020)	−0.00457 (0.0176)	−0.0141 (0.00928)	−0.0200 (0.0159)	−0.0142 (0.0133)	−0.0191 (0.015)
subsidy	−0.0969*** (0.012)	−0.0537*** (0.014)	−1.1897 (1.144)	−1.286 (1.118)	−0.180* (0.0967)	−0.170* (0.0946)	−0.158 (0.748)	0.4490 (0.414)
age	0.0378 (0.043)	0.0005 (0.016)	−0.0587* (0.033)	−0.0414 (0.0266)	0.00603 (0.00761)	0.0103 (0.0104)	0.0446** (0.0174)	0.0756*** (0.016)
年份虚拟变量	是	是	是	是	是	是	是	是
AR（1）P 值	0.009	0.007	0.000	0.000	0.000	0.000	0.000	0.000
AR（2）P 值	0.515	0.491	0.112	0.115	0.947	0.978	0.095	0.081
AR（3）P 值	—	—	0.567	0.599	—	—	—	—
Sargan 检验（P 值）	0.806	0.754	0.444	0.191	0.625	0.504	0.128	0.142
Hansen 检验（P 值）	0.497	0.194	0.570	0.263	0.507	0.732	0.236	0.437
样本数	1480	1480	4569	4569	7421	7421	2843	2843

注：①同表 6 - 4；②所有模型均采用系统 GMM 估计；③根据 AB 检验结果，模型 1 至模型 6 都使用变量滞后二阶及以上的值来作为工具变量，模型 7 和模型 8 则使用变量滞后三阶及以上的值来作为工具变量。

表 6 - 8　分行业回归结果（4）

因变量 upgrading	武器弹药		电气机械		电子通信		仪器仪表	
	模型 1	模型 2	模型 3	模型 4	模型 5	模型 6	模型 7	模型 8
process	−0.1448 (0.123)		0.0982 (0.230)		0.0954 (0.379)		0.1566 (0.124)	
pex		0.3766 (0.333)		0.1618 (0.185)		−0.3012 (0.693)		0.1648 (1.975)
size	−0.0048 (0.018)	−0.0614* (0.036)	0.1198 (0.152)	−0.0489** (0.020)	−0.3400** (0.148)	−0.0067 (0.043)	−0.0171 (0.012)	0.2409 (0.994)

续表

因变量 upgrading	武器弹药		电气机械		电子通信		仪器仪表	
	模型1	模型2	模型3	模型4	模型5	模型6	模型7	模型8
wage	0.1212***	0.0757***	0.3261***	0.1185***	0.0451	0.0959	0.1895***	0.1129
	(0.032)	(0.039)	(0.093)	(0.023)	(0.035)	(0.575)	(0.048)	(0.228)
kl	-0.0149	-0.0171	0.0801	-0.0163	0.0045	0.0044	-0.1020***	0.0399
	(0.012)	(0.012)	(0.105)	(0.011)	(0.014)	(0.215)	(0.031)	(0.116)
subsidy	1.0287	2.6126**	8.3610	-0.8863	-1.3869	-4.2454	-0.4132	-0.6351
	(0.913)	(1.213)	(5.964)	(1.427)	(1.896)	(2.655)	(0.405)	(2.540)
age	-0.0059	-0.0077	-0.2229	0.0327	0.1489**	0.0231	-0.0611*	-0.0717
	(0.016)	(0.016)	(0.150)	(0.022)	(0.062)	(0.031)	(0.035)	(0.286)
年份虚拟变量	是	是	是	是	是	是	是	是
AR（1）P值	.	.	0.048	0.062	0.089	0.081	.	.
AR（2）P值	.	.	0.409	0.886	0.167	0.321	.	.
Sargan检验（P值）	.	.	0.143	0.136	0.216	0.185	.	.
Hansen检验（P值）	.	.	0.823	0.384	0.832	0.984	.	.
样本数	2873	2873	4001	4001	2523	2523	2237	2237

注：①同表6-4；②所有模型均采用系统GMM估计；③根据AB检验结果，模型3至模型6均使用变量滞后二阶及以上的值来作为工具变量；④模型1、模型2、模型7和模型8中AR（1）的P值、AR（2）的P值均为"."，可能的原因在于AB检验要对数据进行进一步的差分，从而出现样本量不够。

分行业回归的结果显示，食品饮料烟草、纺织业、服装、造纸印刷、化学医药、非金属矿物这6个行业中出口企业的出口贸易方式选择对其技术升级存在显著影响。无论是用 process 进行回归，还是用 pex 回归，其前面的系数都为负，且都通过了显著性检验，这表明对于这6个行业中的出口企业，加工贸易出口企业的技术升级程度要显著低于一般贸易出口企业的技术升级程度，即对加工贸易出口方式的选择会对出口企业的技术升级产生显著的负影响，会使得出口企业生产效率的边际提高量降低。具体而言，出口贸易方式选择对出口企业技术升级影响最大的行业为食品饮料烟草（*process* 前面的系数为 - 0.6042，而 *pex* 前面的系数为 - 0.7034）；利用 *process* 进行回归，出口贸易方式选择对出口企业技术升级影响最小的行业为化学医药（*process* 前面的系数为 - 0.258）；而使用 *pex* 进行回归，出口企业加工贸易程度增加对其技术升级影响最小的行业为服装（*pex* 前面的系数为 - 0.2402）。

至于木材加工、石油炼焦、金属冶炼、金属制品业、机械设备、交通运输设备、武器弹药、电气机械、电子通信、仪器仪表这 10 个行业，出口企业的出口贸易方式选择对其技术升级并不存在显著影响。无论是用 *process* 进行回归，还是用 *pex* 回归，其前面的系数都没有通过显著性检验，说明这 10 个行业中的加工贸易出口企业的技术升级程度与一般贸易出口企业的技术升级程度并不存在显著差异，即对加工贸易出口方式的选择并不会影响到出口企业的技术升级（即不会影响到出口企业生产效率的边际提高量）。

三　分地区估计

在这一部分，本书将分区域（东部沿海地区、中部地区、西部地区和东北地区）来对（6 - 1）式和（6 - 2）式进行估计以考察出口贸易方式对出口企业技术升级的影响是否会因地区的不同而存在较大差异。相应的回归结果报告在表 6 - 9 中。

从表 6 - 9 可以看出，模型 1 中 *process* 前面的系数为 - 0.1319，且通过了 5% 的显著性检验，这表明对于东部沿海地区的出口企业，平均来看加工贸易出口企业的技术升级程度要显著低于一般贸易出口企业的技术升级程度，即对加工贸易出口方式的选择会对出口企业的技术升级产生显著的负影响，将不利于出口企业的技术升级。模型 2 中 *pex* 前面的系数也显著为负，这表明对于东部沿海地区的出口企业而言，其加工贸易出口程度越高将越不利于其进行较高程度的技术升级，即对加工贸易出口方式的选择会对出口企业的技术升级产生显著的负影响。而从模型 3 至模型 8 的估计结果中可以看出无论是用 *process* 进行回归，还是用 *pex* 回归，其前面的系数都没有通过显著性检验，这表明对于东北地区、中部地区、西部地区这三个区域里的出口企业的出口贸易方式选择对其技术升级并不存在显著影响（出口贸易方式选择并不会影响到出口企业生产效率的边际提高量）。

纵观表 6-9 的回归结果，只有模型 1 和模型 2 的估计结果跟表 6-4 中的基准回归结果相一致，即只有东部沿海地区的出口企业的出口贸易方式会对出口企业的技术升级产生显著影响。这其实也很好理解，因为东部沿海地区经济发达、交通便利、开放程度高，大量出口企业（特别是加工贸易出口企业）都聚集在这个区域（模型 1 和模型 2 的回归样本数远远大于模型 3 至模型 8 的回归样本数），因而只在东部沿海地区发现出口企业的出口贸易方式会对其技术升级产生显著影响。

表 6-9　分地区回归结果

因变量 upgrading	东部沿海地区		东北地区		中部地区		西部地区	
	模型 1	模型 2	模型 3	模型 4	模型 5	模型 6	模型 7	模型 8
process	-0.1319** (0.058)	—	-0.2446 (0.3944)	—	-0.1170 (0.156)	—	-0.1321 (0.133)	—
pex	—	-0.1657** (0.073)	—	-0.3663 (0.5536)	—	-0.2755 (0.187)	—	-0.2876 (0.191)
size	0.0392 (0.032)	0.0320 (0.029)	-0.1206 (0.1262)	0.1365 (0.1623)	-0.1491 (0.501)	0.0386 (0.077)	0.1433 (0.125)	0.0423 (0.101)
wage	0.1471*** (0.008)	0.1464*** (0.008)	0.3631*** (0.0893)	0.3434*** (0.0960)	0.3716*** (0.125)	0.1683*** (0.032)	0.1246*** (0.040)	0.1416*** (0.036)
kl	-0.0074** (0.003)	-0.0092*** (0.003)	0.0452 (0.0702)	0.0423 (0.0909)	0.0006 (0.195)	-0.0340*** (0.013)	-0.0150 (0.016)	-0.0158 (0.014)
subsidy	-0.1488* (0.086)	-0.1433* (0.086)	-5.8745* (3.1763)	-5.7081** (2.7692)	-1.5571 (1.693)	-0.2028* (0.118)	-0.4302 (0.347)	-0.2923 (0.281)
age	-0.0213* (0.011)	-0.0180* (0.010)	0.2322 (0.1869)	0.3216 (0.1674)	-0.0275 (0.035)	-0.0382 (0.040)	-0.0779 (0.070)	-0.0247 (0.056)
年份虚拟变量	是	是	是	是	是	是	是	是
AR (1) P 值	0.000	0.000	0.000	0.000	0.000	0.001	0.000	0.000
AR (2) P 值	0.000	0.000	0.007	0.006	0.336	0.309	0.542	0.665

续表

因变量 upgrading	东部沿海地区		东北地区		中部地区		西部地区	
	模型 1	模型 2	模型 3	模型 4	模型 5	模型 6	模型 7	模型 8
AR（3）P 值	0.115	0.127	0.072	0.057	—	—	—	—
AR（4）P 值	0.951	0.762	—	—	—	—	—	—
Sargan 检验（P 值）	0.593	0.426	0.116	0.118	0.112	0.100	0.835	0.755
Hansen 检验（P 值）	0.481	0.409	0.124	0.124	0.118	0.405	0.633	0.650
样本数	67625	67625	3199	3199	3949	3949	2083	2083

注：①同表 6－4；②所有模型均采用系统 GMM 估计；③根据 AB 检验结果，模型 5 至模型 8 使用变量滞后二阶及以上的值来作为工具变量，模型 1 和模型 2 则使用变量滞后三阶及以上的值来作为工具变量，模型 3 和模型 4 则使用变量滞后四阶及以上的值来作为工具变量。

四　分企业所有制类型估计

中国独特的体制设置使得所有制结构成了影响中国企业绩效表现的重要因素（Hu 和 Liu，2014）。在这一部分，为了考察不同所有制类型出口企业的出口贸易方式对其技术升级的影响是否会存在差异，本书将利用国有企业、集体企业、私营企业和外资企业所组成的子样本分别对（6－1）式和（6－2）式进行估计，相应的回归结果报告在表 6－10 中。

从表 6－10 中可以看出，模型 7 中 process 前面的系数为 -0.4987，且通过了 5% 的显著性检验，这表明对于外资企业而言，加工贸易出口企业的技术升级程度要显著低于一般贸易出口企业的技术升级程度，即对加工贸易出口方式的选择会对出口企业的技术升级产生显著的负影响，将不利于出口企业的技术升级。模型 8 中 pex 前面的系数为 -0.1837，且通过了 5% 的显著性检验，这表明对于外资企业而言，其加工贸易出口程度越高将越不利于其进行较高程度的技术升级，即对加工贸易出口方式的选择会对出口企业的技术升级产生显著的负影响。而从模型 1 至模型 6 的估计结果中可以看出无论是用 process 进行回归，还是用 pex 回归，其前面的系数都没有通过显著性检验，这表明对于国有企业、集体企业和私营企业而言，出口企业的出口贸易方式对其技术升级并不存在显著影响（出口贸易方式选择并不会影响到出口企业生产效率的边际提高量）。

表 6-10　分企业所有制类型回归结果

因变量 upgrading	国有企业		集体企业		私营企业		外资企业	
	模型 1	模型 2	模型 3	模型 4	模型 5	模型 6	模型 7	模型 8
process	-0.0198 (0.128)	—	0.0038 (0.215)	—	0.0297 (0.063)	—	-0.4987** (0.250)	—
pex	—	-0.0434 (0.250)		-0.1695 (0.165)		0.1053 (0.142)		-0.1837** (0.091)
size	0.0654 (0.066)	0.0400 (0.081)	0.0255 (0.120)	-0.0572 (0.083)	-0.0334*** (0.006)	-0.0348*** (0.006)	-0.0065 (0.160)	0.0010 (0.038)
wage	0.1659*** (0.032)	0.1736*** (0.033)	0.3721*** (0.083)	0.1736*** (0.032)	0.1447*** (0.010)	0.1441*** (0.010)	0.1088*** (0.022)	0.1155*** (0.010)
kl	-0.0061 (0.020)	-0.0147 (0.022)	0.0541 (0.060)	-0.0077 (0.015)	-0.0063* (0.004)	-0.0063* (0.004)	-0.0192 (0.018)	-0.0154*** (0.005)
subsidy	-0.5417* (0.305)	-0.5203* (0.299)	-6.2910** (2.826)	-2.7022** (1.331)	-0.1110** (0.050)	-0.1217** (0.050)	-1.0954** (0.529)	-0.8902** (0.441)
age	0.0113 (0.034)	0.0229 (0.039)	0.0254 (0.048)	-0.0016 (0.021)	0.0044 (0.004)	0.0044 (0.004)	0.0378 (0.054)	-0.0053 (0.015)
年份虚拟变量	是	是	是	是	是	是	是	是
AR (1) P 值	0.010	0.010	0.001	0.001	0.000	0.000	0.000	0.000
AR (2) P 值	0.341	0.340	0.922	0.984	0.010	0.010	0.000	0.000
AR (3) P 值	—	0.710	0.715	0.593	0.679	—	—	—
Sargan 检验（P 值）	0.373	0.605	0.223	0.603	0.205	0.306	0.293	0.740
Hansen 检验（P 值）	0.684	0.736	0.532	0.886	0.111	0.223	0.136	0.623
样本数	3438	3438	3018	3018	32801	32801	37182	37182

注：①同表 6-4；②所有模型均采用系统 GMM 估计；③根据 AB 检验结果，模型 1 至模型 4 使用变量滞后二阶及以上的值来作为工具变量，模型 5 至模型 8 则使用变量滞后三阶及以上的值来作为工具变量。

为什么只在外资企业中发现出口企业的出口贸易方式会对其技术升级产生显著影响，而在国有企业、集体企业和私营企业中并没有发现？这可能跟我国加工贸易的行为主体有关。张少华和蒋伟杰（2014）指出当前中国加工贸易的微观主体是以外资企业为主，1995 年，外资企业加工贸易在全国总加工贸易中所占的比例为 59.9%，但是到 2008 年，这个比例已经高达 84.5%。考虑到大量加工贸易出口企业为外资企业，为此，也就不难理解为什么只在外资企业中发现出口企业的出口贸易方式会对其技术升级产生显著影响。

五　更多稳健性检验结果

企业生产函数为超越对数形式。之前回归分析中所用到的衡量出口企业技术升级程度的指标依赖对 C－D 型企业生产函数的估计［本书用企业当年 TFP 的对数减去企业上一年 TFP 的对数来构造衡量企业技术升级程度的指标，为了得到企业的 TFP，本书估计了形如（4－2）式 C－D 型企业生产函数］。之前的回归结果是否过于依赖使用 C－D 形式的企业生产函数来构造衡量出口企业技术升级程度的指标？跟第四章中相关稳健性检验的做法类似，这里用前面所介绍的结构模型方法对（4－11）式所示的超越对数生产函数进行了估计，利用估计出来的超越对数生产函数重新计算了企业的 TFP，并据此重新构建了衡量出口企业技术升级程度的指标。利用新计算出来的技术升级衡量指标，本书重新对（6－1）式和（6－2）式进行了估计，相应的回归结果报告在表 6－11 的模型 1 和模型 2 中。可以看出，表 6－11 中模型 1 和模型 2 的回归结果跟表 6－4 中的基准回归结果十分类似，*process* 和 *pex* 前面的系数都显著为负，即对加工贸易出口方式的选择将不利于出口企业的技术升级（会降低出口企业生产效率的边际提高量）。这在一定程度上表明之前的回归结果相当稳健，并不依赖使用 C－D 形式的企业生产函数来构造出口企业的技术升级衡量指标。

额外的出口企业技术升级衡量。之前都是利用出口企业的 TFP 来构建衡量技术升级的指标，跟第四章中相关稳健性检验的做法类似，在这一部分本书将利用出口企业的劳动生产率来构建衡量其技术升级程度的指标。利用新构建出来的衡量出口企业技术升级的指标，本书重新对（6-1）式和（6-2）式进行了估计以检验本章之前的回归结果是否稳健。相应的回归结果报告在表6-11的模型3和模型4中。容易看出，表6-11中模型3和模型4的回归结果跟表6-4的基准回归结果十分类似，$process$ 和 pex 前面的系数仍然都显著为负，即对加工贸易出口方式的选择将不利于出口企业的技术升级（会降低出口企业生产效率的边际提高量）。这在一定程度上表明即使用劳动生产率来构建衡量出口企业技术升级程度的指标，之前的回归结果依然相当稳健。

只考虑来料加工与进料加工两种加工贸易形式。之前在定义企业是否为加工贸易出口时，考虑了16种加工贸易类型，只要企业出口的贸易方式为16种中的任意一种，本书就认为该企业的出口为加工贸易方式出口。不过正如余淼杰（2011）所言，在中国现有的16种加工贸易类型中，每种加工贸易类型都有各自的特点，而来料加工和进料加工则是这16种类型中最重要的两种。如果只考虑用来料加工与进料加工这两种最主要的加工贸易形式来定义企业是否为加工贸易出口，那么之前的主要结论是否依然成立？为此，按照这个思路，本书重新构建了两个新变量$process\_$和$pex\_$。$process\_$ 和 $pex\_$ 在构建过程中只考虑了来料加工与进料加工这两种最主要的加工贸易形式，而并没有考虑其他加工贸易类型。除此之外，$process\_$ 的定义和 $process$ 的定义完全相同，$pex\_$ 的定义和 pex 的定义完全相同。使用新构建的变量 $process\_$ 和 $pex\_$，本书重新对（6-1）式和（6-2）式进行了估计，表6-11的模型5和模型6报告了相应的回归结果。可知，表6-11中模型5和模型6的回归结果跟表6-4的基准回归结果十分类似，$process\_$ 和 $pex\_$ 前面的系数仍然都显著为负，即对加工贸易出口方式的选择将不利于出口企业的技术升级（会降低出口企业生产效率的边际提高量）。这在一定程度上表明即使在定义加工贸易出口企业时只考虑来料加工与进料加工这两种最主要的加工贸易形式，之前的回归结果依然相当稳健。

表 6 – 11　更多稳健性检验估计结果

因变量 upgrading	使用超越对数生产函数来估算企业 TFP		用劳动生产率来构建衡量技术升级的指标		只考虑来料加工与进料加工两种加工贸易形式		平衡面板（只保留连续存在的企业）	
	模型 1	模型 2	模型 3	模型 4	模型 5	模型 6	模型 7	模型 8
process	− 0.1462***	—	− 0.6186**	—	—	—	− 0.1233*	—
	(0.057)		(0.263)				(0.069)	
pex	—	− 0.1936***	—	− 0.8450**	—	—	—	− 0.0430
		(0.074)		(0.367)				(0.089)
process_	—	—	—	—	− 0.1397**	—	—	—
					(0.059)			
pex_	—	—	—	—	—	− 0.1489**	—	—
						(0.072)		
size	0.0137	0.0007	0.0095	− 0.0231	0.0289	0.0144	0.0140	− 0.0010
	(0.034)	(0.031)	(0.015)	(0.017)	(0.036)	(0.032)	(0.028)	(0.021)
wage	0.1405***	0.1406***	0.1717***	0.2448***	0.1470***	0.1456***	0.1073	0.2078*
	(0.009)	(0.008)	(0.024)	(0.021)	(0.009)	(0.008)	(0.105)	(0.111)
kl	− 0.0248***	− 0.0273***	− 0.0042	0.0055	− 0.0098***	− 0.0116***	0.0098	0.0397
	(0.003)	(0.003)	(0.006)	(0.007)	(0.003)	(0.003)	(0.028)	(0.034)
subsidy	− 0.1746*	− 0.1680*	− 0.1791	− 0.2088*	− 0.1730*	− 0.1631*	− 0.0956***	− 0.0743***
	(0.097)	(0.098)	(0.133)	(0.123)	(0.092)	(0.090)	(0.023)	(0.020)
age	− 0.0119	− 0.0059	− 0.0310**	− 0.0185	− 0.0181	− 0.0118	0.0258	0.0060
	(0.014)	(0.013)	(0.013)	(0.013)	(0.015)	(0.013)	(0.048)	(0.015)
年份虚拟变量	是	是	是	是	是	是	是	是
AR（1）P 值	0.000	0.000	0.000	0.000	0.000	0.000	0.000	0.000
AR（2）P 值	0.000	0.000	0.000	0.000	0.000	0.000	0.000	0.000
AR（3）P 值	0.449	0.478	0.575	0.912	0.337	0.365	0.086	0.119
Sargan 检验（P 值）	0.288	0.211	0.195	0.638	0.250	0.191	0.199	0.141
Hansen 检验（P 值）	0.196	0.313	0.219	0.721	0.157	0.214	0.159	0.161
样本数	76856	76856	86289	86289	76856	76856	11834	11834

注：①同表 6 – 4；②所有模型均采用系统 GMM 估计；③根据 AB 检验结果，所有模型均使用变量滞后三阶及以上的值来作为工具变量。

平衡面板（只保留样本中连续存在的企业）。之前的回归样本是非平衡面板，其中很多出口企业只在样本中出现了 1 次或 2 次。为了检验这些在样本中存活较短的出口企业是否会对本章之前的主要回归结果产生重大影响，这里只保留了原样本中连续存在的出口企业以构建平衡面板。使用平衡面板本书重新对（6 - 1）式和（6 - 2）式进行了估计，表 6 - 11 的模型 7 和模型 8 报告了相应的回归结果。可知，表 6 - 11 中模型 7 的估计结果跟表 6 - 4 的基准回归结果十分类似，*process* 前面的系数依然显著为负。模型 8 的估计结果显示，*pex* 前面的系数虽然并不显著，但仍为负。平衡面板的回归结果表明之前的主要结论依然比较稳健。

第四节　政策建议讨论

上述研究表明对加工贸易出口方式的选择会对我国出口企业的技术升级产生显著的负影响，说明从事加工贸易出口的企业可能相对较为缺乏技术升级的动力和能力，在这种情况下，大量出口企业过于依靠加工贸易方式进行出口显然对于我国整体出口企业技术升级水平的提高是不利的。有鉴于此，从出口贸易方式的角度，政府可以采取以下相关政策措施来更好地促进出口企业的技术升级。

首先，政府应该适时地取消对加工贸易的政策优惠（包括出口退税等），对加工贸易和一般贸易实施平等待遇，不能一味地鼓励加工贸易的发展。改革开放之后，中国多个部门相继出台了多项针对加工贸易发展的优惠政策，这些优惠政策（特别是出口退税政策）的出台对于促进加工贸易的发展起到了极大的推动作用。范子英和田彬彬（2014）认为中国差异化的出口退税政策（即针对加工贸易和一般贸易制定了完全不同的出口退税政策）是我国加工贸易快速发展的重要原因。当前这些对加工贸易的政策优惠（包括出口退税等），大部分仍然存在。而大量加工贸易出口企业的兴起与发展对出口企业的技术升级是不利的，因为本章的实证结果表明我国加工贸易出口企业的技术升级程度要显著低于一般贸易出口企业的技术升级程度，即对加工贸易出口方式的选择会对我国出口企业的技术升级产生显著的负影响。因而从技术升级的角度来看，政府不应一味盲目地鼓励加工贸易的发展。虽然考虑到融资约束等外在环境以及内在的生产率水平，中国企业选择加工贸易方式具有必然性（龙慧，2013），完全抛弃加工贸易政策、完全限制加工贸易发展可能并不是最佳选择，但是根据实际条件适时地取消对加工贸易的政策优惠，对加工贸易和一般贸易实施平等待遇，而不片面偏重于加工贸易的发展，这无疑十分必要。

其次，对于加工贸易出口企业，政府应该创造有利条件，鼓励并引导其向一般贸易出口企业转型。由于加工贸易出口企业的技术升级程度要显著低于一般贸易出口企业的技术升级程度，政府通过创造有利条件，鼓励并引导加工贸易出口企业向一般贸易出口企业转型，对提高我国出口企业的整体技术水平无疑具有十分重要的意义。尽管加工贸易出口企业自身有向一般贸易出口企业转型的内在动力①，但是往往外部原因（金融环境、法制法规等不健全等）使得其转型难以实质性推进，这里就需要政府有所作为。具体来看，政府可以加大对加工贸易出口企业的资金支持力度，为其转型提供良好的金融服务环境；政府也应尽快完善相应的法律法规，提供良好的法制环境，打通加工贸易出口企业向一般贸易出口企业转变的法制障碍等。

最后，虽然总体来看对加工贸易出口方式的选择会对我国出口企业的技术升级产生显著的负影响，但是对于不同行业的出口企业、不同地区的出口企业以及不同所有制类型的出口企业，出口贸易方式选择对出口企业技术升级的影响并不完全相同。比如出口企业加工贸易程度的增加对外资

---

① 企业在不同发展时期的贸易方式选择往往表现出一定的周期性，这与企业技术、资金、经验的累积有关。加工贸易、一般贸易所需资本规模与生产技术是递增的，如 Manova 和 Yu（2012）所言，同一时段内两种贸易方式利润递增，则原先采取低级贸易方式的企业在其技术提升、资金规模扩大后会逐渐增加一般贸易比重。同时正如马光明（2014）所言，加工贸易、一般贸易对企业贸易经验、海外营销渠道等的要求也是逐渐递增的，不少企业在进军国际市场初期往往选择手续较为简单、责任较轻的简单的加工贸易。随着国际贸易经验的不断积累，进入国际市场的学习成本开始下降，更多企业便可能开始增加较为复杂但利润较高的一般贸易比重。

企业中出口企业生产效率的边际提高量影响最大，对国有企业、集体企业和私营企业中出口企业生产效率的边际提高量没有显著影响。又如出口企业加工贸易程度的增加对东部沿海地区出口企业生产效率的边际提高量影响最大，而对东北地区、中部地区和西部地区出口企业生产效率的边际提高量没有显著影响。因此，政府在采取相关措施促进加工贸易出口企业向一般贸易出口企业转型时不应该对所有出口企业实施"一刀切"，对不同行业、不同地区以及不同所有制类型的出口企业应该各有侧重。

第五节　本章小结

作为企业异质性出口特征之一的出口贸易方式，通过影响出口企业的利润率和出口固定成本，最终会影响到出口企业的技术升级。而利用中国企业层面的微观数据，通过建立相应的面板数据回归模型，利用系统 GMM 估计方法，本章进一步实证检验了出口贸易方式对中国出口企业技术升级的影响。

总体来看，出口贸易方式选择对我国出口企业的技术升级存在显著的影响。我国加工贸易出口企业的技术升级程度要显著低于一般贸易出口企业的技术升级程度，即对加工贸易出口方式的选择会对我国出口企业的技术升级产生显著的负影响。随着出口企业加工贸易出口程度的增加，出口企业生产效率的边际提高量会越来越低（即选择越来越低程度的技术升级）。而一系列的稳健性检验（包括超越对数形式生产函数、用劳动生产率来构建出口企业技术升级的衡量指标、只考虑来料加工和进料加工两种加工贸易形式、平衡面板等）都表明本章的主要实证结论相当稳健。分行业估计的结果显示，只有食品饮料烟草、纺织业、服装、造纸印刷、化学医药、非金属矿物这 6 个行业中出口企业的出口贸易方式选择对其技术升级存在显著影响。而分地区估计的结果显示，出口贸易方式仅对东部沿海地区出口企业的技术升级存在显著影响。分不同所有制类型估计的结果表明，出口贸易方式选择对出口企业技术升级的影响只在外资企业中显著存在。

　　本章的研究还具有十分重要的现实意义。长期以来，学术界关于发展加工贸易的问题一直就是褒贬不一。一方面对加工贸易的指责不断：加工贸易容易使一国被锁定在全球价值链中的低端环节（唐海燕和张会清，2009）；相比于一般贸易而言，加工贸易容易使一国的产业结构固化，不利于产业结构的优化调整（于津平和邓娟，2014）；同时加工贸易"两头在外"和"大进大出"的特点会加大一国整体贸易所面临的国际风险等。另一方面，不可否认，加工贸易在发挥我国劳动力比较优势、解决相关就业问题上起到了十分重要的作用；加工贸易不仅加快了中国工商业资本积累，而且也推动了中国经济向市场经济的转变（赵玉敏，2012）。刘国晖和张如庆（2014）更是指出无论是在现阶段还是从今后一段时期来看，我国经济的稳定健康发展依然离不开加工贸易，加工贸易还将继续在我国经济发展过程中扮演非常重要的角色。而本章的研究表明加工贸易出口企业的技术升级程度要显著低于一般贸易出口企业的技术升级程度。因而从技术升级的角度，本章为重新认识加工贸易的发展提供了新的视角。

第七章
市场垄断程度与出口企业技术升级

　　本章集中考察了市场垄断程度对出口企业技术升级的影响。在内生的企业技术升级框架下，作为企业异质性出口特征之一的市场垄断程度，通过作用于行业间产品的替代弹性、行业生产固定成本和行业进入固定成本，最终会影响到出口企业的技术升级。利用中国企业层面的微观数据，通过建立相应的面板数据回归模型，本章进一步实证检验了市场垄断程度对中国出口企业技术升级的影响。具体而言，本章包含以下六个方面的内容：第一节介绍了市场结构如何影响企业的技术创新，因为企业技术升级作为企业技术创新下一个更为狭隘的概念，分析市场结构对企业技术创新的影响将有利于我们更好地认识市场结构如何影响企业的技术升级；第二节在异质性企业贸易模型框架下对市场垄断程度如何影响出口企业技术升级进行了理论分析；第三节介绍了基于面板数据的实证框架设定，包括计量模型的具体设定、相关变量指标的选取、估计方法的介绍以及相应变量的描述性统计等；第四节是实证结果的呈现与分析；第五节是如何以更为合理的市场结构促进出口企业技术升级的政策建议讨论；第六节是本章小结。

第一节　市场结构影响企业技术创新

　　当前经济发展过程中，技术创新的作用越来越重要。从宏观层次来说，技术创新是推动产业结构升级、实现经济长期增长的力量源泉；从微观层次来看，技术创新是企业实现可持续发展的决定性因素。企业作为创新活动的主体，其过程是在一定的市场环境中进行的，不同的市场结构显然会影响到企业的技术创新活动。在产业组织理论中，所谓市场结构其实就是对市场中卖者相互之间、买者相互之间、卖者与买者之间等诸关系的描述，其具体要素包括产品差异程度、市场垄断程度、进入与退出壁垒等。一般而言，根据市场结构的不同，存在完全垄断、完全竞争、垄断竞争和寡头垄断（不完全竞争）四种不同的基本市场类型，不同的市场类型对企业技术创新的作用存在显著差异（见表 7 – 1）。

表 7 – 1　产业组织理论下的四种基本市场类型

市场类型	市场垄断程度	产品差异程度	厂商数目	进入与退出壁垒
完全竞争	最小（无）	无差异	很多	无
垄断竞争	较小	差异性最大	较多	较小
寡头垄断	较大	差异性较小	较少	较高
完全垄断	最大	产品唯一	一个企业	最高

1. 完全垄断市场与企业技术创新

完全垄断市场对企业技术创新既会产生有利影响，同时也会产生不利影响。一方面，完全垄断的市场结构具有很高的进入壁垒，其他企业很难对创新活动进行模仿，因而完全垄断的市场结构能够延长企业因技术创新所获得超额利润的持续时间，有利于提高企业技术创新的积极性。熊彼特就曾指出，垄断更加有利于企业的技术创新，虽然短期来看完全竞争的市场结构可能更有效率，但是由于完全垄断的市场结构通过阻止其他企业的进入能够较好地保护企业进行技术创新所带来的超额收益，因而从长期来看，垄断对企业技术创新会更有效率。另一方面，完全垄断的市场结构也会对企业技术创新产生不利的影响，表现为竞争效应的缺乏很可能会使企业丧失技术创新的动力。具体来看，完全垄断的市场结构缺乏市场竞争，因而也不存在所谓的竞争效应，垄断企业即使不提高生产效率也能获取较高的垄断利润，在这种情况下，企业很可能会丧失技术创新的动力。

2. 完全竞争市场与企业技术创新

与完全垄断市场一样，完全竞争市场对企业技术创新的影响也是复杂的。一方面，完全竞争市场中企业竞争十分激烈，竞争效应的存在有利于提高企业进行技术创新的积极性。竞争是一个优胜劣汰的过程，在完全竞争市场中，面对激烈的竞争，企业为了生存下来必须通过不断降低生产成本、改进生产技术等来提高自身的竞争能力。而技术创新作为企业提高其竞争能力最重要的途径之一，从某种程度上来看，企业要在激烈的竞争环境中生存下来并谋得发展最终还是要依靠不断的技术创新。因此完全竞争市场中竞争效应的存在有利于提高企业进行技术创新的积极性。另一方面，完全竞争的市场结构也会对企业的技术创新产生不利的影响，完全竞争市场的重要特征包括企业生产的产品相同、信息具有完全性、企业之间采取价格竞争方式等，这样的市场特征虽然可以带来较高的市场效率，但是也非常容易使企业的技术创新成为一种准公共品，企业进行技术创新的收益无法得到有效保障，这无疑会降低企业技术创新的积极性。因而长期来看，完全竞争市场可能并不利于企业创新活动的开展。

3. 不完全竞争市场与企业技术创新

理论界普遍认为，介于完全竞争和完全垄断之间的不完全竞争市场（包括垄断竞争和寡头垄断）最有利于企业的技术创新。因为它既保有了上述两种市场对企业技术创新的积极作用，同时又摒弃了上述两种市场对企业技术创新的消极作用。在不完全竞争市场中，一方面企业拥有一定的垄断势力，可以较好地保障其技术创新的收益，因而对垄断前景的追求会推动企业进行技术创新，即企业可能会为了追求技术创新所带来的垄断利润而进行技术创新；另一方面，企业又面临一定的竞争压力，竞争效应的存在也会在一定程度上迫使企业进行技术创新，即企业为了在激烈的竞争环境中生存下来可能会不断进行技术创新来提高自身的竞争能力。因此相对于完全垄断市场和完全竞争市场，不完全竞争市场对企业技术创新具有更大的推动作用。

尽管理论界比较一致地认为，在四种最基本的市场类型中，介于完全竞争和完全垄断之间的不完全竞争市场（包括垄断竞争和寡头垄断）最有利于企业的技术创新。但是在垄断与竞争这两种市场形态中，究竟哪种更有利于企业的技术创新？已有关于到底是竞争有利于企业技术创新还是垄断有利于企业技术创新的文献中，既有支持垄断有利于企业技术创新的，如 Jadlow（1981）、Tandon（1984）、戚聿东（1998）、陈泽聪和徐钟秀（2006）等；也有支持竞争有利于企业技术创新的，如 Raider（1998）、Blundell 等（1999）、Wickelgren（2004）、王子君（2002）、李国璋和白明（2006）、洪银兴（2010）、李静和谢润德（2014）。同时也有一些学者如 Scherer（1967）、Aghion 等（2005）、彭征波（2007）、聂辉华等（2008）、寇宗来和高琼（2013）等指出，市场结构与企业技术创新间并不是简单的线性关系，而是存在"倒 U 形"关系，即随着市场竞争性的由强至弱，企业的技术创新活动会先上升，后下降。

虽然在垄断与竞争两种市场形态中，究竟哪种更有利于企业的技术创新，学者们的观点至今仍然莫衷一是，但是一个不争的事实是：市场结构会显著影响到企业的技术创新。

第二节　市场垄断程度影响出口企业的技术升级
——基于异质性企业贸易模型的分析

出口企业的生产活动、技术升级等都是在一定的市场环境下进行的，不同的市场结构具有不同的特征，其中市场垄断程度从中观层面（即行业层面）衡量了市场内出口企业所面临的竞争状况。由于不同类型出口企业（比如不同行业的出口企业）所处的市场环境并不完全相同，因而不同类型出口企业所面临的市场垄断程度并不一样。从这个角度来看，出口企业所面临的市场垄断程度构成了出口企业间的重要差异，理应是出口企业重要的异质性出口特征之一。根据第三章的相关分析，企业的异质性出口特征会影响到出口企业的技术升级，本章将着重分析作为出口企业重要异质性出口特征之一的市场垄断程度对出口企业技术升级的影响。

　　根据第二章的相关内容，企业技术升级实际指的是企业通过从事研究、开发等活动或采用新生产技术降低了生产成本，改进了现有生产技术，最终表现为生产效率（即生产率）的提高。企业技术升级是企业技术创新下一个更为狭隘的概念，上一节关于市场结构如何影响企业技术创新的研究为我们认识市场垄断程度对企业技术升级的影响提供了有益的洞见。接下来，本章将在异质性企业贸易模型的框架下分析市场垄断程度对出口企业技术升级的影响。

　　本章的理论分析主要是延续第三章的基本分析框架。本章的理论模型在消费与偏好、生产技术、企业的进入与退出、企业技术升级的引入、贸易的引入等这些方面的设定都与第三章中的设定相同。在第三章的分析框架下，每个企业在利润最大化的条件下选择自身最优的技术升级程度［参见第三章中的（3-3）式、（3-4）式、（3-6）式、（3-7）式］，这决定了企业选择的技术升级程度将内生于自身的利润函数，即企业的技术升级程度是内生的。

　　而不同行业市场垄断程度的不同一方面会使得不同行业间产品的替代弹性（σ_j）不同，另一方面还会使得不同行业生产的固定成本（$f_{x,j}$）和行业进入固定成本（$f_{E,j}$）不一样，比如一般来说市场垄断程度较高的行业，产品的替代弹性会较小，进入该行业的固定成本也会相对更大。因而市场垄断程度的不同通过作用于产品间的替代弹性（σ_j）、生产的固定成本（$f_{x,j}$）和行业进入固定成本（$f_{E,j}$）等因素会对出口企业的利润函数产生重大影响。而在内生的企业技术升级框架下，出口企业利润函数的变化无疑会影响到出口企业所选择的技术升级程度。

　　这可以从均衡时出口企业的技术升级函数表达式中看出来，通过对第三章中理论模型均衡的求解，可以得到行业 j 里出口企业 i（生产率为 φ_i）所选择的最佳技术升级程度：

$$\gamma_{ij}^x = (1 + n_j\tau_j^{1-\sigma_j})(2f_j)^{\frac{1}{2}}\left(\frac{k_j + 1 - \sigma_j}{\sigma_j - 1} \cdot \frac{\delta f_{E,j}}{f_{x,j}}\right)^{\frac{\sigma_j-1}{2k_j}}\left[\left(\frac{2n_j\tau_j^{1-\sigma_j} + n_j^2\tau_j^{2-2\sigma_j}}{f_{x,j}}f_j\right)^{\frac{k_j}{\sigma_j-1}} + \frac{f_j}{f_{x,j}}\right]^{-\frac{\sigma_j-1}{2k_j}}$$

$$(7-1)$$

（7－1）式表明行业 j 里出口企业 i 的技术升级 γ_{ij}^* 取决于 σ_j, f_j, $f_{E,j}$, $f_{x,j}$, n_j, τ_j 等一系列变量。均衡时出口企业所选择的技术升级程度明显受到产品间的替代弹性（σ_j）、生产的固定成本（$f_{x,j}$）和行业进入固定成本（$f_{E,j}$）的影响。

从这个角度来看，作为企业异质性出口特征之一的市场垄断程度显然会影响到出口企业的技术升级。市场垄断程度对出口企业技术升级的具体影响机制可参见图 7－1。

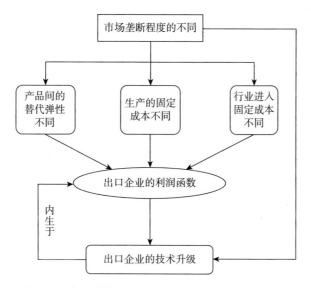

图 7－1 市场垄断程度影响出口企业技术升级的机制

第三节 基于面板数据的实证框架设定

根据之前的相关分析，市场垄断程度通过影响产品间的替代弹性、生产的固定成本和行业进入固定成本等因素，最终会影响到出口企业的技术升级。然而现实是否如此？这急需用相关数据来对此进行检验。为此，从这一部分开始，本书将利用中国企业层面的微观数据，通过建立相应的面板数据回归模型来分析市场垄断程度对出口企业技术升级的影响。这里将先介绍实证模型的设定、相关变量指标的选取以及估计方法；接着介绍如何使用 De Loecker 和 Warzynski（2012）提出的最新方法来估算企业的加成率（即 *markup*），因为本书将用此来构建衡量市场垄断程度的指标；然后再介绍相应变量的描述性统计；而实证结果的分析与讨论将单独放在第四节。

一 实证模型的设定、变量选取与估计方法

为了更好地实证考察市场垄断程度对出口企业技术升级的影响，参见之前的相关分析，本章设定如下的回归模型：

$$upgrading_{ijt} = \beta_0 + \beta_1 markup\_h_{jt} + \delta X_{ijt} + \lambda_i + \upsilon_t + \mu_{ijt} \qquad (7-2)$$

其中，被解释变量 $upgrading_{ijt}$ 为行业 j 中的企业 i 在时期 t 所选择的技术升级程度的对数；$markup\_h_{jt}$ 衡量了行业 j 在时期 t 的市场垄断程度，是本章所关注的核心解释变量；X_{it} 表示其他控制变量的集合，这些控制变量包括企业年龄、企业规模、要素密集度、平均工资、政府补贴等；λ_i、υ_t 分别表示企业和年份固定效应，企业固定效应可以捕捉到那些不随时间变化但是又会影响到出口企业技术升级的不可观测到的相关因素（如企业的所在地等），而年份固定效应则可以捕捉到那些因时间变化会对所有出口企业技术升级产生影响的不可观测的相关因素（如人民币的升值等）；μ_{ijt} 表示随机扰动项。

本章实证所用的数据均来自中国工业企业数据库，样本期间为 1999～2007 年，该数据库的详细介绍以及相关处理可参见第四章第二节。本书将行业 j 中出口企业 i 在时期 t 的技术升级程度（$upgrading_{ijt}$）定义为：$upgrading_{ijt} = \ln(TFP_{ijt}) - \ln(TFP_{ijt-1})$，其中 TFP_{ijt} 表示行业 j 中出口企业 i 在时期 t 的全要素生产率，出口企业的全要素生产率仍使用第四章第二节所介绍的结构模型方法来进行估算。而企业年龄、企业规模、要素密集度、平均工资、政府补贴等控制变量的定义跟第四章第二节里的定义类似，这里不再重复。

至于本章所关心的核心解释变量市场垄断程度 $markup\_h_{jt}$，多数经验

研究都是使用市场集中度来进行衡量，例如 Gayle（2001）、Jefferson 等（2006）。但是严格来看，市场集中度可能并不能够很好地对市场垄断程度进行衡量。举一个简单的例子，在一个双寡头垄断的市场中，虽然其市场集中度很大，但是如果这两个寡头企业进行的是伯川德价格竞争，那么该市场的垄断程度就会很低，这其实并不矛盾。因而聂辉华等（2008）指出市场集中度不适合作为衡量市场垄断程度的指标。为此，本章将用行业的市场势力溢价（*markup*）来衡量市场的垄断程度①，行业的市场势力溢价越大则表明该行业的市场垄断程度越高。由于本书是借鉴 De Loecker 和 Warzynski（2012）所提出的方法（简称 DLW 方法，关于该方法的具体介绍参见之后的相关内容）来估算出企业的 *markup*，为了衡量出口企业所面临的行业市场垄断程度（*markup_h_{jt}*），可以将 t 时行业 j 中所有出口企业的 *markup* 来进行简单平均以此得到不同行业的市场势力溢价。

　　markup_h_{jt} 是利用企业层面的 *markup* 通过简单平均加总所得，然而这种加总可能并不那么准确，因为行业层面的市场势力溢价可能更多地取决于该行业中大企业的 *markup*，而通过简单平均加总并不能考虑到这一点。有鉴于此，本书利用企业的工业总产值作为权重，通过加权平均重新计算了行业层面的市场势力溢价（*markup_w_{jt}*），以此来衡量市场垄断程度。利用新构建的衡量市场垄断程度的指标 *markup_w_{jt}*，本书也将对以下回归方程进行估计：

$$upgrading_{ijt} = \beta_0 + \beta_1 markup\_w_{jt} + \delta X_{ijt} + \lambda_i + \upsilon_t + \mu_{ijt} \qquad (7-3)$$

　　其中，*markup_w_{jt}* 是通过加权方法计算出的衡量行业 j 在时期 t 市场垄断程度的指标，其他变量的含义跟（7-2）式相同。

　　而在对（7-2）式和（7-3）式的具体估计方法上，市场垄断程度与出口企业技术升级间可能会存在相互影响、相互决定的内生关系：一方面市场垄断程度的不同会影响到出口企业的技术升级（之前的分析已对此进

---

　　①　当然在之后的稳健性检验中，本书也会使用市场集中度来衡量市场垄断程度。

行了说明），同时另一方面出口企业的技术升级有利于企业形成有效竞争力，打破垄断，优化市场结构，从而会对行业的市场垄断程度产生影响。因而出口企业的技术升级和市场垄断程度两者很可能都为内生变量，对（7－2）式和（7－3）式直接使用固定效应回归很可能出现内生性问题。为避免此类内生性问题影响到估计结果的准确性，本章将采用系统 GMM方法对（7－2）式和（7－3）式进行估计。对系统 GMM 估计方法的详细介绍可以参见第四章第二节。

二　用 DLW 方法来估算企业的 *markup*

产业组织理论中对测度加成率（*markup*）的研究由来已久。然而，由于边际成本的数据难于获得且度量困难，这使得产业组织对加成率的研究进展缓慢。已有文献中，测度加成率采用的方法主要包括以下三种。①会计法，即利用财务数据粗略估算价格和边际成本来计算加成率，比如 Domowitz 等（1986）、Siotis（2003）、盛丹和王永进（2012）、钱学锋等（2015）、钱学锋等（2016）、毛其淋和许家云（2016）等就采用会计方法，运用企业的增加值、工资支出和中间投入成本等来计算企业的加成率；②需求法，即拥有一定市场势力的企业会通过制定价格使其边际收益等于边际成本来达到自身利润的最大化，即有 $P(1-1/\varepsilon)=MC$。因此通过估计需求系统得到消费者的需求价格弹性，用此就可以来测算企业的加成率（Bresnahan，1981），对该方法的详细介绍可参见 Bresnahan（1989）的综述；③生产法，即基于生产函数，利用要素投入、产出等相关数据来完成对加成率的估算。为此做出开创性贡献的当属 Hall（1988），他利用索罗余值的性质，推导了不完全竞争市场条件下加成率的计算方法。

由于边际成本是理论上存在的关键变量，其难以通过工业统计或财务核算获得，同时也很难用其他指标来近似替代，因而运用会计法来对企业加成率进行测算可能会存在一定程度的偏差。而利用需求法的关键是要准确地估计消费者的需求价格弹性，然而基于不同的消费者效用函数和不同的价格竞争模型可能会得到不同的商品需求价格弹性，因而研究结果依赖所选择的特定模型；同时为了估计整个需求系统，需要获得诸如商品的价格、销量、特性和消费者特征等大量的数据，而且研究一般也只能限定在特定时间特定区域的某种特定商品上。这些都在很大程度上束缚了需求法的运用（黄枫和吴纯杰，2013）。对于生产法，虽然 Hall（1988）的原模型也存在一些局限，如必须坚持假设"技术和规模报酬不变"、要素投入带来的内生性问题需要寻找合适的外生工具变量来矫正等，但后续的相关研究如 Klette（1999）、Roeger（1995）等分别对 Hall 模型进行了扩展，前者放松了原模型中技术和规模报酬不变的假定，后者有效地解决了原模型中存在的产出增长和要素投入增长的同步性偏差，因而不再需要寻找额外的工具变量。也正由于这样，Roeger（1995）的方法被广泛运用于已有的相关研究中，如 Konings 等（2005）、Konings 和 Vandenbussche（2005）、盛丹和王永进（2012）等。这些研究使运用生产法来测算加成率逐步趋于完善。

　　然而 Hall 模型（包括其后的一些扩展模型）本身还存在一个重要的内在缺陷：只能估算行业层面的加成率，即始终无法对各个企业的加成率进行测度。为了能够测度各个企业的加成率，De Loecker 和 Warzynski（2012）提出了一个新的更一般性的模型框架（简称 DLW 模型）：在完全竞争的市场条件下，对于追求生产成本最小化的企业而言，某种可变要素的投入产出弹性与企业对该可变要素投入的总支出在企业总销售收入中所占的份额的比例，可以很好地衡量企业的价格加成率（即 *markup*）。同时他们的方法（简称 DLW 方法）不依赖具体的价格设定模型，只依赖从企业成本最小化中获得的最优投入需求条件和对一种可变投入的产出弹性的识别，因而具有明显的优势。这也使得 DLW 方法成了近年来相关研究中测算加成率的主流方法，黄枫和吴纯杰（2013）、任曙明和张静（2013）、祝树金和张鹏辉（2015）、李卓和赵军（2015）、盖庆恩等（2015）、Lu 和 Yu（2015）、Liu 和 Ma（2015）、许家云和毛其淋（2016）、许家云和田朔（2016）、黄先海等（2016）、李胜旗和佟家栋（2016）、许明和邓敏（2016）、余淼杰和袁东（2016）、诸竹君等（2016）、毛其淋和许家云（2016）、Zhang 和 Zhu（2016）、Meinen（2016）、岳文（2017）等在其相关研究中都使用了 DLW 方法来估算企业层面的加成率。

接下来将介绍测度企业市场势力的 DLW 方法①，该方法的模型框架主要是基于 De Loecker 和 Warzynski（2012）的研究。假设企业 i 在时期 t 的生产函数具有以下形式：

$$Q_{it} = Q_{it}(X_{it}^1, \cdots, X_{it}^V, K_{it}, \omega_{it}) \qquad (7-4)$$

其中 $X_{it}^v (v = 1, \cdots, V)$ 表示企业 t 时期的各种可变投入②，如劳动、中间投入品、电力等。同时企业的生产还依赖它的资本积累 K_{it}，资本作为一种动态投入进入生产函数，这表明企业的生产无法短时间内调整其资本投入，只能在短时间内改变其可变投入。为了得到企业市场势力的表达式，进一步把生产函数 Q_{it} 限制为连续二阶可微函数。

假设企业在生产中追求成本最小化，因此可以得到拉格朗日函数为：

$$L(X_{it}^1, \cdots, X_{it}^V, K_{it}, \lambda_{it}) = \sum_{v=1}^V P_{it}^v X_{it}^v + r_{it} K_{it} + \lambda_{it} [Q_{it} - Q_{it}(X_{it}^1, \cdots, X_{it}^V, K_{it}, \omega_{it})] \quad (7-5)$$

其中，P_{it}^v 和 r_{it} 分别表示企业的可变投入 v 和资本投入 K 的投入价格。对任何一种无调整成本的可变投入求一阶条件，可得：

$$\frac{\partial L}{\partial X_{it}^v} = P_{it}^v - \lambda_{it} \frac{\partial Q_{it}}{\partial X_{it}^v} = 0 \qquad (7-6)$$

其中，λ_{it} 衡量了单位生产的边际成本，因为根据包络定理有 $\lambda_{it} = \frac{\partial L_{it}}{\partial Q_{it}}$。

重新整理（7-6）式，并在两边同时乘以 $\frac{X_{it}^v}{Q_{it}}$，可以得到：

$$\frac{\partial Q_{it}}{\partial X_{it}^v} \frac{X_{it}^v}{Q_{it}} = \frac{1}{\lambda_{it}} \frac{P_{it}^v X_{it}^v}{Q_{it}} \qquad (7-7)$$

---

① 附录 B 中介绍了其他估算加成率的方法。

② 理论上，运用生产法来测度市场势力要假设企业至少有一种可变投入无调整成本，短期内生产者通过调整该投入以追求利润最大化。在此本书遵循了以往文献的做法，假设企业至少存在一种可变投入没有调整成本。

成本最小化意味着企业最优的投入需求条件是使可变投入 X_{it}^v 的产出弹性 $\theta_{it}^v = \dfrac{\partial Q_{it}}{\partial X_{it}^v}\dfrac{X_{it}^v}{Q_{it}}$ 等于它在成本中所占的份额 $\dfrac{1}{\lambda_{it}}\dfrac{P_{it}^v X_{it}^v}{Q_{it}}$（因为 λ_{it} 衡量了单位生产的边际成本）。

最后根据企业加成率 μ_{it}（即 $markup$）的定义，产品价格与边际成本的比例，容易得到 $\mu_{it} = \dfrac{P_{it}}{\lambda_{it}}$。进一步结合（7-7）式，可以得到企业加成率的表达式：

$$\mu_{it} = \theta_{it}^v \frac{P_{it}Q_{it}}{P_{it}^v X_{it}^v} = \theta_{it}^v (\alpha_{it}^v)^{-1} \tag{7-8}$$

其中，α_{it}^v 是可变投入 v 的总支出在企业总销售收入中所占的份额。从企业的生产数据中可以直接得到 α_{it}^v，因此为了测度企业的 $markup$，只需要估计企业生产中一种（或多种）可变投入的产出弹性 θ_{it}^v。

为求解简便，假设企业的生产函数是超越对数形式的①，技术进步为希克斯中性，用总产值来衡量产出：

$$y_{it} = \beta_l l_{it} + \beta_k k_{it} + \beta_m m_{it} + \beta_{ll} l_{it}^2 + \beta_{kk} k_{it}^2 + \beta_{mm} m_{it}^2 + \beta_{lk} l_{it} k_{it} + \beta_{lm} l_{it} m_{it}$$
$$+ \beta_{km} k_{it} m_{it} + \beta_{lkm} l_{it} k_{it} m_{it} + \omega_{it} + \varepsilon_{it} \tag{7-9}$$

其中，y_{it} 是企业 i 在 t 时期的总产出的对数，l_{it} 是其可变的劳动投入的对数，m_{it} 是其可变的中间投入品的对数，k_{it} 则是其资本存量的对数，ω_{it} 表示企业的全要素生产率，ε_{it} 是随机误差项。根据 Lu 和 Yu（2015）的研究，劳动在中国企业中并不是可变投入，对于国有企业尤为如此。而资本则是动态投入，因此本书将主要通过估计中间投入品（m_{it}）的产出弹性 θ_{it}^m 来计算企业的 $markup$。从（7-9）式很容易得到中间投入品的

---

① 之所以不用更为简单的 C-D 生产函数，主要是因为 C-D 生产函数假设要素的产出弹性是不变的，即具有相同生产函数的企业，其要素的投入-产出弹性相同，这显然不太符合现实，同时也不利于后文中利用要素的产出弹性来测算企业的 $markup$。当然在之后的稳健性检验中，本书也对 C-D 型生产函数进行了估计。

产出弹性：

$$\theta_{it}^m = \beta_m + 2\beta_{mm} m_{it} + \beta_{lm} l_{it} + \beta_{km} k_{it} + \beta_{lkm} l_{it} k_{it} \qquad (7-10)$$

由此可知在超越对数生产函数下，中间投入品的投入产出弹性不仅取决于 β_m，还与企业本身的要素投入 l_{it}、m_{it}、k_{it} 有关，因而即使两个企业具有相同的生产函数，但是由于生产中所使用 l_{it}、m_{it}、k_{it} 不相同，其 θ_{it}^m 也会不相同。

要得到中间投入品的投入产出弹性，必须先准确地估计出（7-9）式所示的生产函数。然而在对生产函数的估计过程中，要素投入与 TFP 的内生性问题会使得传统的 OLS 失效，本书将借鉴由 Olley 和 Pakes（1996）、Levinsohn 和 Petrin（2003）、Ackerberg 等（2015）基于结构模型发展起来的半参数估计方法（利用可以观察到的企业的投入决策如投资、中间投入品等来控制不可观测的生产率）来解决生产函数估计中的内生性问题。对生产函数的具体估计过程参见第四章第二节的相关内容①。

三　主要变量的描述性统计

在对工业企业数据库进行初步处理后（具体处理过程可参见第四章第二节的介绍），本章利用结构模型方法对 16 个行业的生产函数 [见(7-9)式] 进行了估计，得到了中间投入品的产出弹性以及出口企业的全要素生产率。各行业中要素的投入产出弹性见表7-2。

利用中间投入品的产出弹性，结合（7-8）式，本书计算了出口企业的 *markup*。表7-3汇报了各行业中所有出口企业在样本期内的平均 *markup* 及其分位数，从中可以看出，几乎所有行业的 *markup* 均值都处在 1 到 2 之间，这跟 Lu 和 Yu（2015）、Fan 等（2015）的研究结果十分相似。

---

① 也可以参见岳文和陈飞翔（2015）的介绍。

表 7 - 2　各投入要素的产出弹性

行业名称	劳动				资本				中间投入品			
	P25	P50	P75	Mean	P25	P50	P75	Mean	P25	P50	P75	Mean
食品饮料烟草	-0.021	0.026	0.061	0.015	0.130	0.135	0.140	0.135	0.952	0.991	1.031	0.992
纺织业	-0.029	0.016	0.053	0.009	0.132	0.139	0.145	0.138	0.946	0.987	1.028	0.985
服装	0.025	0.052	0.076	0.049	0.049	0.052	0.055	0.052	1.016	1.054	1.092	1.053
木材加工	-0.017	0.020	0.050	0.014	0.016	0.025	0.033	0.024	1.063	1.101	1.141	1.101
造纸印刷	-0.026	0.019	0.055	0.011	0.129	0.136	0.143	0.136	0.922	0.963	1.004	0.961
石油炼焦	-0.109	-0.036	0.023	-0.051	0.094	0.101	0.111	0.102	0.959	1.014	1.076	1.016
化学医药	-0.060	-0.005	0.038	-0.016	0.130	0.139	0.148	0.139	0.956	1.000	1.045	1.000
非金属矿物	0.112	0.133	0.154	0.132	0.005	0.011	0.017	0.010	0.938	0.982	1.021	0.980
金属冶炼	-0.118	-0.051	0.004	-0.064	0.155	0.162	0.170	0.162	0.971	1.020	1.070	1.021
金属制品业	0.125	0.143	0.159	0.141	0.071	0.071	0.072	0.072	0.916	0.948	0.982	0.949
机械设备	-0.031	0.014	0.050	0.005	0.125	0.131	0.137	0.131	0.942	0.983	1.023	0.981
交通运输设备	-0.074	-0.015	0.033	-0.026	0.132	0.139	0.145	0.138	0.954	0.992	1.031	0.990
武器弹药	-0.071	-0.023	0.015	-0.031	0.061	0.066	0.071	0.066	1.049	1.089	1.128	1.088
电气机械	0.006	0.054	0.091	0.044	0.119	0.123	0.128	0.123	0.932	0.971	1.014	0.973
电子通信	-0.055	0.003	0.047	-0.010	0.127	0.135	0.142	0.135	0.933	0.978	1.024	0.978
仪器仪表	0.135	0.152	0.167	0.150	0.054	0.054	0.055	0.054	0.915	0.951	0.988	0.952

表 7 - 3　各行业的平均 *markup* 及分位数

行业名称	P5	P25	P50	P75	P95	均值	标准差
食品饮料烟草	0.946	1.232	1.393	1.584	2.028	1.454	0.834
纺织业	1.007	1.191	1.299	1.419	1.673	1.367	7.710
服装	1.088	1.314	1.443	1.590	2.015	1.664	30.97
木材加工	1.101	1.359	1.495	1.630	1.908	1.557	3.383
造纸印刷	0.978	1.187	1.308	1.438	1.763	1.428	8.045
石油炼焦	0.961	1.185	1.318	1.451	1.831	1.335	0.266
化学医药	0.980	1.217	1.355	1.508	1.837	1.759	29.20
非金属矿物	1.010	1.258	1.400	1.557	1.878	1.592	13.10
金属冶炼	0.981	1.206	1.341	1.479	1.739	1.351	0.272
金属制品业	0.965	1.160	1.269	1.385	1.652	2.373	85.57
机械设备	0.980	1.206	1.337	1.493	1.836	1.624	42.26
交通运输设备	0.972	1.201	1.340	1.486	1.800	1.424	4.686
武器弹药	1.069	1.293	1.429	1.582	1.959	1.696	19.18
电气机械	0.935	1.186	1.330	1.500	1.923	1.538	21.18
电子通信	0.940	1.208	1.359	1.535	1.991	1.490	8.006
仪器仪表	0.994	1.202	1.330	1.471	1.793	1.360	0.328

利用计算出的出口企业的 *markup*，根据 $markup\_h_{jt}$ 和 $markup\_w_{jt}$ 定义，本书进一步得到了衡量行业市场垄断程度的指标。表 7 - 4 报告了样本期内不同行业的平均市场势力 $markup\_h_{jt}$（根据简单平均计算得到），表 7 - 5 报告了样本期内不同行业的加权平均市场势力 $markup\_w_{jt}$（利用各企业的工业总产值加权平均计算得到）。从中可以看出，两种方法计算出来（用来衡量市场垄断程度）的行业平均市场势力存在一定的差异，但是对于绝大多数行业而言，这种差异并不太大。

表 7 - 4　不同行业的市场势力（简单平均得到）

行业代码	2000 年	2001 年	2002 年	2003 年	2004 年	2005 年	2006 年	2007 年
食品饮料烟草	1.370	1.354	1.393	1.394	1.452	1.455	1.560	1.510
纺织业	1.254	1.262	1.287	1.679	1.317	1.346	1.386	1.352

续表

行业代码	2000 年	2001 年	2002 年	2003 年	2004 年	2005 年	2006 年	2007 年
服装	1.429	1.581	1.494	1.445	1.618	1.514	1.590	2.298
木材加工	1.610	1.468	1.461	1.461	1.498	1.524	1.548	1.709
造纸印刷	1.279	1.301	1.312	1.851	1.441	1.354	1.452	1.403
石油炼焦	1.236	1.218	1.251	1.312	1.369	1.398	1.382	1.367
化学医药	1.299	1.325	1.361	2.490	1.696	1.412	2.329	1.765
非金属矿物	1.350	1.649	1.378	1.362	1.422	1.458	2.174	1.470
金属冶炼	1.258	1.257	1.284	1.320	1.352	1.379	1.401	1.397
金属制品业	1.235	1.296	1.275	1.265	1.278	1.306	1.314	1.326
机械设备	1.292	1.311	1.329	1.346	3.665	1.384	1.471	1.415
交通运输设备	1.293	1.869	1.347	1.349	1.350	1.496	1.387	1.403
武器弹药	1.169	1.226	1.241	1.466	1.680	2.070	1.490	—
电气机械	1.290	1.300	1.316	1.433	2.843	1.396	1.406	1.425
电子通信	1.362	1.387	1.811	1.336	1.414	1.447	1.429	1.452
仪器仪表	1.276	1.317	1.334	1.370	1.361	1.359	1.365	1.382

表 7-5　不同行业的市场势力（加权平均得到）

行业代码	2000 年	2001 年	2002 年	2003 年	2004 年	2005 年	2006 年	2007 年
食品饮料烟草	1.904	1.944	2.019	2.004	2.191	1.995	1.985	2.019
纺织业	1.232	1.236	1.257	1.774	1.290	1.311	1.329	1.302
服装	1.443	1.528	1.500	1.474	1.589	1.546	1.598	2.143
木材加工	1.478	1.520	1.519	1.500	1.555	1.574	1.579	1.601
造纸印刷	1.280	1.290	1.320	1.488	1.389	1.350	1.393	1.374
石油炼焦	1.184	1.215	1.273	1.327	1.365	1.203	1.235	1.276
化学医药	1.293	1.305	1.329	1.611	1.407	1.401	1.538	1.414
非金属矿物	1.370	1.628	1.395	1.388	1.456	1.462	2.290	1.501
金属冶炼	1.189	1.211	1.245	1.259	1.293	1.295	1.288	1.286
金属制品业	1.222	1.273	1.289	1.295	1.352	1.346	1.351	1.355
机械设备	1.266	1.282	1.304	1.333	4.663	1.369	1.379	1.374
交通运输设备	1.231	1.525	1.354	1.373	1.351	1.371	1.320	1.375
武器弹药	1.136	1.164	1.249	1.567	1.646	1.603	1.557	—
电气机械	1.364	1.341	1.378	1.474	1.424	1.393	1.332	1.298

行业代码	2000 年	2001 年	2002 年	2003 年	2004 年	2005 年	2006 年	2007 年
电子通信	1.382	1.329	1.390	1.382	1.432	1.409	1.425	1.409
仪器仪表	1.290	1.269	1.331	1.406	1.395	1.411	1.397	1.414

同时，样本期内不同行业市场垄断程度（用 $markup\_h_{jt}$ 或 $markup\_w_{jt}$ 衡量）的变化幅度并不是很大（见图 7-2 至图 7-9），除少数行业（交通运输设备和非金属矿物）之外，样本期内其他各行业的平均市场势力并没有出现较大的波动，都维持在一个相对稳定的数值。

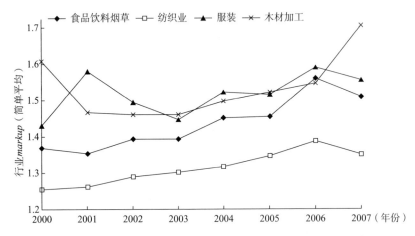

图 7-2　不同行业平均市场势力（简单平均得到）的变化趋势

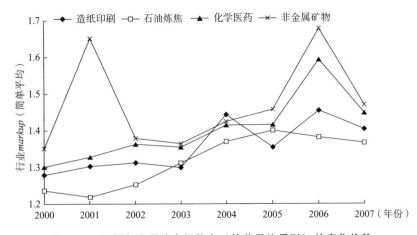

图 7-3　不同行业平均市场势力（简单平均得到）的变化趋势

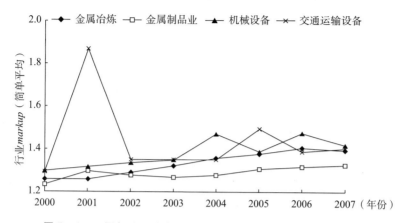

图7-4 不同行业平均市场势力（简单平均得到）的变化趋势

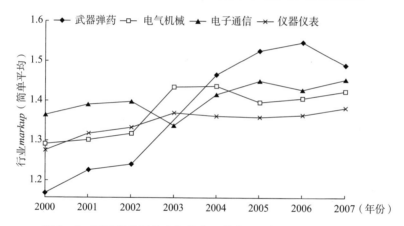

图7-5 不同行业平均市场势力（简单平均得到）的变化趋势

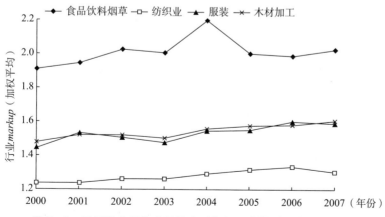

图7-6 不同行业平均市场势力（加权平均得到）的变化趋势

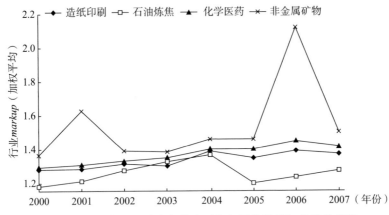

图7-7　不同行业平均市场势力（加权平均得到）的变化趋势

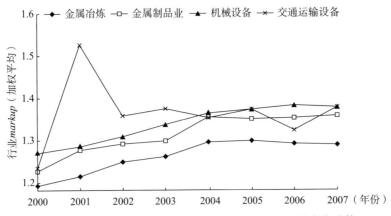

图7-8　不同行业平均市场势力（加权平均得到）的变化趋势

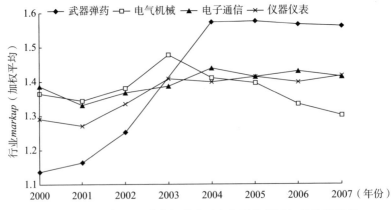

图7-9　不同行业平均市场势力（加权平均得到）的变化趋势

利用对各行业生产函数［见（7-9）式］的估计，还可以得到出口企业的全要素生产率，据此可以进一步构建出衡量出口企业技术升级程度的指标。对相关数据进行处理，本章所使用的主要变量的描述性统计特征如表7-6所示。其中，出口企业的技术升级程度、市场垄断程度、要素密集度、企业年龄、平均工资、企业规模、政府补贴等指标都是根据之前的定义计算得到。

表7-6　主要变量的描述性统计

变量	观测值	最大值	最小值	均值	中位数	标准差
y	330000	19.01	1.576	10.57	10.37	1.361
l	330000	12.15	2.079	5.380	5.293	1.157
k	330000	18.05	-0.235	8.819	8.688	1.802
m	330000	18.93	-0.278	10.26	10.08	1.402
$upgrading$	200000	6.495	-6.504	0.006	0.004	0.243
$markup\_h$	330000	1.869	1.169	1.421	1.411	0.101
$markup\_w$	360000	2.191	1.136	1.426	1.382	0.158
HHI	360000	0.679	0.025	0.039	0.035	0.016
kl	360000	11.19	-6.774	3.437	3.475	1.361
age	330000	7.604	0.000	2.006	1.946	0.807
$wage$	330000	8.873	-7.371	2.689	2.663	0.626
$size$	360000	12.15	2.079	5.395	5.298	1.163
$subsidy$	360000	7.594	-0.789	0.002	0.000	0.026
$labor\_p$	360000	10.79	-7.338	3.785	3.720	1.079

注：HHI为各行业的赫芬达尔—赫希曼指数，详细介绍可参见后面稳健性检验的相关内容；$labor\_p$表示企业劳动生产率的对数，具体计算方法是用企业的工业增加值除以其平均从业人员数并取对数得到，在之后的稳健性检验中将用到。

第四节　回归结果及其分析

在这一部分，本书将对（7-2）式和（7-3）式进行估计，并对相应的回归结果进行分析，将首先呈现基准回归结果，其次是分地区估计结果，再次是分企业所有制类型估计结果，最后是一些稳健性检验。

一　基准回归结果

表 7 - 7 报告了利用中国企业层面微观数据对（7 - 2）式和（7 - 3）式进行估计的基准回归结果，所有回归中均加入了年份虚拟变量。根据之前的估计方法介绍，为了解决可能存在的内生性问题，本章将主要采用系统 GMM 估计（见表 7 - 7 中的模型 1 和模型 2），同时为了进行对比（或者是稳健性检验），在表 7 - 7 中模型 3 和模型 4 中采用了差分 GMM 估计，在模型 5 和模型 6 中采用了固定效应估计。在模型 1 中，采用系统 GMM 方法对（7 - 2）式进行了估计，同时加入了要素密集度、企业年龄、平均工资、企业规模、政府补贴五个控制变量。回归结果显示 $markup\_h_{jt}$ 前面的系数为负且通过了 1% 的显著性检验，这表明市场垄断程度的降低对出口企业的技术升级存在显著的积极影响。市场垄断程度越低（即市场竞争程度越高），出口企业选择的技术升级程度会相对越高；垄断程度越高（即 $markup\_h_{jt}$ 大），出口企业的技术升级程度会相对越低。其背后的原因可能在于竞争程度较高的市场环境里，竞争压力会迫使出口企业进行较高程度的技术升级。而在模型 2 中，采用系统 GMM 方法对（7 - 3）式进行了估计，同时也加入了多个控制变量。回归结果显示用加权平均方法计算出来衡量市场垄断程度的变量（$markup\_w_{jt}$）其前面的系数也显著为负，跟模型 1 所得的结论相似。这进一步证实了市场垄断程度的降低对出口企业的技术升级存在显著的积极影响。

本章采用的是系统 GMM 估计，为此有必要进行 AB 检验和 Hansen 检验。从 AB 检验（残差序列相关性检验）的结果来看，各差分方程残差均存在一阶序列相关和二阶序列相关问题，但是并不存在三阶序列相关问题 [AR（3）的 P 值大于 0.1，即使在 10% 的显著性水平也不能拒绝原假设]，因而可以使用变量滞后三阶及以上的值来作为工具变量。Sargan 检验和 Hansen 检验的结果显示在 5% 的显著性水平下，不能拒绝原假设，这表明本章在系统 GMM 中所使用的工具变量是有效的，并不存在过度识别问题。

AB 检验和 Hansen 检验结果表明本章采用系统 GMM 估计并不存在任何问题。表 7 - 7 中模型 1 和模型 2 的回归结果一致表明市场垄断程度的降低对出口企业的技术升级存在显著的正面影响。而进一步结合第四章中的相关内容，出口企业的技术升级程度实际上指的是出口企业生产效率的边际提高量，并不是表示出口企业生产效率的绝对水平。可知，市场垄断程度的降低将提高出口企业生产效率的边际提高量。市场垄断程度越低（即市场竞争程度越高），出口企业生产效率的边际提高量相对越高；而市场垄断程度越高，出口企业生产效率的边际提高量相对越低。

表 7 - 7　基准回归结果

因变量 $upgrading$	系统 GMM		差分 GMM		固定效应	
	模型 1	模型 2	模型 3	模型 4	模型 5	模型 6
$markup\_h$	- 0.0395*** (0.0135)	—	- 0.0217* (0.0126)	—	0.0009 (0.0007)	—
$markup\_w$	—	- 0.0784* (0.0444)	—	- 0.0363** (0.0145)	—	0.0012 (0.0015)
$size$	0.0044* (0.0025)	0.0095*** (0.0007)	0.1070*** (0.0339)	0.0446* (0.0266)	0.0443*** (0.0026)	0.0443*** (0.0026)
$wage$	0.0015 (0.0037)	- 0.0010 (0.0017)	0.1970*** (0.0618)	0.1362*** (0.0378)	0.0054** (0.0022)	0.0054** (0.0022)
kl	- 0.0477*** (0.0028)	- 0.0092*** (0.0008)	- 0.0469*** (0.0106)	- 0.0550*** (0.0084)	- 0.0204*** (0.0017)	- 0.0204*** (0.0017)
$subsidy$	- 0.0192 (0.0203)	- 0.4110 (0.6740)	- 1.724 (1.428)	- 0.4449 (0.6635)	- 0.0114 (0.0287)	- 0.0114 (0.0287)
age	0.0022 (0.0036)	- 0.0032*** (0.0009)	0.0012 (0.0047)	0.0030 (0.0046)	- 0.0019 (0.0028)	- 0.0019 (0.0028)
年份虚拟变量	是	是	是	是	是	是
AR（1）P 值	0.000	0.000	0.000	0.000	—	—
AR（2）P 值	0.000	0.000	0.000	0.000	—	—
AR（3）P 值	0.137	0.143	0.365	0.241	—	—
Sargan 检验 （P 值）	0.238	0.408	0.163	0.100	—	—
Hansen 检验 （P 值）	0.071	0.156	0.086	0.071	—	—

续表

因变量 *upgrading*	系统 GMM		差分 GMM		固定效应	
	模型 1	模型 2	模型 3	模型 4	模型 5	模型 6
样本数	199717	199717	118612	118612	199717	199717
R^2	—	—	—	—	0.007	0.007

注：①所有回归中均加入了年份虚拟变量；②AR（1）P 值、AR（2）P 值、AR（3）P 值分别表示差分方程残差的一阶序列相关、二阶序列相关、三阶序列相关检验的 P 值，其原假设为无序列相关；③AB 检验结果显示模型 1 至模型 4 均存在一阶序列相关和二阶序列相关问题，但是并不存在三阶序列相关问题，因而可以使用变量滞后三阶及以上的值来作为工具变量；④Hansen 检验或 Sargan 检验在于检验工具变量是否存在过度识别，其原假设为无过度识别，当干扰项存在异方差时，Hansen 检验相对更为可靠；⑤Hansen 检验结果显示模型 1 至模型 4 在 5% 的显著性水平下均不存在过度识别问题；⑥括号内的值为标准差，***、**、* 分别表示在 1%、5% 和 10% 水平上显著。下表同此。

虽然之前的分析主要是基于系统 GMM 方法的估计结果（模型 1 和模型 2），但是本章仍然使用了差分 GMM 方法（模型 3 和模型 4）和固定效应方法（模型 5 和模型 6）对（7 - 2）式和（7 - 3）式进行估计以作为稳健性检验。模型 3 的估计结果跟模型 1 十分类似，$markup\_h_{jt}$ 前面的系数仍然显著为负（在数值上存在一些差异，在系统 GMM 估计下，市场垄断程度对出口企业技术升级的影响系数为 - 0.0395，比差分 GMM 估计下的 - 0.0217 在绝对值上要大）。模型 4 的估计结果跟模型 2 也十分类似，用加权平均方法计算出来衡量市场垄断程度的变量（$markup\_w_{jt}$）其前面的系数也显著为负（虽然在数值上也存在一些差异）。而模型 5 和模型 6 的估计结果显示 $markup\_h_{jt}$ 和 $markup\_w_{jt}$ 前面的系数都不显著，这可能跟采用固定效应的估计方法有关，因为根据之前的分析，固定效应估计下可能会存在相应的内生性问题。总体来看，无论是用简单平均方法计算出来衡量市场垄断程度的变量（$markup\_h_{jt}$），还是用加权平均方法计算出来衡量市场垄断程度的变量（$markup\_w_{jt}$），采用 GMM 估计的回归结果都表明市场垄断程度的降低对出口企业的技术升级存在显著的积极影响：市场垄断程度越低（即市场竞争程度越高），出口企业生产效率的边际提高量相对越高。

二 分地区估计结果

在这一部分，本书将分区域（东部沿海地区、中部地区、西部地区和东北地区）对（7－2）式和（7－3）式进行估计以考察市场垄断程度对出口企业技术升级的影响是否会因地区的不同而存在较大差异。相应的回归结果报告在表 7－8 中。

从表 7－8 可以看出，模型 1 中 $markup\_h_{jt}$ 前面的系数为 －0.0410，且通过了 1% 的显著性检验，这表明对于东部沿海地区的出口企业，市场垄断程度的降低对出口企业的技术升级存在显著的积极影响。而模型 2 中 $markup\_w_{jt}$ 其前面的系数也显著为负，这进一步证实了市场垄断程度越低（即市场竞争程度越高），出口企业选择的技术升级程度会相对越高。因此无论是用简单平均方法计算出来衡量市场垄断程度的变量（$markup\_h_{jt}$），还是用加权平均方法计算出来衡量市场垄断程度的变量（$markup\_w_{jt}$），模型 1 和模型 2 的估计结果表明对于东部沿海地区的出口企业，市场垄断程度的降低对出口企业的技术升级存在显著的正面影响。而对于中部地区的出口企业，模型 5 和模型 6 的回归结果跟表 7－7 中的基准回归结果相似，即市场垄断程度的降低对中部地区出口企业的技术升级也存在显著的积极影响。

表 7－8　分区域估计结果

因变量 upgrading	东部沿海地区		东北地区		中部地区		西部地区	
	模型 1	模型 2	模型 3	模型 4	模型 5	模型 6	模型 7	模型 8
$markup\_h$	－0.0410*** (0.014)	—	－0.0933 (0.079)	—	－0.0639** (0.032)	—	－0.1357 (0.097)	—
$markup\_w$	—	－0.0233* (0.012)	—	－0.0812 (0.055)	—	－0.0425* (0.023)	—	－0.0012 (0.034)
$size$	0.0074 (0.005)	0.0119*** (0.001)	0.0044 (0.003)	0.0048* (0.003)	－0.0668*** (0.026)	－0.0047 (0.014)	0.1197*** (0.031)	0.0057** (0.002)
$wage$	0.0034 (0.034)	0.0017 (0.002)	0.0091 (0.010)	0.0075 (0.010)	－0.0185*** (0.006)	－0.0342 (0.024)	0.0192 (0.016)	－0.0036 (0.007)
kl	－0.0450*** (0.007)	－0.0092*** (0.001)	－0.0187*** (0.004)	－0.0189*** (0.004)	－0.0007 (0.003)	－0.0010 (0.004)	－0.0245* (0.015)	－0.0058** (0.003)
$subsidy$	0.3252 (0.792)	－0.0096 (0.015)	－0.3639* (0.213)	－0.3884* (0.214)	－0.3787 (0.774)	0.0400 (0.882)	－1.0031* (0.599)	－0.2592 (0.263)

续表

因变量 upgrading	东部沿海地区		东北地区		中部地区		西部地区	
	模型1	模型2	模型3	模型4	模型5	模型6	模型7	模型8
age	0.0009 (0.004)	-0.0031*** (0.001)	0.0046 (0.005)	0.0040 (0.005)	0.0229 (0.024)	-0.0003 (0.014)	0.0189 (0.017)	-0.0034 (0.003)
年份虚拟变量	是	是	是	是	是	是	是	是
AR (1) P值	0.000	0.000	0.000	0.000	0.000	0.000	0.000	0.000
AR (2) P值	0.000	0.000	0.000	0.000	0.026	0.036	0.006	0.002
AR (3) P值	0.042	0.035	0.038	0.025	0.951	0.913	0.723	0.297
AR (4) P值	0.202	0.202	0.602	0.342	—	—	—	—
Sargan检验（P值）	0.704	0.517	0.226	0.212	0.722	0.409	0.705	0.667
Hansen检验（P值）	0.162	0.261	0.244	0.256	0.203	0.107	0.562	0.487
样本数	173061	173061	6739	6739	14273	14273	5644	5644

注：①同表7-7；②所有模型均采用系统 GMM 估计；③根据 AB 检验结果，模型5至模型8使用变量滞后三阶及以上的值来作为工具变量，模型1至模型4则使用变量滞后四阶及以上的值来作为工具变量。

而从模型3、模型4、模型7和模型8的估计结果中可以看出无论是用 $markup\_h_{jt}$ 进行回归，还是用 $markup\_w_{jt}$ 回归，其前面的系数都没有通过显著性检验，这表明对于东北地区和西部地区的出口企业，市场垄断程度对其技术升级并不存在显著影响（市场垄断程度的变化并不会显著影响到这两个地区的出口企业生产效率的边际提高量）。

三 分企业所有制类型估计结果

Hu 和 Liu（2014）的研究指出中国独特的体制设置使得所有制结构成了影响中国企业绩效表现的重要因素。在这一部分，本书将考察市场垄断程度对出口企业技术升级的影响是否会因出口企业所有制类型的不同而存在差异。本书将利用国有企业、集体企业、私营企业和外资企业所组成的子样本分别对（7-2）式和（7-3）式进行估计，相应的回归结果报告在表7-9中。

表7-9　分企业所有制类型估计结果

因变量 upgrading	国有企业		集体企业		私营企业		外资企业	
	模型1	模型2	模型3	模型4	模型5	模型6	模型7	模型8
markup_h	0.0303 (0.063)	—	-0.0571 (0.093)	—	-0.2738** (0.110)	—	-0.0543** (0.021)	—
markup_w	—	-0.0035 (0.053)	—	-0.1171 (0.089)	—	-0.0253** (0.011)	—	-0.0328* (0.019)
size	0.1510*** (0.037)	0.0015 (0.003)	0.0077*** (0.003)	0.0077*** (0.002)	0.0107 (0.009)	0.0058*** (0.001)	0.0052 (0.005)	0.0110*** (0.001)
wage	0.0176 (0.017)	0.0016 (0.006)	-0.0006 (0.006)	-0.0022 (0.007)	0.0052 (0.009)	-0.0082*** (0.002)	0.0014 (0.006)	-0.0016 (0.003)
kl	0.0154 (0.036)	-0.0079* (0.004)	-0.0114*** (0.002)	-0.0123*** (0.002)	-0.0473*** (0.006)	-0.0054*** (0.001)	-0.0459*** (0.004)	-0.0063*** (0.001)
subsidy	-0.0064 (0.402)	-0.0010 (0.160)	0.0430 (0.166)	0.0620 (0.152)	-11.5611* (6.357)	0.4312 (0.673)	-0.0499 (0.139)	-0.0553 (0.089)
age	0.0254 (0.016)	0.0063** (0.003)	-0.0016 (0.006)	-0.0024 (0.004)	0.0009 (0.008)	-0.0029*** (0.001)	-0.0028 (0.010)	-0.0011 (0.002)
年份虚拟变量	是	是	是	是	是	是	是	是
AR（1）P值	0.000	0.000	0.000	0.000	0.000	0.000	0.000	0.000
AR（2）P值	0.115	0.094	0.000	0.000	0.000	0.000	0.000	0.000
AR（3）P值	0.265	0.871	0.761	0.581	0.882	0.135	0.122	—
Sargan检验（P值）	0.950	0.841	0.122	0.274	1.000	0.586	0.681	0.422
Hansen检验（P值）	0.900	0.666	0.579	0.237	0.982	0.092	0.197	0.162
样本数	9032	9032	9921	9921	101655	101655	78222	78222

注：①同表7-7；②所有模型均采用系统GMM估计；③根据AB检验结果，模型1使用变量滞后二阶及以上的值来作为工具变量，模型2至模型8则使用变量滞后三阶及以上的值来作为工具变量。

从表 7 - 9 中可以看出，模型 5 和模型 7 中 $markup\_h_{jt}$ 前面的系数都为负，且通过了 5% 的显著性检验，这表明对于私营出口企业和外资出口企业而言，市场垄断程度的降低对出口企业的技术升级存在显著的正面影响。而模型 6 和模型 8 中 $markup\_w_{jt}$ 其前面的系数也显著为负，这进一步证实了对于私营出口企业和外资出口企业而言市场垄断程度越低（也即市场竞争程度越高），出口企业的技术升级程度会相对越高，而市场垄断程度越高，出口企业选择的技术升级程度会相对越低。因此无论是用简单平均方法计算出来衡量市场垄断程度的变量（$markup\_h_{jt}$），还是用加权平均方法计算出来衡量市场垄断程度的变量（$markup\_w_{jt}$），模型 5 至模型 8 的估计结果表明对于私营出口企业和外资出口企业，市场垄断程度的降低对出口企业的技术升级存在显著的积极影响，即相对更为竞争的市场环境将更有利于出口企业的技术升级。

而从模型 1 至模型 4 的估计结果中可以看出无论是用 $markup\_h_{jt}$ 进行回归，还是用 $markup\_w_{jt}$ 回归，其前面的系数都没有通过显著性检验，这表明对于国有企业和集体企业而言，市场垄断程度对其技术升级并不存在显著影响（市场垄断程度的变化并不会显著影响到这两类出口企业生产效率的边际提高量）。

四 更多稳健性检验结果

企业生产函数为 C - D 型。之前回归分析中所用到的衡量出口企业技术升级程度的指标和衡量市场垄断程度的指标都依赖对（7 - 9）式所示的超越对数型企业生产函数的估计。通过对（7 - 9）式生产函数的估计可以得到中间投入品的产出弹性和企业的全要素生产率，然后据此构建出衡量市场垄断程度和出口企业技术升级程度的指标。之所以使用超越对数形式的生产函数主要是为了利用其要素投入（如中间投入品）产出弹性的良好性质来更好地计算 $markup$。

然而，之前的回归结果是否过于依赖使用超越对数形式的企业生产函数？为此，考虑如下 C - D 形式的企业生产函数：

$$y_{it} = \beta_l l_{it} + \beta_k k_{it} + \beta_m m_{it} + \omega_{it} + \varepsilon_{it} \qquad (7-11)$$

　　（7-11）式中所有变量代表的含义跟（7-9）式里变量的含义相同。用前面所介绍的结构模型方法对（7-11）式进行估计，可以重新得到中间投入品的产出弹性和企业的全要素生产率，据此可以重新构建出衡量市场垄断程度和出口企业技术升级程度的指标。令 $markup\_h\_cd_{jt}$ 表示用简单平均方法计算出来衡量市场垄断程度的指标，$markup\_w\_cd_{jt}$ 表示用工业总产值加权平均计算出来衡量市场垄断程度的指标，$upgrading\_cd_{ijt}$ 表示通过对（7-11）进行估计重新构建出的衡量出口企业技术升级的指标。利用新计算出来的衡量市场垄断程度和出口企业技术升级程度的指标，本书重新对（7-2）式和（7-3）式进行了估计，相应的回归结果报告在表7-10的模型1和模型2中。

　　值得注意的是，模型2中 Hansen 检验的 P 值为 0.031，在5%的显著性水平，不能拒绝原假设，即可能存在工具变量过度识别问题。不过正如郭庆旺和吕冰洋（2011）所言，Hansen 检验在 GMM 方法中存在局限性[①]，因而本书更倾向于相信 AB 检验的结果[②]。

　　可以看出，表7-10中模型1和模型2的回归结果跟表7-7中的基准回归结果十分类似，$markup\_h\_cd_{jt}$ 和 $markup\_w\_cd_{jt}$ 前面的系数都显著为负，即市场垄断程度的降低对出口企业的技术升级存在显著的积极影响。这在一定程度上表明之前的回归结果相当稳健，并不依赖使用（7-9）式所示的超越对数形式的企业生产函数来构建衡量市场垄断程度和出口企业技术升级程度的指标。

　　额外的出口企业技术升级衡量。之前都是利用出口企业的 TFP 来构建衡量技术升级的指标，跟第四章中相关稳健性检验的做法类似，在这一部分本书将利用出口企业的劳动生产率来构建衡量其技术升级程度的指标（$upgrading\_labor$）。利用新构建出来的衡量出口企业技术升级的指标，本

[①]　系统 GMM 的 Hansen 检验，实际上是对误差的方差 - 协方差矩阵进行最小化运算后，再来看方差 - 协方差矩阵是否足够小，在逻辑上存在循环论证问题，因此对这种检验不能相信太多（Roodman，2009）。

[②]　郭庆旺和吕冰洋（2011）原文中所有回归模型也都没有通过 Hansen 检验，只通过了 AB 检验。

书重新对（7-2）式和（7-3）式进行了估计以检验本章之前的回归结果是否稳健。相应的回归结果报告在表7-10的模型3和模型4中。容易看出，表7-10中模型3和模型4的回归结果跟表7-7中的基准回归结果十分类似，$markup\_h_{jt}$和$markup\_w_{jt}$前面的系数仍然都显著为负，即市场垄断程度的降低对出口企业的技术升级存在显著的积极影响（市场垄断程度的降低会提高出口企业生产效率的边际提高量）。这在一定程度上表明即使使用劳动生产率来构建衡量出口企业技术升级程度的指标，之前的回归结果依然相当稳健。

表7-10　更多稳健性检验估计结果

因变量	企业生产函数为 C-D 形式		用劳动生产率来构建衡量技术升级的指标		用 HHI 来衡量市场垄断程度		平衡面板（只保留连续存在的企业）	
	upgrading_cd		upgrading_labor		upgrading upgrading_cd		upgrading	
	模型1	模型2	模型3	模型4	模型5	模型6	模型7	模型8
markup_h_cd	-0.0069* (0.004)	—	—	—	—	—	—	—
markup_w_cd	—	-0.0072* (0.004)	—	—	—	—	—	—
markup_h	—	—	-0.1158** (0.054)	—	—	—	-0.0223* (0.013)	—
markup_w	—	—	—	-0.9481*** (0.199)	—	—	—	-0.0431*** (0.015)
HHI	—	—	—	—	-0.2473*** (0.074)	-0.1906*** (0.071)	—	—
size	-0.0017** (0.001)	-0.0031*** (0.001)	-0.0503*** (0.003)	-0.0736*** (0.003)	0.0104*** (0.001)	-0.0016*** (0.0004)	-0.0101 (0.007)	0.0055*** (0.001)
wage	0.0115*** (0.002)	0.0586*** (0.031)	0.1739*** (0.005)	0.1747*** (0.005)	-0.0015 (0.002)	0.0010 (0.001)	-0.0228*** (0.008)	0.0009 (0.002)
kl	-0.0014* (0.001)	-0.0087* (0.005)	0.0286*** (0.002)	0.0127*** (0.003)	-0.0085*** (0.001)	-0.0011*** (0.0004)	-0.0525*** (0.009)	-0.0053*** (0.001)
subsidy	1.0718 (1.010)	-0.7625 (0.681)	0.0038 (1.627)	-0.2736*** (0.100)	-0.0247 (0.016)	-0.0307** (0.015)	-0.0098 (0.055)	-0.0273 (0.026)
age	-0.0166*** (0.004)	0.0006 (0.001)	-0.1021*** (0.020)	0.0133*** (0.003)	-0.0040*** (0.001)	-0.0011* (0.001)	0.0035 (0.006)	-0.0063*** (0.001)

续表

因变量	企业生产函数为 C - D 形式		用劳动生产率来构建衡量技术升级的指标		用 HHI 来衡量市场垄断程度		平衡面板（只保留连续存在的企业）	
	upgrading_cd		upgrading_labor		upgrading	upgrading_cd	upgrading	
	模型 1	模型 2	模型 3	模型 4	模型 5	模型 6	模型 7	模型 8
年份虚拟变量	是	是	是	是	是	是	是	是
AR（1）P 值	0.000	0.000	0.000	0.000	0.000	0.000	0.000	0.000
AR（2）P 值	0.000	0.000	0.000	0.000	0.000	0.000	0.000	0.000
AR（3）P 值	0.143	0.224	0.208	0.632	0.116	0.139	0.321	0.416
Sargan 检验（P 值）	0.983	0.076	0.349	0.186	0.589	0.257	0.484	0.222
Hansen 检验（P 值）	0.282	0.031	0.109	0.230	0.386	0.060	0.176	0.072
样本数	199717	199717	199717	199717	199717	199717	30919	30919

注：①同表 7 - 7；②所有模型均采用系统 GMM 估计；③根据 AB 检验结果，所有模型均使用变量滞后三阶及以上的值来作为工具变量。

用 HHI 来衡量市场垄断程度。之前的回归中都是用行业的平均市场势力（$markup\_h_{jt}$ 或 $markup\_w_{jt}$）来衡量市场垄断程度，虽然聂辉华等（2008）指出市场集中度不适合作为衡量市场垄断程度的指标，但是作为一个稳健性检验，接下来本书仍将用市场集中度来作为衡量市场垄断程度的新指标。本书计算了每年各个行业的赫芬达尔 - 赫希曼指数（HHI_{jt}），用 HHI_{jt} 代替（7 - 2）式中的 $markup\_h_{jt}$，本书重新对（7 - 2）式进行了估计。表 7 - 10 中的模型 5 和模型 6 报告了相应的回归结果，其中模型 5 的因变量 upgrading 是通过估计（7 - 9）式所示超越对数生产函数得到企业的 TFP 后，据此构建而来；而模型 6 的因变量 upgrading_cd 是通过估计（7 - 11）式所示 C - D 生产函数得到企业的 TFP 后，据此构建而来。可知，模型 5 和模型 6 中 HHI_{jt} 前面的系数都为负且通过了 1% 的显著性检验，由于 HHI_{jt} 越大意味着更大的市场垄断程度，因而模型 5 和模型 6 的估计结果表明即使用市场集中度来作为衡量市场垄断程度的指标，本章之前的主要结论依然成立。

平衡面板（只保留样本中连续存在的企业）。之前的回归都是使用的非平衡面板，其中很多出口企业只在样本中出现了 1 次或 2 次。为了检验这些在样本中存活较短的出口企业是否会对之前的主要回归结果产生重大影响，这里只保留了原样本中连续存在的出口企业以构建平衡面板。使用平衡面板本书重新对（7 - 2）式和（7 - 3）式进行了估计，表 7 - 10 的模型 7 和模型 8 报告了相应的回归结果。可知，表 7 - 10 中模型 7 和模型 8 的估计结果跟表 7 - 7 中的基准回归结果十分类似，$markup\_h_{jt}$ 和 $markup\_w_{jt}$ 前面的系数仍然都显著为负。平衡面板的回归结果表明本章之前的主要结论依然比较稳健。

第五节　以更为合理的市场结构促进出口
企业技术升级的政策讨论

上述的实证研究表明市场垄断程度的降低对中国出口企业的技术升级存在显著的积极影响。市场垄断程度越低（即市场竞争程度越高），出口企业选择的技术升级程度会相对越高；而垄断程度越高，出口企业的技术升级程度会相对越低。因而营造较高竞争程度的市场经济环境无疑将有利于我国出口企业的技术升级。为此，政府可以通过采取以下相关政策措施来更好地促进我国出口企业的技术升级。

首先，政府要放松行政管制，打破行政性垄断。通常而言，垄断存在以下三种主要形式：一是自然垄断，它是由于市场的自然条件而形成的垄断，一般认为自然垄断的形成原因主要是规模经济和范围经济；二是市场垄断，主要是指由少数企业合谋形成的卡特尔，市场垄断形成的前提是企业间的相互勾结，由于缺乏信任基础，企业间的相互博弈使得市场垄断很不稳定，难以在长时间内存在；三是行政垄断，它主要是因来自市场之外的政府对经济的过度干预而形成的。纵观三种主要的垄断形式，只有行政垄断是完全由于政府行政管制、竞争干预等行为所产生的，而过多的行政垄断无疑会提高整个市场的垄断程度，本章的研究表明这将不利于出口企业的技术升级。因此，政府应该适时地放松相关行业里的行政管制，打破行政性垄断，及时引入竞争机制。

其次，政府应该对那些一味追求做大做强的兼并重组适当控制。中国政府近年来所制定和实施的相关产业政策中鼓励企业通过兼并重组的方式来做大做强是一项十分重要的内容。大型出口企业之间通过兼并重组实现横向的强强联合，无疑将提高整个市场的垄断程度，而总体来看，本章的实证结果表明这不利于出口企业的技术升级。当然，应当指出这里也并不是要盲目地反对出口企业间的兼并重组，有时候出口企业间的兼并重组很可能产生很强的协同作用和规模经济效应，这对企业的成长以及产业结构的优化重组无疑是十分有利的。因此，从整个行业市场竞争的角度来看，为了更好地促进出口企业的技术升级，政府对同行业里大型出口企业之间的兼并重组应当进行充分调查与评估，权衡好各方面的利弊，而不能一味地通过兼并重组而鼓励出口企业做大做强。

最后，政府应该采取有力措施努力营造自由公平的竞争环境。由于市场垄断程度的降低对我国出口企业的技术升级存在显著的积极影响，因而相比于比较垄断的市场环境，竞争激烈的市场环境所产生的竞争压力将有利于出口企业进行较高程度的技术升级。在这方面，欧美发达国家做得相对较好，为了保证企业能够公平竞争，它们采取了一系列的政策措施，包括反垄断法的制定、公平竞争审查制度的建立等。我国政府也应该效仿欧美发达国家的做法，通过采取有力的相关措施营造出不同区域内出口企业、不同所有制类型出口企业、不同规模出口企业的公平竞争市场环境，依靠市场的优胜劣汰机制，充分发挥市场的竞争效应对出口企业技术升级的正效应。

第六节　本章小结

在内生的企业技术升级框架下，作为企业异质性出口特征之一的市场垄断程度，通过作用于行业间产品的替代弹性、行业生产固定成本和行业进入固定成本，最终会影响到出口企业的技术升级。而利用中国企业层面的微观数据，通过建立相应的面板数据回归模型，利用系统 GMM 估计方法，本章进一步实证检验了市场垄断程度对中国出口企业技术升级的影响。

总体来看，市场垄断程度的降低对我国出口企业的技术升级存在显著的积极影响。市场垄断程度越低（即市场竞争程度越高），出口企业选择的技术升级程度会相对越高；垄断程度越高，出口企业的技术升级程度会相对越低。分地区估计的结果显示：市场垄断程度的降低仅对东部沿海地区和中部地区出口企业所选择的技术升级程度存在显著的积极影响，对东北地区和西部地区出口企业生产效率的边际提高量没有显著影响。而分不同所有制类型估计的结果表明：对于私营企业和外资企业，市场垄断程度的降低会使得出口企业生产效率的边际提高量越来越高；而对于国有企业和集体企业，市场垄断程度的变化对出口企业生产效率的边际提高量并没有显著影响。

当然，本章的主要实证结果通过了一系列的稳健性检验（包括 C－D 形式的企业生产函数、额外的出口企业技术升级衡量、额外的市场垄断程度衡量、平衡面板等），这表明本章的主要实证结论相当稳健。最后，本章还为政府如何采取相关措施以更为合理的市场结构来促进出口企业的技术升级提出了相应的政策建议。

第八章
总结与研究展望

本章首先对全书的内容进行了归纳总结，概括出本书的主要结论；其次详细介绍了本书的主要创新之处；最后还分析了本书研究过程中存在的一些不足，提出了下一步研究的展望。

第一节　主要研究结论

面对复杂多变的国内外经济环境，中国外贸的发展转型已经刻不容缓。而改变现有基于静态比较优势参与国际经济的模式，通过积极培育动态比较优势，摆脱经济运行过程中的资源锁定效应，真正形成以技术、品牌、质量、服务为核心的出口竞争新优势，其关键还是在于出口企业的技术升级。为此，对出口企业的技术升级进行比较深入的分析探讨无疑显得至关重要。跟已有的大量研究只关注企业的出口参与（出口或不出口）对企业技术升级的影响不一样，针对已经进入出口市场的出口企业，本书从理论推导和实证分析两个方面比较详细地探讨了异质性出口特征对出口企业技术升级的影响。

本书不仅在经典的异质性企业贸易模型架构下，通过引入内生的企业技术升级，构建了一个分析企业的异质性出口特征影响其技术升级的整体框架，同时利用中国企业层面的微观数据，实证检验了出口持续时间、出口强度、出口贸易方式以及市场垄断程度这四个异质性出口特征对中国出口企业技术升级的影响，得出了以下主要结论。

（1）企业的异质性出口特征通过影响出口企业的利润函数最终会对其技术升级产生重大影响。不同的异质性出口特征（如出口持续时间、出口强度、出口贸易方式以及市场垄断程度等）影响出口企业技术升级的方式不一样，有些通过影响出口企业的收入函数来影响其技术升级，有些则通过影响出口企业的成本函数来影响其技术升级。在其他条件都相同的情况下，企业间异质性出口特征的差异将决定出口企业间技术升级程度的差异。

（2）总体来看，出口持续时间的增加对中国出口企业技术升级的边际作用递减，由于出口企业的技术升级程度实际上表示的是出口企业生产效率的边际提高量，即随着企业出口持续时间的增加，出口企业生产效率的边际提高量会越来越低。因而那些认为较长的出口持续时间就能使出口企业的生产效率提高得越来越快的看法存在很大的认识误区。而分行业来看，食品饮料烟草、纺织业、服装、木材加工、化学医药、非金属矿物、金属冶炼、金属制品业、机械设备这 9 个行业中出口企业的出口持续时间的增加对其技术升级的边际作用递减。而对于造纸印刷、石油炼焦、交通运输设备、武器弹药、电气机械、电子通信、仪器仪表这 7 个行业，出口持续时间的增加对这 7 个行业里出口企业生产效率的边际提高量并没有显著影响。分地区来看，出口持续时间的增加仅对东部沿海地区和中部地区出口企业技术升级的边际作用递减，对东北地区和西部地区出口企业生产效率的边际提高量没有显著影响。分不同所有制类型来看，对于国有企业、私营企业和外资企业，出口持续时间的增加会使得出口企业生产效率的边际提高量越来越低，即出口持续时间的增加对出口企业技术升级的边际作用递减；而对于集体企业，出口持续时间的增加对出口企业生产效率的边际提高量并没有显著影响。

（3）出口强度对中国出口企业技术升级的正面影响并非线性单调的，而是呈"倒 U 形"：当企业的出口强度较低时，出口强度的增加有利于出口企业选择更高的技术升级程度；而当企业的出口强度达到一定临界值后，出口强度的进一步增加反而会促使出口企业选择较低的技术升级程度。分行业来看，木材加工、化学医药、非金属矿物、交通运输设备、电气机械这 5 个行业中出口企业的出口强度对其技术升级的影响呈"倒 U 形"，而对于其他行业，出口强度对出口企业技术升级影响的"倒 U 形"关系并不显著存在。分地区估计来看，出口强度对出口企业技术升级影响的"倒 U 形"关系只在东部沿海地区的出口企业中存在，在东北地区、中部地区、西部地区这三个地区的出口企业中并不存在。分不同所有制类型来看，对于集体企业和外资企业，出口强度对出口企业技术升级的影响呈"倒 U 形"；对于国有企业，出口强度对其技术升级并没有显著影响；对于私营企业，出口强度对出口企业技术升级的影响并不呈"倒 U 形"，而是线性的正效应（出口强度的增加有利于私营企业中的出口企业选择更高程度的技术升级）。

（4）出口贸易方式的选择对我国出口企业的技术升级存在显著的影响。加工贸易出口企业的技术升级程度要显著低于一般贸易出口企业的技术升级程度，即对加工贸易出口方式的选择会不利于出口企业的技术升级。随着出口企业加工贸易出口程度的增加，出口企业生产效率的边际提高量会越来越低（即选择越来越低程度的技术升级）。分行业来看，只有食品饮料烟草、纺织业、服装、造纸印刷、化学医药、非金属矿物这 6 个行业中出口企业的出口贸易方式选择对其技术升级存在显著影响。而分地区来看，出口贸易方式仅对东部沿海地区出口企业的技术升级存在显著影响。分不同所有制类型来看，出口贸易方式对出口企业技术升级的影响只在外资企业中显著存在。

（5）市场垄断程度的降低对我国出口企业的技术升级存在显著的积极影响。市场垄断程度越低（即市场竞争程度越高），出口企业选择的技术升级程度会相对越高；市场垄断程度越高，出口企业选择的技术升级程度会相对越低。分地区来看，市场垄断程度的降低仅对东部沿海地区和中部地区出口企业所选择的技术升级程度存在显著的积极影响，对东北地区和西部地区出口企业生产效率的边际提高量没有显著影响。而分不同所有制类型来看，对于私营企业和外资企业，市场垄断程度的降低会使得出口企业生产效率的边际提高量越来越高；而对于国有企业和集体企业，市场垄断程度的变化对出口企业生产效率的边际提高量并没有显著影响。

第二节 本书的主要创新

本书的主要创新点体现在以下几个方面。

首先，本书以出口企业为研究对象，集中对企业异质性出口特征与技术升级之间的关联展开理论和实证分析，为更好地分析出口对企业技术升级的影响提供了新的视角。不管是 Melitz（2003）的开创性研究还是后续的一些分析出口对企业技术升级影响的相关研究，主要还是探讨企业从非出口状态到出口状态的转变对其技术升级的影响（重点还是对出口企业与非出口企业进行比较分析）。应当指出，企业进入出口市场这只是个开始，在出口市场中出口企业如何依靠技术升级不断提高生产效率以便能长期生存下来无疑更加重要。还有，并非所有的企业都会进入出口市场。因此，要准确把握出口对企业技术升级的影响，仅仅探讨企业从非出口状态到出口状态的转变对其技术升级的影响可能还远远不够，而进一步以已经进入出口市场后的企业为对象，集中研究企业的异质性出口特征如何影响其技术升级问题无疑具有更加重要的意义。然而现阶段这方面的研究还很缺乏。在这种背景下，本书以出口企业为研究对象，集中对企业异质性出口特征与技术升级之间的关联展开理论和实证分析，为更好地分析出口对企业技术升级的影响提供了新的视角。

其次，本书较系统地从企业异质性出口特征的角度对出口企业的技术升级问题进行了分析，进一步丰富了异质性企业贸易理论在中国的应用。本书结合中国所具有的特殊国情，对异质性企业贸易模型进行相应的修正与拓展，打破原有的研究范式，建立了一个分析企业的异质性出口特征影响出口企业技术升级的整体框架。而已有的分析框架往往只包含了企业的出口参与（出口或不出口）对企业技术升级的影响，探讨企业的异质性出口特征对其技术升级影响的分析框架还基本没有。本书在这方面做了有益的补充，本书不仅只关注企业的出口参与对其技术升级的影响，而且从企业异质性出口特征的角度，集中对企业的出口持续时间、出口强度、出口贸易方式、市场垄断程度如何影响出口企业的技术升级进行了分析。

最后，本书首次采用大型微观数据（包括中国工业企业数据和海关进出口数据）对异质性出口特征影响中国出口企业技术升级进行了研究，基于主要实证结论的相关政策建议讨论，本书为今后相关的政策制定者采取措施来加快出口企业技术升级的步伐提供了政策思路。应当看到，中国出口贸易在过去30多年来快速发展，快速增长的出口贸易背后是大量出口企业的存在，这些出口企业为中国经济的快速崛起做出了不可磨灭的贡献。出口企业的技术升级不仅事关其自身的长远发展，而且事关中国外贸的持续稳定繁荣，因而详细分析企业的异质性出口特征对中国出口企业技术升级影响十分重要。然而现阶段这方面的研究还基本没有，本书试图弥补这方面的研究空白。本书利用中国企业层面的微观数据，通过构建相应的面板回归模型，实证分析了异质性出口特征对中国出口企业技术升级的影响，基于所得的实证结论，本书进一步讨论了相关的政策建议，也为今后相关的政策制定者采取措施来加快出口企业技术升级的步伐提供了政策思路。

第三节 研究不足与进一步的研究方向

本书从理论推导和实证分析两个方面比较详细地探讨了异质性出口特征对出口企业技术升级的影响，既在一定程度上丰富了中国关于异质性企业贸易理论的经验研究，又为认识出口企业的技术升级提供了一个新的视角。当然，本书的研究仍然存在一些不足和需要完善的地方，以下几个方面值得未来做进一步深入的分析。

首次，本书建立的分析企业异质性出口特征影响其技术升级的整体框架主要是基于 Melitz（2003）的模型发展而来，这是一个静态模型框架，只能进行静态和比较静态分析。而现实中企业的异质性出口特征与其技术升级的变化则是一个连续动态变化的过程，因此如何将企业的异质性出口特征对其技术升级的研究纳入一个动态分析的框架下将是未来研究的一个重要方向。

其次，本书对企业异质性出口特征的考虑还相对有限。在利用中国企业数据实证检验企业异质性出口特征对出口企业技术升级的影响时，本书只考虑了出口持续时间、出口强度、出门贸易方式和市场垄断程度这四个异质性特征。应当说，企业的异质性出口特征并不仅仅限于已经讨论过的四个方面，企业的出口退税、出口目标选择（包括出口国家的数量、出口目的国中发达国家的占比等）等这些特征显然也是企业的异质性出口特征，它们也会影响到出口企业的技术升级。而本书并没有对此进行分析探讨。因此本书的研究视角和维度还有待于进一步拓宽。

再次，迫于数据的限制，本书在实证研究中只验证了理论分析的最终结论，而并未对企业的异质性出口特征如何影响出口企业技术升级的具体作用机制做进一步检验。若能对其中的作用机制进行直接的检验也许会得到更为丰富的研究结论，不过这也将对样本数据提出更高的要求，这将是未来值得进一步深入研究的问题。

最后，本书在实证分析中所使用的工业企业数据期间为 1999~2007年，海关进出口数据期间为 2000~2006 年，苦于数据限制，本书无法利用最新的工业企业数据和海关进出口数据来研究异质性出口特征对中国出口企业技术升级的影响，这不得不说是本书的一个遗憾。因此，使用最新的工业企业数据和海关进出口数据来检验企业异质性出口特征对中国出口企业技术升级的影响或将是下一阶段的研究方向。

附录 A
估算企业生产函数的方法

本附录将介绍如何使用动态面板模型来估计企业的生产函数，主要介绍估算企业生产函数的结构模型方法中的 OP 方法和 LP 方法（ACF 方法之前已有介绍，这里不再重复），同时还将对动态面板模型和结构模型这两种主流的估算企业生产函数的方法进行详细比较。最后针对近期生产函数估计领域内的最新发展动向，介绍如何在允许内生的生产率过程后对生产函数进行估计。本附录的内容主要来自岳文和陈飞翔（2015）的研究。

第一节　使用动态面板模型来估计生产函数

动态面板模型理论主要是由 Chamberlain（1982）、Anderson 和 Hsiao（1982）、Arellano 和 Bond（1991）、Arellano 和 Bover（1995）、Blundell 和 Bond（1998，2000）等发展起来的。使用动态面板模型来估计生产函数其实是对固定效应估计的扩展，它允许（4 - 2）式的残差项拥有更为灵活复杂的误差结构。首先考虑以下生产函数的估计：

$$y_{it} = \beta_l l_{it} + \beta_k k_{it} + \alpha_i + \omega_{it} + \varepsilon_{it} \tag{A-1}$$

其中，残差项 $\mu_{it} = \alpha_i + \omega_{it} + \varepsilon_{it}$，$\alpha_i$ 表示企业间永久性的生产率差异（可能由市场势力导致），ω_{it} 是企业间暂时性的生产率差异（可能由需求或供给冲击导致），ε_{it} 为随机误差项，与企业任意期的要素投入都无关。同

时假设 ω_{it} 不存在自相关。由于 α_i、ω_{it} 与企业的要素投入相关,因而产生了内生性问题。要想估计(A-1)式,同固定效应估计一样,先通过一阶差分消除掉 α_i 的影响,可以得到差分后的方程:

$$\Delta y_{it} = \beta_l(\Delta l_{it}) + \beta_k(\Delta k_{it}) + \Delta\omega_{it} + \Delta\varepsilon_{it} \qquad (A-2)$$

然而不幸的是差分后的 Δl_{it}、Δk_{it} 仍旧与 $\Delta\omega_{it}$ 相关,此时对(A-2)式采用传统的 OLS 估计仍会存在偏误。Arellano 和 Bond(1991)提出使用滞后 2 期及以上的要素投入 $l_{it-\tau}$、$k_{it-\tau}$($\tau \geq 2$)作为工具变量来对(A-2)式进行估计,因为滞后 τ 期及以上的要素投入在 $t-\tau$ 就已决定,不会与 $\Delta\omega_{it} = \omega_{it} - \omega_{it-1}$ 相关,同时考虑到要素投入会存在调整成本,因而滞后期的要素投入会与当期的要素投入相关。根据 Arellano 和 Bond(1991)的建议,容易得到以下矩条件:

$$E\left[\Delta\mu_{it} \mid (l_{it-\tau}, k_{it-\tau})_{\tau=2,\cdots,t-1}\right] = 0 \qquad (A-3)$$

利用(A-3)式进行 GMM 估计,就能得到的 β_l、β_k 的一致估计量。

上述的讨论建立在 ω_{it} 不存在自相关的假设之上,然而当 ω_{it} 存在一阶自相关时,对(A-1)式进行一阶差分得到的矩条件(A-3)式将不再成立。具体来看,设 $\omega_{it} = \rho\omega_{it-1} + \xi_{it}$,$0 < \rho < 1$,其中 $\xi_{it} \sim iid$,ξ_{it} 是企业在 t 期受到的随机生产率冲击,与企业 t 期之前的要素投入选择无关,易知 $\Delta\omega_{it}$ 是 ω_{it-2} 的函数,此时滞后 2 期的要素投入会与 $\Delta\omega_{it}$ 相关,因而不能再作为有效的 IV。这时为了对(A-1)式进行估计,考虑先对(A-1)式进行拟差分消除 ω_{it} 的影响,可以得到:

$$y_{it} = \rho y_{it-1} + \beta_l(l_{it} - \rho l_{it-1}) + \beta_k(k_{it} - \rho k_{it-1}) + (\alpha_i - \rho\alpha_i) + \xi_{it} + (\varepsilon_{it} - \rho\varepsilon_{it-1})$$

$$(A-4)$$

对(A-4)式再进行一阶差分消除 α_i 的影响,可以得到:

$$\Delta y_{it} = \rho\Delta y_{it-1} + \beta_l(\Delta l_{it} - \rho\Delta l_{it-1}) + \beta_k(\Delta k_{it} - \rho\Delta k_{it-1}) + \Delta\xi_{it} + \Delta\varepsilon_{it} - \rho\Delta\varepsilon_{it-1}$$

$$(A-5)$$

此时的 $\Delta\mu_{it} - \rho\Delta\mu_{it-1} = \Delta\xi_{it} + \Delta\varepsilon_{it} - \rho\Delta\varepsilon_{it-1}$,Blundell 和 Bond(2000)建议使用滞后 2 期及以上的要素投入 $l_{it-\tau}$、$k_{it-\tau}$($\tau \geq 2$)和滞后 3 期及以

上的产出 $y_{it-\tau}$（$\tau \geqslant 3$）来作为工具变量对（A-5）式进行估计，因为 $\Delta\xi_{it} = \xi_{it} - \xi_{it-1}$ 与所有 $t-1$ 期之前的要素投入选择无关，而 ε_{it} 与企业任意期的要素投入都无关。根据 Blundell 和 Bond（2000）的方法，容易得到以下矩条件：

$$E\left[\Delta\mu_{it} - \rho\Delta\mu_{it-1} \,\middle|\, (l_{it-\tau}, k_{it-\tau})_{\tau=2,\cdots,t-1}\right] = E\left[\Delta\mu_{it} - \rho\Delta\mu_{it-1} \,\middle|\, (y_{it-\tau})_{\tau=3,\cdots,t-1}\right] = 0$$

$$(A-6)$$

利用（A-6）式进行 GMM 估计，能得到的 β_l、β_k 的一致估计量。

假如移除（A-1）式中的固定效应，对（A-7）式生产函数进行估计：

$$y_{it} = \beta_l l_{it} + \beta_k k_{it} + \omega_{it} + \varepsilon_{it} \qquad (A-7)$$

其中残差项 $\mu_{it} = \omega_{it} + \varepsilon_{it}$，$\omega_{it}$ 存在一阶自相关，ε_{it} 跟之前的设定相同。在这种情况下，只需要对（A-7）式进行拟差分消除 ω_{it} 的影响：

$$y_{it} = \rho y_{it-1} + \beta_l(l_{it} - \rho l_{it-1}) + \beta_k(k_{it} - \rho k_{it-1}) + \xi_{it} + (\varepsilon_{it} - \rho\varepsilon_{it-1}) \qquad (A-8)$$

此时不需要进行再一次的差分，可以直接利用以下矩形条件对（A-8）式进行估计：

$$E\left[\mu_{it} - \rho\mu_{it-1} \,\middle|\, (l_{it-\tau}, k_{it-\tau})_{\tau=1,\cdots,t-1}\right] = E\left[\mu_{it} - \rho\mu_{it-1} \,\middle|\, (y_{it-\tau})_{\tau=2,\cdots,t-1}\right] = 0 \,(A-9)$$

因为 $\mu_{it} - \rho\mu_{it-1} = \xi_{it} + (\varepsilon_{it} - \rho\varepsilon_{it-1})$，Blundell 和 Bond（2000）的方法仍然有效，利用（A-9）式进行 GMM 估计即可估计出 β_l、β_k。

然而无论是 Arellano 和 Bond（1991）方法还是 Blundell 和 Bond（2000）方法，它们在实际运用中和模特卡洛模拟中都表现较差，对差分后的方程而言，l_{it}、k_{it}、y_{it} 的水平滞后项似乎是弱工具变量①。如果 cov（$l_{it-\tau}$，Δl_{it}）、cov（$y_{it-\tau}$，Δy_{it}）、cov（$k_{it-\tau}$，Δk_{it}）都很小，那么在小样本中 GMM 估计会存在较大的偏误。Blundell 和 Bond（1998）详细讨论了当 ρ 的值趋向于 1 或者固定效应 α_i 的方差相对于 ω_{it} 的方差增加时，水平值的滞后项就会是弱 IV，并建议进一步使用差分变量的滞后项作为水平值的工具

---

① 文献中把像（A-1）式这样的原始方程叫水平方程，把差分后的方程 [如（A-5）式] 叫差分方程，把 x_{it} 叫水平值，把 Δx_{it} 叫差分值。

变量来估计水平方程，相当于进一步增加了可用的工具变量。由于这种方法在估计过程中会同时使用水平方程和差分方程，因而被称为系统 GMM 估计（之前的估计方法中只使用了差分方程，因而又被称为差分 GMM 估计）。

具体来看，利用数据的平稳性假设，考虑以下动态的简化形式的要素投入方程：

$$l_{it} = \delta_l l_{it-1} + \lambda_1 \alpha_i + \lambda_2 \omega_{it} \qquad k_{it} = \delta_k k_{it-1} + \gamma_1 \alpha_i + \gamma_2 \omega_{it} \qquad (A-10)$$

其中 α_i 和 ω_{it} 跟前文一样，分别表示企业间永久性的生产率差异和暂时性的生产率差异。假设在样本期前的某一时期 $t^* < 0$，有 $\omega_{it} = 0$ 和 $\varepsilon_{it} = 0$，那么此时要素投入和产出就等于其稳态均值（只与企业特有 α_i 相关）：

$$l_{it}^* = \frac{\lambda_1 \alpha_i}{1 - \delta_l} \qquad k_{it}^* = \frac{\gamma_1 \alpha_i}{1 - \delta_k} \qquad y_{it}^* = \beta_l \frac{\lambda_1 \alpha_i}{1 - \delta_l} + \beta_k \frac{\gamma_1 \alpha_i}{1 - \delta_k} + \alpha_i \qquad (A-11)$$

对样本中的任意一期 t，容易得到：

$$l_{it} = l_{it}^* + \lambda_2 (\omega_{it} + \delta_l \omega_{it-1} + \delta_l^2 \omega_{it-2} \cdots) \qquad k_{it} = k_{it}^* + \gamma_2 (\omega_{it} + \delta_k \omega_{it-1} + \delta_k^2 \omega_{it-2} \cdots)$$

$$y_{it} = y_{it}^* + \omega_{it} + \beta_l \lambda_2 (\omega_{it} + \delta_l \omega_{it-1} + \delta_l^2 \omega_{it-2} \cdots) + \beta_k \gamma_2 (\omega_{it} + \delta_k \omega_{it-1} + \delta_k^2 \omega_{it-2} \cdots)$$

$$(A-12)$$

进一步对要素投入和产出分别进行一阶差分：

$$\Delta l_{it} = \lambda_2 (\Delta \omega_{it} + \delta_l \Delta \omega_{it-1} + \delta_l^2 \Delta \omega_{it-2} \cdots) \qquad \Delta k_{it} = \gamma_2 (\Delta \omega_{it} + \delta_k \Delta \omega_{it-1} + \delta_k^2 \Delta \omega_{it-2} \cdots)$$

$$\Delta y_{it} = \Delta \omega_{it} + \beta_l \lambda_2 (\Delta \omega_{it} + \delta_l \Delta \omega_{it-1} + \delta_l^2 \Delta \omega_{it-2} \cdots) + \beta_k \gamma_2 (\Delta \omega_{it} + \delta_k \Delta \omega_{it-1} + \delta_k^2 \Delta \omega_{it-2} \cdots)$$

$$(A-13)$$

可知虽然 $\{\Delta l_{it}, \Delta k_{it}, \Delta y_{it}\}$ 与 l_{it}、k_{it}、y_{it} 相关，但是跟 α_i 并不相关，因而有：

$$\text{cov}(\Delta l_{it}, \alpha_i) = \text{cov}(\Delta k_{it}, \alpha_i) = \text{cov}(\Delta y_{it}, \alpha_i) = 0 \qquad (A-14)$$

对任意的 $j > 0$，利用（A-14）式和 $\mu_{it} = \alpha_i + \omega_{it} + \varepsilon_{it}$，易得以下矩条件：

$$E(\Delta l_{it-j} \mu_{it}) = E(\Delta k_{it-j} \mu_{it}) = E(\Delta y_{it-j} \mu_{it}) = 0 \qquad (A-15)$$

使用系统 GMM 估计生产函数即在原有 Arellano 和 Bond（1991）或

Blundell 和 Bond（2000）方法的基础上，同时利用（A－15）式，对原始的水平方程进行估计。由于增加了更多的 IV，该方法在一定程度上解决了水平值滞后项的弱 IV 问题，提高了估计效率，成为当前估计生产函数的一种重要方法。

第二节　使用结构模型来估计生产函数

当前估计企业生产函数的另一种主流方法是使用结构模型方法，该方法由 Olley 和 Pakes（1996）、Levinsohn 和 Petrin（2003）、Ackerberg 等（2007）发展起来，主要是利用可以观察到的企业投入决策（如投资、中间投入品等）来控制不可观测的生产率。这种方法被广泛运用于近期大量的实证研究中，如 Blalock 和 Gertler（2004）、Alvarez 和 López（2005）、De Loecker（2007）、张杰等（2009）、余淼杰（2010）、聂辉华和贾瑞雪（2011）、田巍和余淼杰（2012）、黄枫和吴纯杰（2013）等。由于之前已经对 ACF 方法进行了介绍，这里只介绍 OP 方法和 LP 方法。

一　OP 方法

结构模型方法从企业动态演化的角度来研究企业生产函数，假定资本是动态投入，会影响企业将来的利润，当前资本是由上期的资本存量与上期投资决定，资本积累方程为：$k_{it} = (1-\delta) k_{it-t} + i_{it-1}$，其中 δ 是折旧率，i_{it} 表示投资，而劳动是非动态投入，不会影响到企业将来的利润。考虑以下生产函数的估计：

$$y_{it} = \beta_l l_{it} + \beta_k k_{it} + \omega_{it} + \varepsilon_{it} \qquad (A-16)$$

其中，ε_{it} 为随机误差项，与企业任意期的要素投入都无关；ω_{it} 代表不可观测的企业生产率。进一步假设生产率 ω_{it} 服从外生的一阶马尔科夫过程：

$$\omega_{it} = E(\omega_{it} \mid \omega_{it-1}) + \xi_{it} = g_t(\omega_{it-1}) + \xi_{it} \qquad (A-17)$$

其中，ξ_{it} 是企业 i 在 t 期受到的随机生产率冲击，它与当期资本无关

（因为资本是动态投入，当前资本是由上期的资本存量与上期投资决定），但与当期劳动力相关（因为劳动是可变投入，企业是在观测到 ξ_{it} 后才决定当期的劳动投入），这也是内生性问题的主要原因。

Olley 和 Pakes（1996）指出企业每期通过选择可变要素的投入（如劳动）和投资水平使其期望利润最大化，利用企业利润最大化的 Bellman 方程，可得企业的投资需求方程[①]：

$$i_{it} = i_t(\omega_{it}, k_{it}) \tag{A-18}$$

Pakes（1994）证明当 $i_{it} > 0$ 时，即企业投资不为零时，企业投资 i_{it} 是企业生产率 ω_{it} 的严格递增函数，因而通过对（A-18）式求关于 ω_{it} 的反函数可以得到：

$$\omega_{it} = \omega_t(i_{it}, k_{it}) \tag{A-19}$$

OP 方法通过（A-19）式用可以观测到的企业投资来作为不可观测到的企业生产率的代理变量，从而解决了生产率的内生性问题。具体来看，将（A-19）式代入（A-16）式，可以得到：

$$y_{it} = \beta_l l_{it} + \beta_k k_{it} + \omega_t(i_{it}, k_{it}) + \varepsilon_{it} = \beta_l l_{it} + \phi(i_{it}, k_{it}) + \varepsilon_{it} \tag{A-20}$$

具体的估计程序为[②]：第一阶段，对（A-20）式进行回归，采用非

---

① 企业的投资函数一般会包含企业最优决策的所有状态变量，劳动不被包含在（A-18）式中是因为劳动是非动态投入，t 期之前的生产率不被包含在（A-18）式中是因为假设 w_{it} 服从一阶马尔科夫过程。

② 这里讨论的 OP 方法没有考虑企业的退出行为，这主要是为了跟后文的 LP 方法和 ACF 方法表述一致，便于比较。Olley 和 Pakes（1996）的原文考虑了企业的退出行为，此时假定 $w_{it} = E(w_{it} \mid w_{it-1}, survive_{it} = 1) + \xi_{it} = g(w_{it-1}, survive_{it} = 1) + \xi_{it}$。他们在文章中推导出企业每期生存下来的概率为 $P_{it} = Pr(Survive_{it} = 1) = \Phi(i_{it-1}, k_{it-1})$，相应的回归方程变为：

$$y_{it} = \beta_l l_{it} + \beta_k k_{it} + w_t(i_{it}, k_{it}) + \varepsilon_{it} = \beta_l l_{it} + \beta_k k_{it} + g(w_{it-1}, P_{it}) + \xi_{it} + s_{it}$$

具体的估计方法只需对之前的估计程序稍作改动：第一阶段，对上式进行回归，采用非参方式逼近 $\phi(i_{it}, k_{it}) = \beta_k k_{it} + w_t(i_{it}, k_{it})$，得到 $\hat{\beta}_l$ 和 $\hat{\phi}(i_{it}, k_{it})$；第二阶段，先使用非参方法估计出企业生存下来的概率 P_{it}，对于给定的 β_k，可以得到 $w_{it}(\beta_k) = \hat{\phi}(i_{it}, k_{it}) - \beta_k k_{it}$，通过将 $w_{it}(\beta_k)$ 对 $w_{it-1}(\beta_k)$ 和 P_{it} 进行非参回归能得到 $\xi_{it}(\beta_k) = w_{it}(\beta_k) - \hat{\Psi}[w_{it-1}(\beta_k), P_{it}]$，利用矩条件 $E[\xi_{it}(\beta_k), k_{it}]$ 进行 GMM 估计就能得到 $\hat{\beta}_k$。

参方式逼近 $\phi(i_{it}, k_{it})$，可以得到 $\hat{\beta}_l$ 和 $\hat{\phi}(i_{it}, k_{it})$。第二阶段，对于给定的 β_k，可以得到 $\omega_{it}(\beta_k) = \hat{\phi}(i_{it}, k_{it}) - \beta_k k_{it}$，结合（A - 17）式，通过将 $\omega_{it}(\beta_k)$ 对 $\omega_{it-1}(\beta_k)$ 进行非参回归能得到 $\xi_{it}(\beta_k) = \omega_{it}(\beta_k) - \hat{\Psi}[\omega_{it-1}(\beta_k)]$，利用矩条件 $E[\xi_{it}(\beta_k)k_{it}] = 0$ 进行 GMM 估计就能得到 $\hat{\beta}_k$。

二　LP 方法

然而 Levinsohn 和 Petrin（2003）指出 OP 方法很依赖企业投资 i_{it} 是企业生产率 ω_{it} 的严格递增函数这个关键条件，而现实中企业投资调整的灵活性较差，很多企业的投资都为零，为了使 OP 方法中关键假设继续满足，必须把投资为零的样本全部剔除，这将会造成很大的效率损失，具体可以参见 Ackerberg 等（2007）的详细讨论。为了避免这个问题，LP 方法提出用中间投入品（如原材料、能源、电力等）作为生产率的代理变量，因为企业总是要使用中间投入品。LP 方法考虑以下生产函数的估计：

$$y_{it} = \beta_l l_{it} + \beta_k k_{it} + \beta_m m_{it} + \omega_{it} + \varepsilon_{it} \tag{A - 21}$$

其中，m_{it} 表示企业的中间投入品，其余各变量的设置跟（A - 16）式完全相同。假定中间投入品的需求函数为：

$$m_{it} = m_t(\omega_{it}, k_{it}) \tag{A - 22}$$

注意到 m_{it} 是 ω_{it} 的函数，因而中间投入品也是可变投入，企业是在观测到 ω_{it} 后才决定当期的 m_{it}；同时劳动 l_{it} 并不进入（A - 18）式，可知企业是同时选择劳动和中间投入品[①]。

给定以上设定，LP 方法的估计程序类似于 OP 方法。由于中间投入品的需求是关于生产率的严格递增函数（Levinsohn 和 Petrin，2003），从（A - 22）式可得到：

$$\omega_{it} = \omega_t(m_{it}, k_{it}) \tag{A - 23}$$

---

① 如果企业劳动的选择先于中间投入品的选择，那么 l_{it} 就会影响到企业最优的投入 m_{it}，从而会进入（A - 18）式。

将（A-23）式代入（A-21）式有：

$$y_{it} = \beta_l l_{it} + \beta_k k_{it} + \beta_m m_{it} + \omega_t(m_{it}, k_{it}) + \varepsilon_{it} = \beta_l l_{it} + \phi(m_{it}, k_{it}) + \varepsilon_{it} \qquad (A-24)$$

具体的估计程序为：第一阶段，对（A-24）式进行回归，采用非参方式逼近 $\phi(m_{it}, k_{it})$，可以得到 $\hat{\beta}_l$ 和 $\hat{\phi}(m_{it}, k_{it})$。第二阶段，此时有两个参数 β_k 和 β_m 要识别。对于给定的 β_k 和 β_m，可以得到 $\omega_{it}(\beta_k, \beta_m) = \hat{\phi}(m_{it}, k_{it}) - \beta_k k_{it} - \beta_m m_{it}$，结合（A-17）式，通过将 $\omega_{it}(\beta_k, \beta_m)$ 对 $\omega_{it-1}(\beta_k, \beta_m)$ 进行非参回归能得到 $\xi_{it}(\beta_k, \beta_m) = \omega_{it}(\beta_k, \beta_m) - \hat{\Psi}[\omega_{it-1}(\beta_k, \beta_m)]$，利用矩条件 $E[\xi_{it}(\beta_k, \beta_m)k_{it}] = E[\xi_{it}(\beta_k, \beta_m m_{it-1})] = 0$ 进行 GMM 估计就能得到 $\hat{\beta}_k$ 和 $\hat{\beta}_m$。

无论是 OP 方法、LP 方法还是 ACF 方法都是采用两阶段 GMM 估计，其无法直接获得估计参数的标准差，只能使用 bootstrap 方法。Wooldridge（2009）建议将上述第一、第二阶段同时进行估计，其好处在于不仅可以提高效率，而且估计参数的标准差可以用标准的 GMM 方法直接得到。

第三节　动态面板模型和结构模型的比较

动态面板模型和结构模型作为当前估计生产函数的两种主要方法，正如 Ackerberg 等（2015）所言，两种方法间存在显著差异，因而具有各自的优劣势。准确把握好这两种方法各自的优劣势以及适应条件，对于在不同情况下甄选合适的模型方法来估计生产函数至关重要，因此本书接下来将对这两种方法做个详细的比较分析。注意到没有固定效应的动态面板模型［如（A-7）式］跟结构模型很相似，本书接下来的分析将主要对这两者进行比较。

用结构模型方法估计生产函数的第一阶段是通过非参数回归消除掉 ε_{it} 的影响，使得对于给定的参数（如 β_k 和 β_l），能够计算出 $\omega_{it}(\beta_k, \beta_l)$，然后利用生产率服从外生的一阶马尔科夫过程的假设得到与 $\xi_{it}(\beta_l, \hat{\beta}_k)$ 相关的矩条件；而在动态面板模型中，不能计算出企业的 ω_{it}，只能够得到 μ_{it}（$\mu_{it} = \omega_{it} + \varepsilon_{it}$）。虽然两者都能形成矩条件来一致性地估计相关参数，但是限于给定的参数的差异，这两种方法具有各自的优劣势以及适应条件。

首先，在结构模型中，ω_{it} 可以服从任意的一阶马尔科夫过程，但在动态面板模型中则不可以。在动态面板模型中不仅要求 ω_{it} 服从的一阶马尔科夫过程是参数形式的（不能非参），同时也必须是线性的。在前文中讨论对（A – 7）式的估计时就是假设 ω_{it} 服从线性的 AR（1）过程，从而能够通过简单的拟差分得到相关的矩条件。倘若假设 ω_{it} 服从的是非线性的马尔科夫过程，一般来说将不可能利用 μ_{it} 很清晰简单地构造出有效的矩条件。而在结构模型中，ω_{it} 服从的一阶马尔科夫过程不仅可以非线性，而且可以是非参的。其主要原因在于第一阶段的回归消除掉了 ε_{it} 的影响，使得对于给定的参数，能够得到 ω_{it}（β_k, β_l）。因而结构模型在对 ω_{it} 的假设上弱于动态面板模型，具有明显的优势。

其次，这两种方法得到的估计量的有效性不一样。GMM 估计量的方差正比于所使用的矩条件的方差。假定知道 ω_{it} 服从 AR（1）过程，那么使用结构模型方法的第二阶段估计过程中将会用 ω_{it} 对 ω_{it-1} 回归（限于给定的参数），然后将得到的残差（ξ_{it}）用来与合适的工具变量（如 k_{it} 等）形成矩条件。而动态面板模型方法则是用 $\xi_{it} + (\varepsilon_{it} - \rho\varepsilon_{it-1})$ 来跟合适的工具变量形成矩条件［参见（A – 8）式、（A – 9）式］。对于给定集合里的 IV，额外增加的项（$\varepsilon_{it} - \rho\varepsilon_{it-1}$）将增加矩条件的方差。这个差异将使结构模型估计量比动态面板模型估计量更有效。

最后，相对于结构模型方法，动态面板模型也有一些显著性的优势，其中最主要的就是其允许有固定效应 α_i，而结构模型方法中则不允许存在 α_i。而在动态面板模型中允许 α_i 的存在会使得整个估计需要额外的一次差分，因而也需要用滞后更多期水平值来做 IV，由此对数据也会有更大的要求。鲁晓东和连玉君（2012）指出使用动态面板模型来估计生产函数需要样本具有足够长的时间跨度，因为该方法需要对样本进行大量的差分和滞后值处理，以创建合意的工具变量。这也可能是该方法的应用受到了较大限制的原因。不过，其允许固定效应的存在是动态面板模型方法一个显著的优势。

动态面板模型方法的另一个优势是其不需要对投资需求方程（或中间投入品的需求方程）做出假设。而在结构模型中假设投资需求（OP 方法）或中间投入品需求（LP 方法、ACF 方法）是 ω_{it} 的严格单调函数至关重要，正是由于这个假设使得可以利用观察到的企业投入决策（如投资、中间投入品等）来控制不可观测的生产率。同时动态面板模型方法也允许对 ε_{it} 做出更弱的假设，在前文的相关讨论中都是假设 ε_{it} 与企业任意期的要素投入都无关（严格外生），可以将其弱化为 ε_{it} 与企业 t 期前的要素投入无关（可能与将来的要素投入相关），以（A－3）式所表示的矩条件为例，此时只需要使用滞后 3 期及以上的要素投入作为 IV，仍然可以对（A－2）式进行估计。而结构模型方法则十分依赖 ε_{it} 的严格外生性假设，Ackerberg 等（2015）对此做了较详细的讨论。另外，动态面板模型方法还允许 ω_{it} 服从更高阶的线性马尔科夫过程，如 AR（2）过程，此时只需要进一步的差分就能构造出有效的矩条件。而 Ackerberg 等（2007）表明要在一定的条件下，结构模型方法才能扩展到允许 ω_{it} 服从更高阶的马尔科夫过程。

总的来看，使用动态面板模型或结构模型来估计生产函数具有各自的优劣势。在某些情况下，基于数据的考虑或某种特殊生产过程的要求可能能够指导我们在这两种方法中做出最合适的选择。

第四节　对结构模型方法的扩展：
内生的生产率过程

使用结构模型方法（无论是 OP 方法、LP 方法还是 ACF 方法）来估计企业生产函数十分依赖（A－17）式：要求生产率 ω_{it} 服从外生的一阶马尔科夫过程，即当期的生产率只依赖上一期的生产率。然而一些研究表明企业的一些其他决定都会影响到企业将来的生产效率，如 R&D 和出口参与（Aw 等，2011）、技术采用（Bustos，2011；Lileeva 和 Trefler，2010）、产品质量升级（Verhoogen，2008）等。外生的生产率过程忽略了企业的这些行为直接对企业将来生产率的影响，因而在特定的研究过程中，可能并不能达到预期的目的。例如如果企业的出口活动会直接影响到其将来的生产率，那么在研究出口对企业生产率的影响时，使用（A-17）式估计出来的生产函数就会存在问题，因为此时随机生产率冲击（ξ_{it}）会包含出口的生产率效应，ξ_{it} 不再与 k_{it} 和 l_{it-1} 无关，这会导致原始的矩条件不再成立，从而使得生产函数中资本和劳动前面的系数估计存在偏误[①]。

因此当考虑企业的一些行为如技术升级、FDI、专利、并购等对企业将来的生产率有直接影响时，外生的生产率过程并不能使生产函数得到一致的估计，此时允许内生的生产率过程十分重要（Dorazelski 和 Jaumandreu，2013）。当前在生产函数的估计中考虑内生的生产率过程已经成为该领域研究中最为前沿的热点问题。具体来看，内生的生产率过程允许企业的一些行为如创新、出口参与、投资等直接影响企业将来的生产率，此时假定 ω_{it} 服从（A-25）式的一阶马尔科夫过程：

$$\omega_{it} = E(\omega_{it} \mid \omega_{it-1}, X_{it}) + \xi_{it} = g_t(\omega_{it-1}, X_{it}) + \xi_{it} \qquad (A-25)$$

其中 X_{it} 代表的是会直接影响企业将来生产率的一些企业行为，如企业的出口参与或出口经历（De Loecker，2013）、R&D（Dorazelski 和 Jaumandreu，2013；Bølery 等，2012）、FDI、并购等。如 De Loecker（2013）利用斯洛文尼亚的数据研究出口对企业生产率影响时就考虑了内生的生产率过程，他假定生产率的演变具有以下形式：$\omega_{it} = g_t(\omega_{it-1}, E_{it}) + \xi_{it}$，其中 E_{it} 是企业的出口经历，为简便，进一步假定 E_{it} 就是出口虚拟变量。Van Biesebroeck（2005）则是把企业滞后 1 期的出口状态 E_{it-1} 引入生产率的演变过程中。Dorazelski 和 Jaumandreu（2013）、Bølery 等（2012）在他们的相关研究中则考虑了如下的生产率演变过程：$\omega_{it} = g_t(\omega_{it-1}, d_{it-1}) + \xi_{it}$，其中 d_{it-1} 是企业上一期的 R&D 投入。

当然 X_{it} 也可以是企业几种行为的合集，如同时包含出口参与和 R&D 等。

[①] De Loecker（2013）对此进行了详细的分析，可以具体参见其原文。

Aw 等（2011）在研究企业的研发投入和出口参与共同对企业生产率的影响时就假定生产率的演变具有以下形式：$\omega_{it} = g_t(\omega_{it-1}, d_{it-1}, e_{it-1}) + \xi_{it}$，其中 d_{it-1} 是企业上一期的 R&D 投入，e_{it-1} 是企业上一期的出口参与。

当允许存在内生的生产率过程时，原有结构模型方法中对生产函数的估计程序会失效，必须进行相应的修正。以 OP 方法（不考虑企业退出行为）为例，接下来简要说明当生产率的演变规律满足（A-25）式时，如何对生产函数进行估计①。仍然考虑对（A-16）式所示生产函数的估计，结合（A-25）式，此时的估计方程就变为：

$$y_{it} = \beta_l l_{it} + \beta_k k_{it} + \omega_t(i_{it}, k_{it}) + \varepsilon_{it} = \beta_l l_{it} + \beta_k k_{it} + g(\omega_{it-1}, X_{it}) + \xi_{it} + \varepsilon_{it} \quad (A-26)$$

仍然采用两阶段估计程序：第一阶段，直接对 $y_{it} = \beta_l l_{it} + \beta_k k_{it} + \omega_t(i_{it}, k_{it}) + \varepsilon_{it}$ 进行回归，采用非参方式逼近 $\phi(i_{it}, k_{it}) = \beta_k k_{it} + \omega_t(i_{it}, k_{it})$，得到 $\hat{\beta}_l$ 和 $\hat{\phi}(i_{it}, k_{it})$；第二阶段，对于给定的 β_k，可以得到 $\omega_{it}(\beta_k) = \hat{\phi}(i_{it}, k_{it}) - \beta_k k_{it}$，通过将 $\omega_{it}(\beta_k)$ 对 $\omega_{it-1}(\beta_k)$ 和 X_{it} 进行非参回归能得到 $\xi_{it}(\beta_k) = \omega_{it}(\beta_k) - \hat{\Psi}[\omega_{it-1}(\beta_k), X_{it}]$，利用矩条件 $E[\xi_{it}(\beta_k)k_{it}] = 0$ 进行 GMM 估计就能得到 $\hat{\beta}_k$。

上述估计程序（Endogenous Productivity Process，简称为 EPP）跟考虑企业退出行为的 OP 方法（OP with Selection，简称 OPS）的估计程序十分相似。OPS 方法假定企业的生产率演变满足：$\omega_{it} = g_t(\omega_{it-1}, P_{it}) + \xi_{it}$，其中 P_{it} 是企业每期生存下来的概率。这其实本质上就是内生的生产率过程，因而容易理解为何 OPS 和 EPP 两者的估计程序如此相似。两者的主要差别是在 EPP 中 X_{it} 是已知的，而在 OPS 中 P_{it} 是未知的，因而需要先对 P_{it} 进行估计。Olley 和 Pakes（1996）推导出 $P_{it} = \Phi(i_{it-1}, k_{it-1})$，因而可以用上一期的投资和资本存量来对 P_{it} 进行估计。

有相当多的研究是在 OPS 基础上进行扩展，再引入一些直接影响企业将来生产率和生存概率的企业行为。如 De Loecker（2007）在 OPS 的基础

---

① 很容易用类似的思路将原有 LP 和 ACF 方法的估计程序扩展到对允许内生生产率过程的生产函数的估计。

上再引入出口虚拟变量；Amiti 和 Konings（2007）则同时引入出口虚拟变量和进口虚拟变量；余淼杰（2011）、Yu（2015）在使用中国数据进行生产函数和生产率估算时，不仅引入了出口虚拟变量和进口虚拟变量，还进一步考虑了 WTO 虚拟变量（2001 年后的值为 1、此前值为 0）。在这些基于 OPS 的扩展模型中，企业的生存概率变为 $P_{it} = \Gamma（i_{it-1}, k_{it-1}, X_{it}）$，相应的企业的生产率演变则服从以下规律：$\omega_{it} = g_t（\omega_{it-1}, P_{it}, X_{it}） + \xi_{it}$。此时，只需要对 EPP 程序的第二阶段估计过程进行修正就可以对生产函数进行一致性的估计。另外，用非参方法或在 Probit 模型中使用序列逼近估计出企业生存下来的概率 $P_{it} = \Gamma（i_{it-1}, k_{it-1}, X_{it}）$，接着对于给定的 β_k，可以得到 $\omega_{it}（\beta_k） = \hat{\phi}(i_{it}, k_{it}) - \beta_k k_{it}$，通过将 $\omega_{it}（\beta_k）$ 对 $\omega_{it-1}（\beta_k）$、X_{it} 和估计出来的 P_{it} 进行非参回归能得到 $\xi_{it}（\beta_k） = \omega_{it}（\beta_k） - \hat{\Psi}[\omega_{it-1}（\beta_k）, X_{it}, P_{it}]$，最后再利用矩条件 $E[\xi_{it}（\beta_k）k_{it}] = 0$ 进行 GMM 估计就能得到 $\hat{\beta}_k$。

　　由于外生的生产率过程忽略了企业的某些行为（如技术升级、FDI、专利、并购等）直接对企业将来生产率的影响，因而在特定的研究过程中，可能并不能达到预期的目的。此时允许内生的生产率过程就显得十分重要。当前在生产函数的估计中考虑内生的生产率过程已经成为该领域研究中最为前沿的热点问题。如何在适宜的情况下引入内生的生产率过程以满足特定的研究要求，将在以后的生产函数估计中受到越来越多的重视，可以预计允许内生的生产率过程将是以后生产函数估计这个领域内的一个重要发展方向。

附录 B
其他估算加成率的方法

本附录将介绍使用生产法估算加成率的其他方法，如 Hall 模型、Klette 模型、Roeger 模型和 De Locker 等模型。值得注意的是 Hall 模型、Klette 模型和 Roeger 模型只能估算出行业层面的加成率，之前介绍的 DLW 模型可以估算出企业层面的加成率，而 De Locker 等模型则可以估算出产品层面的加成率。

第一节　行业层面加成率的估算方法

Hall（1988）开创性地利用索罗余值的性质，推导了不完全竞争市场条件下行业加成率的计算方法，而 Klette（1999）、Roeger（1995）则分别对 Hall（1988）的模型进行了扩展，这一部分将详细介绍估算加成率的 Hall 模型、Klette 模型和 Roeger 模型。

一　Hall 模型

根据 Hall（1988）的研究，假设行业内代表性企业的生产函数具有如下形式：$Q_{it} = A_{it} F（K_{it}, L_{it}）$，其中 Q_{it} 表示企业 i 在 t 期的产出，K_{it} 表示企业 i 在 t 期的资本投入，L_{it} 表示企业 i 在 t 期的劳动投入，A_{it} 表示企业 i 在 t 期的全要素生产率。对企业的生产函数取对数后微分，易得到：

$$dQ_{it}/Q_{it} = \left[F_K K_{it}/F(K_{it}, L_{it}) \right] dK_{it}/K_{it} + \left[F_L L_{it}/F(K_{it}, L_{it}) \right] dL_{it}/L_{it} + dA_{it}/A_{it}$$

$$(B-1)$$

其中 $F_L = \partial F/\partial L$，$F_K = \partial F/\partial K$。同时进一步假设企业生产的规模报酬不变，因而有 $AF_K K/Q + AF_L L/Q = 1$，将 $AF_K K/Q = 1 - AF_L L/Q$ 代入（B-1）式，经过适当变形可得：

$$d\ln(Q_{it}/K_{it}) = \left[F_L L_{it}/F(K_{it}, L_{it}) \right] d\ln(L_{it}/K_{it}) + dA_{it}/A_{it} \qquad (B-2)$$

而利用企业的生产函数，可得企业的利润函数为：$\pi_{it} = P_{it}(Q_{it}) \cdot A_{it} F(K_{it}, L_{it}) - r_{it} K_{it} - W_{it} L_{it}$，其中 $P_{it}(Q_{it})$ 为企业 i 在 t 期的产品销售价格，是企业产量 Q_{it} 的函数，r_{it} 和 W_{it} 分别表示资本投入和劳动投入的投入价格（由要素市场的均衡决定）。当企业追求利润最大化时，可得到企业的最优劳动投入为：

$$A_{it} F_L = \frac{W_{it}}{P_{it}} \left(\frac{1}{1 - 1/\varepsilon_{it}^d} \right) \qquad (B-3)$$

其中 ε_{it}^d 是企业所面临的需求价格弹性。

将企业的加成率定义为价格与边际成本之比，即 $\mu_{it} = P_{it}/MC_{it}$。在企业追求利润最大化的过程中，其最优定价必然满足企业的边际收益等于其边际成本：$P_{it}(Q_{it}) + Q_{it} P_{it}'(Q_{it}) = MC_{it}(Q_{it})$，即有 $P_{it}/MC_{it} = \dfrac{1}{1 - 1/\varepsilon_{it}^d} = \mu_{it}$。将上式代入（B-3）式，可得：

$$\frac{L_{it} F_L}{F(K_{it}, L_{it})} = \mu_{it} \cdot \frac{L_{it} W_{it}}{P_{it} Q_{it}} = \mu_{it} \cdot s_{it}^l \qquad (B-4)$$

其中 s_{it}^l 表示企业 i 在 t 期劳动投入占其总销售收入的比重。将（B-4）式代入（B-2）式，可得：

$$d\ln(Q_{it}/K_{it}) = \mu_{it} s_{it}^l d\ln(L_{it}/K_{it}) + d\ln A_{it} \qquad (B-5)$$

基于（B-5）式，利用相应的要素投入与产出数据，就可以估计出加成率。值得注意的是使用（B-5）式估计加成率时，需要假定行业内所有企业都具有相同的加成率，即 Hall（1988）的模型只能估算出行业层面的加成率①。进一步定义 $A_{it} = exp$（$\alpha_i + \alpha_t + \lambda_{it}$），最终的估算方程为：

$$\mathrm{d}\ln(Q_{it}/K_{it}) = \mu s_{it}^l \mathrm{d}\ln(L_{it}/K_{it}) + \mathrm{d}\alpha_t + \mathrm{d}\lambda_{it} \tag{B-6}$$

基于生产函数，Hall（1988）开创性地推导了不完全竞争市场条件下行业加成率的计算方法，为使用生产法来估算加成率的后续相关研究奠定了基础。Domowitz 等（1988）、Levinsohn（1993）、Harrison（1994）、Krishna 和 Mitra（1998）、Warzynski（2001）、刘啟仁和黄建忠（2015）等在其相关的研究中都使用了 Hall（1988）的方法来估算加成率。虽然 Hall（1988）的方法对于使用生产法来估算加成率具有开创性的贡献，但是该方法的缺陷也比较明显，十分依赖一些假设条件：要素市场是完全竞争的；生产的规模报酬是不变的；需要寻找合适的价格指数对变量的名义值进行平减；考虑到要素投入与全要素生产率间会存在相关性，该方法还需要寻找额外的工具变量，否则估计结果会存在偏差②；等等。

二 Klette 模型

运用 Hall（1988）的方法来估算加成率时要求生产的规模报酬不变，这有时并不太符合现实，Klette（1999）的模型则对此假定进行了弱化。

根据 Klette（1999）的研究，假定企业生产函数具有如下形式③：$Q_{it} = A_{it}F_t(L_{it}, K_{it})$，其中 Q_{it}、K_{it}、L_{it} 和 A_{it} 分别表示企业 i 在 t 期的产出、资本投入、劳动投入和全要素生产率，$F_t(L_{it}, K_{it})$ 表示 t 期的产出函数。定义 Q_t、K_t、L_t 和 A_t 分别表示代表性企业在 t 期的产出、资本投入、劳动投入和全要素生产率（即行业中所有企业在 t 期的产出、资本投入、劳动投入和全要素生产率的中位数），运用多元广义微分中值定理，可得到：

$$\hat{q}_{it} = \hat{a}_{it} + \overline{\alpha}_{it}^l \hat{l}_{it} + \overline{\alpha}_{it}^k \hat{k}_{it} \tag{B-7}$$

---

① 当然也可以使用行业层面的数据来对（B-5）式进行估算，此时估算出的就是一国整体的加成率水平。

② 通常在找不到合适的工具变量时，可以采用 GMM 估计，使用滞后 2 期及以上的产出和要素投入作为工具变量，参见 Arellano 和 Bond（1991）、Blundell 和 Bond（1998）的研究。

③ 为简便，这里只考虑了劳动和资本两种要素投入，但是很容易将其扩展到考虑多种要素投入的情形，具体可参见 Klette（1999）的原文。

其中 $\hat{q}_{it} = \ln(q_{it}/q_t)$，$\overline{\alpha}_{it}^l$ 和 $\overline{\alpha}_{it}^k$ 分别表示企业 i 在 t 期劳动要素投入和资本要素投入在内点 $(\overline{L}_{it}, \overline{K}_{it})$ 处的产出弹性①，即有 $\overline{\alpha}_{it}^l = \dfrac{L_{it}\partial F_t(L_{it}, K_{it})}{F_t(L_{it}, K_{it})\partial L_{it}}$

$\big|_{L_{it}=\overline{L}_{it}; K_{it}=\overline{K}_{it}}$，$\overline{\alpha}_{it}^k = \dfrac{K_{it}\partial F_t(L_{it}, K_{it})}{F_t(L_{it}, K_{it})\partial K_{it}}\big|_{L_{it}=\overline{L}_{it}; K_{it}=\overline{K}_{it}}$。

另外，利用企业利润最大化的一阶条件，可得企业利润最大化时的最优劳动投入为：

$$A_{it}\frac{\partial F_t(L_{it}, K_{it})}{\partial L_{it}} = \frac{W_{it}}{P_{it}}\left(\frac{1}{1-1/\varepsilon_{it}^d}\right) \tag{B-8}$$

其中 W_{it} 表示劳动的投入价格（即工资水平），P_{it} 表示产品的销售价格，ε_{it}^d 表示产品的需求价格弹性。将企业的加成率（μ_{it}）定义为价格与边际成本之比，同时结合之前的分析易得 $\mu_{it} = P_{it}/MC_{it} = \dfrac{1}{1-1/\varepsilon_{it}^d}$。进一步利用（B-8）式得到：

$$\overline{\alpha}_{it}^l = \frac{L_{it}\partial F_t(L_{it}, K_{it})}{F_t(L_{it}, K_{it})\partial L_{it}}\big|_{L_{it}=\overline{L}_{it}; K_{it}=\overline{K}_{it}} = \frac{1}{1-1/\varepsilon_{it}^d}\frac{\overline{W}_{it}\overline{L}_{it}}{P_{it}Q_{it}} = \mu_{it}\frac{\overline{W}_{it}\overline{L}_{it}}{P_{it}Q_{it}} = \mu_{it}\overline{s}_{it}^l \tag{B-9}$$

其中 $\overline{s}_{it}^l$ 表示劳动投入在总销售收入中所占的比重。

定义 $\overline{\eta}_{it} = \overline{\alpha}_{it}^l + \overline{\alpha}_{it}^k$ 为企业 i 在 t 期的总边际产出率（即规模弹性），利用（B-9）式，可将资本的产出弹性表示为 $\overline{\alpha}_{it}^k = \overline{\eta}_{it} - \overline{\alpha}_{it}^l = \overline{\eta}_{it} - \mu_{it}\overline{s}_{it}^l$，将其代入（B-7）式，可得：

$$\hat{q}_{it} = \hat{a}_{it} + \mu_{it}\overline{s}_{it}^l(\hat{l}_{it} - \hat{k}_{it}) + \overline{\eta}_{it}\hat{k}_{it} \tag{B-10}$$

设定行业内的平均加成率为 μ，平均规模弹性为 η，同时将企业的全要素生产率差异 $\hat{a}_{it}$ 改写成固定效应部分 a_i 和随机误差部分 u_{it} 之和，（B-10）式可变形为：

$$\hat{q}_{it} = \mu\hat{z}_{it} + (\mu_{it}-\mu)\hat{z}_{it} + (\overline{\eta}_{it}-\eta)\hat{k}_{it} + \eta\hat{k}_{it} + a_i + u_{it} \tag{B-11}$$

---

① 内点 $(\overline{L}_{it}, \overline{K}_{it})$ 介于 (L_{it}, K_{it}) 与 (L_t, K_t) 之间。

其中 $\hat{z}_{it} = \overline{s}_{it}^{l}$ $(\hat{l}_{it} - \hat{k}_{it})$。对（B-11）式进行差分，可得最终的估计方程：

$$\Delta \hat{q}_{it} = \mu \Delta \hat{z}_{it} + \eta \Delta \hat{k}_{it} + \Delta \nu_{it} \qquad (B-12)$$

其中 $\nu_{it} = (\mu_{it} - \mu) \hat{z}_{it} + (\overline{\eta}_{it} - \eta) \hat{k}_{it} + u_{it}$。

从（B-12）式可知，Klette（1999）的模型允许同时估计加成率（μ）和规模报酬（η）。也是就说，Klette 模型并不需要生产规模报酬不变的假设。同时，对于代表性厂商的产出、要素投入等数据，Klette 模型选择的是行业中相应数据的中位数，并且允许每一期的数据随时间变动。这样，一方面可以允许生产技术状况随时间自由变动，另一方面可以不必对原始数据进行去通胀处理。陈甬军和周末（2009）、周末和王璐（2012）等在其相关研究中都使用了 Klette（1999）的模型来估算加成率。Klette 模型放宽了 Hall 模型中生产规模报酬不变的假设，同时又不需要对数据进行去通胀处理，因而推进了使用生产法测度加成率研究的新进展，但是该方法也存在一些缺陷：要求要素市场是完全竞争的；考虑到要素投入与全要素生产率间会存在相关性，跟 Hall 模型一样，该方法也需要寻找额外的工具变量或借助 GMM 估计方法来解决相应的内生性问题。

三　Roeger 模型

Roeger（1995）以 Hall 模型为基础，认为产品市场的不完全竞争是原始和对偶索罗残差存在明显差异的主要原因，为此，利用原始和对偶索罗残差之间的差异，构建了更为精确的、一致性的估计方法来测度加成率。该方法有效解决了 Hall 原模型中存在的产出增长和要素投入增长的同步性偏差，同时也消除了不可观测的生产率冲击对要素投入的影响。

根据 Roeger（1995）的研究，在生产规模报酬不变的情况下，考虑如下形式的成本函数：$C(W, r, Q, A) = G(W, r) \dfrac{Q}{A}$，其中 Q 表示产量，W 为劳动投入价格（即工资水平），r 为资本投入价格，A 表示全要素生产率。利用成本函数，可得到边际成本（MC）为：$MC = \dfrac{G\ (W,\ r)}{A}$。将上式取对数后微分，可得：

$$\mathrm{dln}MC = \frac{W\partial G(W,r)}{G(W,r)\partial W}\mathrm{dln}W + \frac{r\partial G(W,r)}{G(W,r)\partial r}\mathrm{dln}r - \mathrm{dln}A \qquad (B-13)$$

运用谢泼德引理，（B-13）式可以变形为：

$$\mathrm{dln}MC = \frac{WL}{C(W,r,Q,A)}\mathrm{dln}W + \frac{rK}{C(W,r,Q,A)}\mathrm{dln}r - \mathrm{dln}A \qquad (B-14)$$

将加成率（μ）定义为价格与边际成本之比，即有 $\mu = P/MC$，假定 μ 为常数，并不随时间变化，则有 $\mathrm{dln}P = \mathrm{dln}MC$。而结合成本函数，可知

$MC = \dfrac{\partial C\ (W,\ r,\ Q,\ A)}{Q} = \dfrac{G\ (W,\ r)}{A} = \dfrac{C\ (W,\ r,\ Q,\ A)}{Q} = \dfrac{P}{\mu}$，因此容易

得到 $\mu C\ (W,\ r,\ Q,\ A)\ = PQ$，将上述几式代入（B-14）式，同时利用生产规模报酬不变的性质[①]，经过适当变形可得：

$$s^l \mathrm{dln}W + (1 - s^l)\mathrm{dln}r = \frac{1}{\mu}\mathrm{dln}P + \left(1 - \frac{1}{\mu}\right)\mathrm{dln}r + \frac{1}{\mu}\mathrm{dln}A \qquad (B-15)$$

其中 s^l 表示劳动投入在总销售收入中所占的份额。（B-15）式也被称为对偶（以价格为基础的）索罗余值形式。

而根据之前的介绍，在 Hall（1988）的框架下，原始的索罗余值形式由（B-5）式给出。联合（B-5）式和（B-15）式，消去生产率的增长项，可得：

$$\mathrm{dln}\left(\frac{QP}{Kr}\right) = \mu\left[s^l\mathrm{dln}\left(\frac{LW}{Kr}\right)\right] \qquad (B-16)$$

---

① 假定生产函数具有如下形式：$Q = AH\ (L,\ K)$，生产规模报酬不变意味着生产函数是一次齐次的，因而容易得到 $\dfrac{\partial Q}{\partial L}\dfrac{L}{Q} + \dfrac{\partial Q}{\partial K}\dfrac{K}{Q} = 1$。而由利润最大化的一阶条件，可知 $\dfrac{\partial Q}{\partial L}\dfrac{L}{Q} = \left(\dfrac{\partial P}{\partial Q}\dfrac{Q}{P} + 1\right)^{-1} s^l = (1 - 1/\varepsilon^d)^{-1} s^l = \dfrac{P}{MC}s^l = us^l$，$\dfrac{\partial Q}{\partial K}\dfrac{K}{Q} = \left(\dfrac{\partial P}{\partial Q}\dfrac{Q}{P} + 1\right)^{-1} s^k = \mu s^k$。因此，在生产规模报酬不变的情况下，有 $\mu s^l + \mu s^k = 1$。

将（B-16）式的左边定义为 dY，右边第一项定义为 dX，同时加入随机干扰项，可得最终的估计方程为：

$$dY_{it} = \mu dX_{it} + \lambda_{it} \qquad\qquad (B-17)$$

利用（B-17）式，只需要获得企业的销售值（$Q_{it}P_{it}$）、劳动力投入成本（$L_{it}W_{it}$）和资本投入成本（$W_{it}r_{it}$）就可以一致地估算出加成率。正如钱学锋等（2015）所言，使用 Roeger 模型来估计加成率（行业层面）的优势是显而易见的：不仅可以直接使用名义的销售额和投入支出数据，而不需要寻找一个合适的价格指数对这些名义值进行平减；而且还解决了不可观测的生产率变动和投入要素间的内在相关性，不需要再寻找额外的工具变量。也正因为如此，Roeger（1995）的方法被广泛运用于已有的相关研究中，如 Oliveira Martins 和 Scarpeta（1999）、Konings 等（2005）、Konings 和 Vandenbussche（2005）、Warzynski 和 Görg（2006）、陈甬军和杨振（2012）、Christopoulou 和 Vermeulen（2012）、盛丹（2013）等。然而，Roeger 模型也存在一些限制：要素市场是完全竞争的；生产的规模报酬是不变的；更为重要的是，和 Hall（1988）和 Klette（1999）一样，要求行业内企业加成率都相同，即只能估算行业层面的加成率。

第二节 产品层面加成率的估算方法

DLW 方法基于较少的假设条件提供了一个可以测度出企业层面加成率的一般性框架，无疑为进一步推进生产法在估算加成率的发展做出了重大贡献。然而，DLW 方法其背后还有一个隐含假定，即该方法只适合于估算单产品企业的加成率。当企业同时生产多种产品时，企业在不同产品上的加成率并不会完全一样，使用 DLW 方法估算出来的企业层面的加成率就无法捕捉到企业不同产品加成率的差异。因此当考虑多产品企业时，DLW 方法就会有所限制，只能估算出企业在不同产品上的平均加成率水平。而在现实生活中，多产品企业又大量存在，为了解决 DLW 方法在处理多产品企业时的不足，De Loecker 等（2016）对 DLW 模型进行了扩展，建立了一个可以估算产品层面加成率的框架。

接下来就来介绍产品层面加成率的估算方法，这里介绍的模型框架主要是基于 De Loecker 等（2016）的研究①。考虑企业 i 在时期 t 生产产品 h 的生产函数具有如下形式：

$$Q_{iht} = F_t(\mathrm{X}_{iht})\,exp(\varphi_{it}) \tag{B-18}$$

其中，Q_{iht} 表示企业 i 的产品 h 在时期 t 的产量，X_{iht} 为相应的投入要素向量。对生产率 φ_{it} 做出如下假定：首先，φ_{it} 是希克斯中性的，且以对数可加的形式进入生产函数当中；其次，借鉴已有研究多产品企业生产率文献的类似做法（如 Bernard 等，2011），假定 φ_{it} 为企业层面特有的生产率冲击，即多产品企业在生产不同产品时具有相同的生产率 φ_{it}。

让 V_{iht} 表示企业 i 在时期 t 生产产品 h 的可变要素投入（无调整成本，如中间投入品等）向量，K_{iht} 为相应的动态要素投入（无法短时间内进行调整，如资本）向量，假设企业在生产中追求成本最小化，可以得到相应的拉格朗日函数：

$$L(\mathrm{V}_{iht},\mathrm{K}_{iht},\lambda_{iht}) = \sum_{v=1}^{V} P_{iht}^v V_{iht}^v + \sum_{d=1}^{D} r_{iht}^d K_{iht}^d + \lambda_{iht}[Q_{iht} - Q_{iht}(\mathrm{V}_{iht},\mathrm{K}_{iht},\varphi_{it})] \tag{B-19}$$

其中，P_{iht}^v 和 r_{iht}^d 分别表示企业的第 v 种可变投入和第 d 种动态投入的投入价格。对任何一种无调整成本的可变投入 V_{iht} 求一阶条件，可得：

$$\frac{\partial L_{iht}}{\partial V_{iht}} = P_{iht}^v - \lambda_{iht}\frac{\partial Q_{iht}}{\partial V_{iht}} = 0 \tag{B-20}$$

根据包络定理有 $\partial L_{iht}/\partial Q_{iht} = \lambda_{iht}$，因此 λ_{iht} 实际上衡量了企业 i 在时期 t 生产产品 h 的边际成本，重新整理（B-20）式，并在两边同时乘以 $V_{iht}/$

① 为了将关注重点聚焦到建模思路上，同时也为了简便，这里建立的估算产品层面加成率的框架中，所有要素投入和产出都是采用实际数量来衡量，不包含价格因素。然而实际中，我们往往更多观测到的是要素投入支出、产值（包含价格因素的影响），De Loecker 等（2016）原模型中考虑到了这个问题，引入了价格因素。感兴趣的读者可参见原文。

Q_{iht}，可以得到：

$$\frac{\partial Q_{iht}}{\partial V_{iht}} \frac{V_{iht}}{Q_{iht}} = \frac{1}{\lambda_{iht}} \frac{P_{iht}^v V_{iht}}{Q_{iht}} \qquad (B-21)$$

定义产品 h 的加成率（μ_{iht}）为 $\mu_{iht} = P_{iht}/\lambda_{iht}$，其中 P_{iht} 为产品 h 的市场价格。利用（B-21）式，可得企业 i 的产品 h 在时期 t 的加成率为：

$$\mu_{iht} = \frac{V_{iht}}{Q_{iht}} \frac{\partial Q_{iht}}{\partial V_{iht}} \frac{P_{iht}^v V_{iht}}{P_{iht} Q_{iht}} = \theta_{iht}^v (\alpha_{iht}^v)^{-1} \qquad (B-22)$$

其中，θ_{iht}^v 表示可变要素投入 V_{iht} 的产出弹性，$\alpha_{iht}^v = \dfrac{P_{iht}^v V_{iht}}{P_{iht} Q_{iht}}$ 为企业 i 在时期 t 生产产品 h 时可变要素投入 V_{iht} 的总支出在产品 h 的总销售收入中所占的比重。因此为了测度产品层面的加成率，只需要得到某种产品生产过程中一种可变要素投入的产出弹性 θ_{iht}^v 和该可变要素投入支出在产品总销售收入中所占的份额 α_{iht}^v。

对（B-18）式取对数，可得到如下对数版本的生产函数形式：

$$q_{iht} = f(x_{iht}, \beta) + \varphi_{it} + \varepsilon_{iht} \qquad (B-23)$$

（B-23）式中小写字母均表示相应变量的对数值（下同），ε_{iht} 表示随机误差项。

对于多产品企业而言，由于缺乏相应的数据，因此很难确定特定产品要素投入占企业整体要素投入的份额，即我们只能观察到企业整体的要素投入情况，很难确定某种要素在多种产品生产过程中的分配情况。假定企业 i 在时期 t 生产产品 h 时，投入的 X 要素的份额为 ρ_{iht}^X（对数形式），即有 $\rho_{iht}^X = x_{iht} - x_{it}$。我们一般只能观测到企业层面的要素投入 X_{it}，并不知道其在多种产品间究竟是如何分配的。将 $x_{iht} = \rho_{iht}^X + x_{it}$ 代入（B-23）式，可得：

$$q_{iht} = f(x_{it}, \beta) + \varphi_{it} + A_{iht}(\rho_{iht}^X, x_{it}, \beta) + \varepsilon_{iht} \qquad (B-24)$$

其中，x_{it} 是要素投入 X_{it} 的对数形式。对多产品企业而言，其生产函数误差项中额外包含一项 A_{iht}。A_{iht} 通常是无法观测到的要素投入份额（ρ_{iht}^X）、企业层面的要素投入向量（x_{it}）和生产函数系数（β）的函数。当考虑只有劳动、中间投入品和资本三种要素投入的超越对数形式生产函数时，要素投入向量 x_{it} 由劳动、资本、中间投入品的一次项、二次项及其相应的交叉项组成，此时 $\beta = (\beta_l, \beta_k, \beta_m, \beta_{ll}, \beta_{mm}, \beta_{kk}, \beta_{lk}, \beta_{lm}, \beta_{mk})$。

进一步假定对不同种类要素投入而言，企业 i 在时期 t 生产产品 h 时，投入的各要素的份额 ρ_{iht}（对数形式）都相同，比如在超越对数生产函数下，企业生产某种产品使用的资本、劳动和中间投入品占企业总资本投入、总劳动投入、总中间投入品投入的比重都一样。

为了消除测量误差或不可观测的随机冲击对产出造成的影响，可以用非参回归方法得到企业 i 的产品 h 在时期 t 的期望产出 $\hat{q}_{iht} = E(q_{iht} \mid x_{it}, \cdots)$，此时企业产品层面的生产率异质性 $\hat{\varphi}_{iht}$ 可表示为：$\hat{\varphi}_{iht} = \hat{q}_{iht} - f(x_{it}, \hat{\beta})$。结合（B – 24）式，可得：

$$\hat{\varphi}_{iht} = \varphi_{it} + A_{iht}(\rho_{iht}, x_{iht}, \hat{\beta}) \qquad (B-25)$$

当考虑只有劳动、中间投入品和资本投入的超越对数生产函数时，（B – 25）式可进一步变为：

$$\hat{\varphi}_{iht} = \varphi_{it} + \hat{a}_{it}\rho_{iht} + \hat{b}_{it}\rho_{iht}^2 \qquad (B-26)$$

其中 $\hat{a}_{it}$ 和 $\hat{b}_{it}$ 都是生产函数系数 β 的函数，具体来看有：

$$\hat{a}_{it} = \hat{\beta}_l + \hat{\beta}_m + \hat{\beta}_k + 2(\hat{\beta}_{ll}l_{it} + \hat{\beta}_{mm}m_{it} + \hat{\beta}_{kk}k_{it}) + \hat{\beta}_{lm}(l_{it} + m_{it}) + \hat{\beta}_{lk}(l_{it} + k_{it}) + \hat{\beta}_{mk}(m_{it} + k_{it})$$

$$\hat{b}_{it} = \hat{\beta}_{ll} + \hat{\beta}_{mm} + \hat{\beta}_{kk} + \hat{\beta}_{lm} + \hat{\beta}_{mk} + \hat{\beta}_{lk} \qquad (B-27)$$

对于每个多产品企业 i 在时期 t，企业的生产率 φ_{it} 和产品间的要素投入份额 $\{\rho_{ijt}\}_{j=1}^{J_{it}}$ 都是未知的（其中 J_{it} 为企业 i 在时期 t 生产的产品种类数），因而存在 $J_{it} + 1$ 个未知的参数（$\varphi_{it}, \rho_{i1t}, \cdots, \rho_{iJ_{it}}$）需要进行估计。在每个时期 t，通过对每个多产品企业 i 构造 J_{it} 个形如（B – 26）式的方程，再结合 $\sum_{j=1}^{J_{it}} \rho_{ijt} = 1$（即对每个多产品企业而言，同一种要素在所有产品间的投入份额之和为 1），就可以完成对（$\varphi_{it}, \rho_{i1t}, \cdots, \rho_{iJ_{it}}$）的求解。

$$\hat{\varphi}_{i1t} = \varphi_{it} + a_{it}\rho_{i1t} + b_{it}\rho_{i1t}^2$$

$$\cdots\cdots$$

$$\hat{\varphi}_{iJ_{it}t} = \varphi_{it} + a_{it}\rho_{iJ_{it}t} + b_{it}\rho_{iJ_{it}t}^2 \qquad (\text{B}-28)$$

$$\sum_{j=1}^{J_{it}} \rho_{ijt} = 1$$

对每个企业在每个时期，通过求解（B-28）式所示的方程组就可以得到企业的生产率 φ_{it} 和产品间的要素投入份额 $\{\rho_{ijt}\}_{j=1}^{J_{it}}$。结合（B-22）式，就可以得到企业产品层面的加成率：

$$\mu_{iht} = \hat{\theta}_{iht}^v \frac{P_{iht}Q_{iht}}{exp(\hat{\rho}_{iht})P_{it}^v Q_{it}^v} \qquad (\text{B}-29)$$

其中可变要素投入 V_{iht} 的产出弹性 θ_{iht}^v 是生产函数系数 β 的函数；P_{iht} Q_{iht} 为企业 i 的产品 h 在时期 t 的销售收入，一般可以直接从企业生产数据中得到；$exp(\hat{\rho}_{iht})P_{it}^v Q_{it}^v$ 为企业 i 在时期 t 生产产品 h 时对可变投入要素 V_{iht} 的总支出。

当考虑只有劳动、中间投入品和资本三种要素投入的超越对数形式生产函数时，容易得到中间投入品的产出弹性为：

$$\hat{\theta}_{iht}^m = \hat{\beta}_m + 2\hat{\beta}_{mm}(\hat{\rho}_{iht} + m_{it}) + \hat{\beta}_{lm}(\hat{\rho}_{iht} + l_{it}) + \hat{\beta}_{mk}(\hat{\rho}_{iht} + k_{it}) \qquad (\text{B}-30)$$

此时，（B-29）式就变为：

$$\mu_{iht} = \hat{\theta}_{iht}^m \frac{P_{iht}Q_{iht}}{exp(\hat{\rho}_{iht})P_{it}^m Q_{it}^m} \qquad (\text{B}-31)$$

针对多产品企业，De Locker 等（2016）通过扩展 DLW 模型为测度产品层面的加成率提供了一个较完整的框架，将使用生产法估算加成率推到了一个新的高度。Fan 等（2015）、黄先海等（2016）在其相关研究中都使用了 De Locker 等模型来估算加成率。值得指出的是，De Locker 等模型虽然可以在更微观的层面（即产品层面）上估算加成率，但是该方法当前并没有得到广泛的使用，当前有关加成率估算的主流模型还是 DLW 模型。一个最主要的原因可能就在于 De Locker 等模型对数据的要求比较高，必须使用产品层面高度细化的数据，而当前只有少数国家才拥有这么微观的数据集。产品层面微观数据的不可获得性无疑限制了 De Locker 等模型的运用。不过，随着将来更多微观数据的可获得，可以预计 De Locker 等模型将逐渐取代 DLW 模型的主流位置，成为引领加成率估算方法的新标杆。

参考文献

［1］安虎森、皮亚彬、薄文广：《市场规模、贸易成本与出口企业生产率"悖论"》，《财经研究》2013 年第 5 期。

［2］安同良、施浩、Ludovico 等：《中国制造业企业 R&D 行为模式的观测与实证——基于江苏省制造业企业问卷调查的实证分析》，《经济研究》2006 年第 2 期。

［3］包群、赖明勇、阳小晓：《外商直接投资、吸收能力与经济增长》，上海三联书店，2006。

［4］陈飞翔：《创新开放模式，全面提升对外经贸发展水平》，《国际贸易》2013 年第 4 期。

［5］陈飞翔、俞兆云、居励：《锁定效应与我国工业结构演变：1992～2006》，《经济学家》2010 年第 5 期。

［6］陈涛涛、陈娇：《行业增长因素与我国 FDI 行业内溢出效应》，《经济研究》2006 年第 6 期。

［7］陈雯、苗双有：《中间品贸易自由化与中国制造业企业生产技术选择》，《经济研究》2016 年第 8 期。

［8］陈晓华、刘慧：《产品持续出口能促进出口技术复杂度持续升级吗？——基于出口贸易地理优势异质性的视角》，《财经研究》2015 年第 1 期。

［9］陈晓华、沈成燕：《出口持续时间对出口产品质量的影响研究》，《国际贸易问题》2015 年第 1 期。

［10］陈甬军、杨振：《制造业外资进入与市场势力波动：竞争还是垄断》，

《中国工业经济》2012 年第 10 期。

[11] 陈甬军、周末：《市场势力与规模效应的直接测度——运用新产业组织实证方法对中国钢铁产业的研究》，《中国工业经济》2009 年第 11 期。

[12] 陈勇兵、李燕、周世民：《中国企业出口持续时间及其决定因素》，《经济研究》2012 年第 7 期。

[13] 陈勇兵、谭桑、李梦珊等：《中国企业出口增收不增利吗？——基于广义倾向得分匹配的经验研究》，《中南财经政法大学学报》2014 年第 3 期。

[14] 陈勇兵、王晓伟、符大海等：《出口真的是多多益善吗？——基于广义倾向得分匹配的再估计》，《财经研究》2014 年第 5 期。

[15] 陈勇兵、王晓伟、谭桑：《出口持续时间会促进新市场开拓吗？——来自中国微观产品层面的证据》，《财贸经济》2014 年第 6 期。

[16] 陈泽聪、徐钟秀：《我国制造业技术创新效率的实证分析——兼论与市场竞争的相关性》，《厦门大学学报》（哲学社会科学版）2006 年第 6 期。

[17] 戴觅、余淼杰：《企业出口前研发投入、出口及生产率进步——来自中国制造业企业的证据》，《经济学》（季刊）2011 年第 11 卷第 1 期。

[18] 戴觅、余淼杰、Madhura Maitra：《中国出口企业生产率之谜：加工贸易的作用》，《经济学》（季刊）2014 年第 13 卷第 2 期。

[19] 戴翔、张雨：《开放条件下我国本土企业升级能力的影响因素研究——基于昆山制造业企业问卷的分析》，《经济学》（季刊）2013 年第 12 卷第 4 期。

[20] 范剑勇、冯猛：《中国制造业出口企业生产率悖论之谜：基于出口密度差别上的检验》，《管理世界》2013 年第 8 期。

[21] 范子英、田彬彬：《出口退税政策与中国加工贸易的发展》，《世界经济》2014 年第 4 期。

[22] 冯之浚：《国家创新系统的理论与政策》，《群言》1999 年第 2 期。

[23] 符宁：《人力资本、研发强度与进口贸易技术溢出——基于我国吸收

能力的实证研究》,《世界经济研究》2007 年第 11 期。

[24] 傅家骥:《技术创新学》,清华大学出版社,1998。

[25] 盖庆恩、朱喜、程名望等:《要素市场扭曲、垄断势力与全要素生产率》,《经济研究》2015 年第 5 期。

[26] 高良谋、李宇:《企业规模与技术创新倒 U 关系的形成机制与动态拓展》,《管理世界》2009 年第 8 期。

[27] 高向飞、邹国庆:《企业技术创新:影响因素综述与中国情境化研究启示》,第五届中国科技政策与管理学术年会,2009。

[28] 郭峰、胡军、洪占卿:《贸易进口和外商直接投资空间溢出效应研究》,《国际贸易问题》2013 年第 11 期。

[29] 郭国峰、温军伟、孙保营:《技术创新能力的影响因素分析——基于中部六省面板数据的实证研究》,《数量经济技术经济研究》2007 年第 9 期。

[30] 郭庆旺、吕冰洋:《论税收对要素收入分配的影响》,《经济研究》2011 年第 6 期。

[31] 洪银兴:《科技创新路线图与创新型经济各个阶段的主体》,《南京大学学报》(哲学·人文科学·社会科学)2010 年第 2 期。

[32] 黄枫、吴纯杰:《市场势力测度与影响因素分析——基于我国化学药品制造业研究》,《经济学》(季刊)2013 年第 12 卷第 1 期。

[33] 黄先海、诸竹君、宋学印:《中国出口企业阶段性低加成率陷阱》,《世界经济》2016 年第 3 期。

[34] 黄新飞、舒元:《中国省际贸易开放与经济增长的内生性研究》,《管理世界》2010 年第 7 期。

[35] 金祥荣、刘振兴、于蔚:《企业出口之动态效应研究——来自中国制造业企业的经验:2001~2007》,《经济学》(季刊)2012 年第 3 期。

[36] 康志勇:《出口贸易与自主创新——基于我国制造业企业的实证研究》,《国际贸易问题》2011 年第 2 期。

[37] 寇宗来、高琼:《市场结构、市场绩效与企业的创新行为——基于中国工业企业层面的面板数据分析》,《产业经济研究》2013 年第

3 期。

[38] 李晨、戴国平：《我国加工贸易的经济效应分析：基于外贸发展方式转变的视角》，《产业经济研究》2013 年第 2 期。

[39] 李春顶：《中国出口企业是否存在"生产率悖论"：基于中国制造业企业数据的检验》，《世界经济》2010 年第 7 期。

[40] 李春顶、石晓军、邢春冰：《"出口－生产率悖论"：对中国经验的进一步考察》，《经济学动态》2010 年第 8 期。

[41] 李春顶、尹翔硕：《我国出口企业的"生产率悖论"及其解释》，《财贸经济》2009 年第 11 期。

[42] 李国璋、白明：《市场可竞争性与绩效：对我国工业行业的实证分析》，《统计研究》2006 年第 6 期。

[43] 李冀申、王慧娟：《中国加工贸易国内增值链的定量分析》，《财贸经济》2011 年第 12 期。

[44] 李静、谢润德：《市场结构是否影响企业的技术选择行为?》，《上海经济研究》2014 年第 7 期。

[45] 李莉：《对中国加工贸易顺差问题的几点思考》，《国际贸易》2012 年第 2 期。

[46] 李蕊、巩师恩：《开放条件下知识产权保护与我国技术创新——基于1997～2010 年省级面板数据的实证研究》，《研究与发展管理》2013 年第 3 期。

[47] 李胜旗、佟家栋：《产品质量、出口目的地市场与企业加成定价》，《国际经贸探索》2016 年第 1 期。

[48] 李卓、赵军：《价格加成、生产率与企业进出口状态》，《经济评论》2015 年第 3 期。

[49] 刘国晖、张如庆：《论困境倒逼下的我国对外贸易发展方式转变》，《经济学家》2014 年第 2 期。

[50] 刘啟仁、黄建忠：《异质出口倾向、学习效应与"低加成率陷阱"》，《经济研究》2015 年第 12 期。

[51] 刘晴、徐蕾：《对加工贸易福利效应和转型升级的反思——基于异质

性企业贸易理论的视角》，《经济研究》2013 年第 9 期。

[52] 刘瑞翔、姜彩楼：《中间产品贸易、不对称溢出与本土企业的技术升级——基于 2002~2007 年行业数据的实证研究》，《南方经济》2010 年第 12 期。

[53] 刘杨：《贸易自由化、厂商技术升级与技能型劳动力需求——关于中国制造业厂商层面数据的实证检验》，《经济评论》2009 年第 6 期。

[54] 刘钻石、张娟：《加工贸易对中国出口贸易技术水平影响的实证分析——基于中国省际面板数据》，《当代财经》2010 年第 4 期。

[55] 龙慧：《异质性企业、融资约束与出口贸易方式选择》，硕士学位论文，复旦大学，2013。

[56] 卢博科：《企业创新效率与影响因素——基于 DEA 模型的实证研究》，博士学位论文，中山大学，2010。

[57] 鲁晓东、连玉君：《中国工业企业全要素生产率估计：1999~2007》，《经济学》（季刊）2012 年第 11 卷第 2 期。

[58] 逯宇铎、戴美虹、刘海洋：《加工贸易是中国微观企业绩效的增长点吗？——基于广义倾向得分匹配方法的实证研究》，《国际贸易问题》2015 年第 4 期。

[59] 马光明：《汇率/工资冲击、趋势性与我国加工贸易转型》，《国际贸易问题》2014 年第 12 期。

[60] 毛其淋、盛斌：《贸易自由化、企业异质性与出口动态——来自中国微观企业数据的证据》，《管理世界》2013 年第 3 期。

[61] 毛其淋、许家云：《中国对外直接投资如何影响了企业加成率：事实与机制》，《世界经济》2016 年第 6 期。

[62] 聂辉华、贾瑞雪：《中国制造业企业生产率与资源误置》，《世界经济》2011 年第 7 期。

[63] 聂辉华、江艇、杨汝岱：《中国工业企业数据库的使用现状和潜在问题》，《世界经济》2012 年第 5 期。

[64] 聂辉华、谭松涛、王宇锋：《创新、企业规模和市场竞争：基于中国企业层面的面板数据分析》，《世界经济》2008 年第 7 期。

［65］潘悦：《加工贸易顺差：形成机制与预期走势》，《国际贸易》2012
年第 8 期。

［66］彭征波：《企业规模、市场结构与创新——来自不同行业的经验证
据》，《中南财经政法大学学报》2007 年第 2 期。

［67］戚聿东：《中国产业集中度与经济绩效关系的实证分析》，《管理世
界》1998 年第 4 期。

［68］钱学锋、范冬梅、黄汉民：《进口竞争与中国制造业企业的成本加
成》，《世界经济》2016 年第 3 期。

［69］钱学锋、潘莹、毛海涛：《出口退税、企业成本加成与资源误置》，
《世界经济》2015 年第 8 期。

［70］钱学锋、王菊蓉、黄云湖等：《出口与中国工业企业的生产率——自
我选择效应还是出口学习效应?》，《数量经济技术经济研究》2011
年第 2 期。

［71］任曙明、张静：《补贴、寻租成本与加成率——基于中国装备制造企
业的实证研究》，《管理世界》2013 年第 10 期。

［72］邵军：《中国出口贸易联系持续期及影响因素分析——出口贸易稳定
发展的新视角》，《管理世界》2011 年第 6 期。

［73］邵敏、包群：《地方政府补贴企业行为分析：扶持强者还是保护弱
者?》，《世界经济文汇》2011 年第 1 期。

［74］盛丹：《国有企业改制、竞争程度与社会福利——基于企业成本加成
率的考察》，《经济学》（季刊）2013 年第 12 卷第 4 期。

［75］盛丹、王永进：《中国企业低价出口之谜——基于企业加成率的视
角》，《管理世界》2012 年第 5 期。

［76］施炳展：《中国企业出口产品质量异质性：测度与事实》，《经济学》
（季刊）2014 年第 13 卷第 1 期。

［77］史青：《企业出口对员工工资影响的再分析——基于广义倾向得分法
的经验研究》，《数量经济技术经济研究》2013 年第 3 期。

［78］苏莉、冼国明：《出口企业工资水平与贸易方式关联之实证》，《世界
经济研究》2015 年第 3 期。

[79] 苏振东、洪玉娟：《中国出口企业是否存在"利润率溢价"？——基于随机占优和广义倾向指数匹配方法的经验研究》，《管理世界》2013年第5期。

[80] 孙莺：《企业技术创新影响因素分析及长三角地区上市公司的检验》，硕士学位论文，南京工业大学，2012。

[81] 汤二子、李影、张海英：《异质性企业、出口与"生产率悖论"——基于2007年中国制造业企业层面的证据》，《南开经济研究》2011年第3期。

[82] 汤二子、孙振：《异质性生产率、产品质量与中国出口企业的"生产率悖论"》，《世界经济研究》2012年第11期。

[83] 唐海燕、张会清：《中国在新型国际分工体系中的地位——基于价值链视角的分析》，《国际贸易问题》2009年第2期。

[84] 唐清泉、甄丽明：《透视技术创新投入的机理与影响因素：一个文献综述》，《科学学与科学技术管理》2009年第11期。

[85] 唐朱昌、黄敏：《世界经济失衡条件约束下两岸经贸合作的调整》，《亚太经济》2008年第5期。

[86] 陶攀、刘青、洪俊杰：《贸易方式与企业出口决定》，《国际贸易问题》2014年第4期。

[87] 田巍、余淼杰：《企业出口强度与进口中间品贸易自由化：来自中国企业的实证研究》，《管理世界》2013年第1期。

[88] 田巍、余淼杰：《企业生产率和企业"走出去"对外直接投资：基于企业层面数据的实证研究》，《经济学》（季刊）2012年第11卷第2期。

[89] 童伟伟：《中国制造业企业出口的技术创新效应——基于倾向得分匹配估计的实证研究》，《中国科技论坛》2013年第7期。

[90] 王华、赖明勇、柒江艺：《国际技术转移、异质性与中国企业技术创新研究》，《管理世界》2010年第12期。

[91] 王华、许和连、杨晶晶：《出口、异质性与企业生产率——来自中国企业层面的证据》，《财经研究》2011年第6期。

[92] 王子君：《市场结构与技术创新——以美国 AT&T 公司的拆分为例》，《经济研究》2002 年第 12 期。

[93] 吴贵生、谢伟：《我国技术管理学科发展的战略思考》，《科研管理》2005 年第 6 期。

[94] 吴延兵：《自主研发、技术引进与生产率——基于中国地区工业的实证研究》，《经济研究》2008 年第 8 期。

[95] 项松林、马卫红：《出口企业具有学习效应吗？——基于中国企业微观数据的经验分析》，《世界经济研究》2013 年第 10 期。

[96] 谢建国、周露昭：《进口贸易、吸收能力与国际 R&D 技术溢出：中国省区面板数据的研究》，《世界经济》2009 年第 9 期。

[97] 谢千里、罗斯基、张轶凡：《中国工业生产率的增长与收敛》，《经济学》（季刊）2008 年第 7 卷第 3 期。

[98] 〔美〕熊彼特：《经济发展理论——对于利润、资本、信贷、利息和经济周期的考察》，何畏、易家详等译，商务印书馆，1990。

[99] 许家云、毛其淋：《人民币汇率水平与出口企业加成率——以中国制造业企业为例》，《财经研究》2016 年第 1 期。

[100] 许家云、田朔：《人民币汇率与中国出口企业加成率：基于倍差法的实证分析》，《国际贸易问题》2016 年第 2 期。

[101] 许明、邓敏：《产品质量与中国出口企业加成率——来自中国制造业企业的证据》，《国际贸易问题》2016 年第 10 期。

[102] 许庆瑞：《研究、发展与技术创新管理》，高等教育出版社，2000。

[103] 杨俊、胡玮、张宗益：《国内外 R&D 溢出与技术创新：对人力资本门槛的检验》，《中国软科学》2009 年第 4 期。

[104] 杨亚平、李晶：《出口强度、吸收能力与中国出口企业生产率》，《经济经纬》2015 年第 2 期。

[105] 杨亚平、李晶：《出口强度、资本密集度对中国出口企业自选择效应和学习效应的影响》，《产经评论》2014 年第 1 期。

[106] 杨治、郭艳萍：《出口真能促进企业创新吗？——来自发展中国家的实证研究》，《系统工程》2015 年第 5 期。

[107] 姚洋、章林峰：《中国本土企业出口竞争优势与技术变迁分析》，《世界经济》2008 年第 3 期。

[108] 叶娇、王佳林：《FDI 对本土技术创新的影响研究——基于江苏省面板数据的实证》，《国际贸易问题》2014 年第 1 期。

[109] 易靖韬、傅佳莎：《企业生产率与出口：浙江省企业层面的证据》，《世界经济》2011 年第 5 期。

[110] 尹翔硕、陈陶然：《不同贸易方式出口企业的生产率与利润——基于异质性企业理论的微观实证分析》，《世界经济文汇》2015 年第 4 期。

[111] 于春海、张胜满：《市场进入成本与我国出口企业生产率之谜》，《中国人民大学学报》2013 年第 2 期。

[112] 于瀚、肖玲诺：《加工贸易"贫困化增长"倾向的实证及其对策研究》，《中国软科学》2013 年第 6 期。

[113] 于津平、邓娟：《垂直专业化、出口技术含量与全球价值链分工地位》，《世界经济与政治论坛》2014 年第 2 期。

[114] 余淼杰：《加工贸易、企业生产率和关税减免——来自中国产品面的证据》，《经济学》（季刊）2011 年第 10 卷第 4 期。

[115] 余淼杰：《中国的贸易自由化与制造业企业生产率》，《经济研究》2010 年第 12 期。

[116] 余淼杰、袁东：《贸易自由化、加工贸易与成本加成——来自我国制造业企业的证据》，《管理世界》2016 年第 9 期。

[117] 余明桂、回雅甫、潘红波：《政治联系、寻租与地方政府财政补贴有效性》，《经济研究》2010 年第 3 期。

[118] 岳文：《贸易自由化、进口竞争与企业成本加成》，《中国经济问题》2017 年第 1 期。

[119] 岳文、陈飞翔：《积极加速我国自由贸易区的建设步伐》，《经济学家》2014 年第 1 期。

[120] 岳文、陈飞翔：《如何解决企业生产函数估计中的内生性问题？——一个文献综述的视角》，《经济评论》2015 年第 2 期。

[121] 岳文、石理恒：《企业发展、技术选择与中国出口企业的"生产率悖论"》，《科技管理研究》2015 年第 1 期。

[122] 张二震：《中国外贸转型：加工贸易、"微笑曲线"及产业选择》，《当代经济研究》2014 年第 7 期。

[123] 张会清、唐海燕：《产品内国际分工与中国制造业技术升级》，《世界经济研究》2011 年第 6 期。

[124] 张杰、李勇、刘志彪：《出口促进中国企业生产率提高吗？——来自中国本土制造业企业的经验证据：1999～2003》，《管理世界》2009 年第 12 期。

[125] 张杰、刘志彪、郑江淮：《出口战略、代工行为与本土企业创新——来自江苏地区制造业企业的经验证据》，《经济理论与经济管理》2008 年第 1 期。

[126] 张杰、刘志彪、郑江淮：《中国制造业企业创新活动的关键影响因素研究——基于江苏省制造业企业问卷的分析》，《管理世界》2007 年第 6 期。

[127] 张杰、张培丽、黄泰岩：《市场分割推动了中国企业出口吗?》，《经济研究》2010 年第 8 期。

[128] 张培刚、金履忠：《谈技术创新》，北京科技部中国促进发展研究中心调查报告，1998。

[129] 张少华、蒋伟杰：《加工贸易提高了环境全要素生产率吗——基于 Luenberger 生产率指数的研究》，《南方经济》2014 年第 11 期。

[130] 张少华、蒋伟杰：《加工贸易与全要素生产率——基于供给和需求的分析视角》，《上海经济研究》2015 年第 6 期。

[131] 赵伟、赵金亮、韩媛媛：《异质性、沉没成本与中国企业出口决定：来自中国微观企业的经验证据》，《世界经济》2011 年第 4 期。

[132] 赵玉敏：《加工贸易是否导致中国陷入低端制造业陷阱研究》，《国际贸易》2012 年第 10 期。

[133] 郑江淮、高彦彦、胡小文：《企业"扎堆"、技术升级与经济绩效》，《经济研究》2008 年第 5 期。

［134］周黎安：《晋升博弈中政府官员的激励与合作——兼论我国地方保护主义和重复建设问题长期存在的原因》，《经济研究》2004 年第6 期。

［135］周黎安：《中国地方官员的晋升锦标赛模式研究》，《经济研究》2007 年第 7 期。

［136］周泪：《知识产权保护与中国技术进步的实证研究——基于 1990～2007 年省际面板数据》，《软科学》2011 年第 6 期。

［137］周末、王璐：《产品异质条件下市场势力估计与垄断损失测度——运用新实证产业组织方法对白酒制造业的研究》，《中国工业经济》2012 年第 6 期。

［138］周瑞辉：《体制扭曲的产能出口门限假说：以产能利用率为门限值》，《世界经济研究》2015 年第 4 期。

［139］周世民、孙瑾、陈勇兵：《中国企业出口生存率估计：2000～2005》，《财贸经济》2013 年第 2 期。

［140］朱平芳、徐伟民：《政府的科技激励政策对大中型工业企业 R&D 投入及其专利产出的影响——上海市的实证研究》，《经济研究》2003 年第 6 期。

［141］朱希伟、金祥荣、罗德明：《国内市场分割与中国的出口贸易扩张》，《经济研究》2005 年第 12 期。

［142］诸竹君、黄先海、宋学印：《中国企业对外直接投资促进了加成率提升吗?》，《数量经济技术经济研究》2016 年第 6 期。

［143］祝树金、张鹏辉：《出口企业是否有更高的价格加成：中国制造业的证据》，《世界经济》2015 年第 4 期。

［144］Acharya, R. C., Keller, W., "Estimating the Productivity Selection and Technology Spillover Effects of Imports", NBER Working Paper, 2008, No. 14079.

［145］Ackerberg, D. A., Caves, K., Frazer, G., "Identification Properties of Recent Production Function Estimators", *Econometrica*, 2015, 83 (6): 2411 - 2451.

[146] Ackerberg, D. , Lanier Benkard, C. , Berry, S. , et al. , "Econometric Tools for Analyzing Market Outcomes", *Handbook of Econometrics*, 2007, 6: 4171 – 4276.

[147] Acs, J. , Audretsch, D. , "Innovation in Large and Small Firms: An Empirical Analysis", *American Economic Review*, 1988, 78 (4): 678 – 690.

[148] Aghion, P. , Bloom, N. , Blundell, R. , et al. , "Competition and Innovation: An Inverted-U Relationship", *The Quarterly Journal of Economics*, 2005, 120 (2): 701 – 728.

[149] Alvarez, R. , López, R. A. , "Exporting and Performance: Evidence from Chilean Plants", *Canadian Journal of Economics*, 2005, 38 (4): 1384 – 1400.

[150] Amiti, M. , Konings, J. , "Trade Liberalization, Intermediate Inputs, and Productivity: Evidence from Indonesia", *American Economic Review*, 2007, 97 (5): 1611 – 1638.

[151] Anderson, T. W. , Hsiao, C. , "Formulation and Estimation of Dynamic Models Using Panel Data", *Journal of Econometrics*, 1982, 18 (1): 47 – 82.

[152] Antolín, M. M. , Máñez, J. A. , Rochina Barrachina, M. E. , et al. , "Export Intensity and the Productivity Gains of Exporting", *Applied Economics Letters*, 2013, 20 (8): 804 – 808.

[153] Antràs, P. , Chor, D. , "Organizing the Global Value Chain", *Econometrica*, 2013, 81 (6): 2127 – 2204.

[154] Arellano, M. , Bond, S. , "Some Tests of Specification for Panel Data: Monte Carlo Evidence and an Application to Employment Equations", *The Review of Economic Studies*, 1991, 58 (2): 277 – 297.

[155] Arellano, M. , Bover, O. , "Another Look at the Instrumental Variable Estimation of Error-components Models", *Journal of Econometrics*, 1995, 68 (1): 29 – 51.

[156] Arkolakis, C. , Papageorgiou, T. , Timoshenko, O. , "Firm Learning

and Growth", Technical Report, Mimeo, 2014.

[157] Arnold, J. M., Hussinger, K., "Export Behavior and Firm Productivity in German Manufacturing: a Firm-level Analysis", *Review of World Economics*, 2005, 141 (2): 219 – 243.

[158] Arrow, K., "Economic Welfare and the Allocation of Resources for Inventions", *The Rate and Direction of Inventive Activity: Economic and Social Factors*, ed. Nelson, R., Princeton, Princeton University Press, 1962: 609 – 626.

[159] Artopoulos, A., Friel, D., Hallak, J. C., "Lifting the Domestic Veil: the Challenges of Exporting Differentiated Goods across the Development Divide", NBER Working Paper, 2011, No. 16947.

[160] Atkeson, A., Burstein, A., "Innovation, Firm Dynamics, and International Trade", *Journal of Political Economy*, 2010, 118 (3): 433 – 484.

[161] Aw, B. Y., Roberts, M. J., Winston, T., "Export Market Participation, Investments in R&D and Worker Training, and the Evolution of Firm Productivity", *World Economy*, 2007, 30 (1): 83 – 104.

[162] Aw, B. Y., Roberts, M. J., Xu, D. Y., "R&D Investment, Exporting, and Productivity Dynamics", *The American Economic Review*, 2011, 101 (4): 1312.

[163] Aw, B. Y., Roberts, M. J., Xu, D. Y., "R&D Investments, Exporting, and the Evolution of Firm Productivity", *The American Economic Review*, 2008, 98 (2): 451.

[164] Baldwin, J. R., Gu, W., "Export-Market Participation and Productivity Performance in Canadian Manufacturing", *Canadian Journal of Economics*, 2003, 36 (3): 634.

[165] Baldwin, J. R., Gu, W., "Trade Liberalization: Export-Market Participation, Productivity Growth and Innovation", *Oxford Review of Economic Policy*, 2004, 20 (3): 372.

[166] Baldwin, R., Krugman, P. R., "Persistent Trade Effects of Large Ex-

change Rate Shocks", *Quarterly Journal of Economics*, 1989, 104 (4):
635 –654.

[167] Baldwin, R., "Heterogeneous Firms and Trade: Testable and Untestable
Properties of the Melitz Model", NBER Working Paper, 2005, No. 5663.

[168] Barney, J. B., "The Resource-based Theory of the Firm", *Organization science*, 1996, 7 (5): 469 –469.

[169] Bas, M., Berthou, A., "Does Input – trade Liberalization Affect Firms'
Foreign Technology Choice?" CEPII Working Papers, 2013, No. 2013 – 11.

[170] Becker, S. O., Egger, P. H., "Endogenous Product versus Process In-
novation and a Firm's Propensity to Export", *Empirical Economics*, 2013, 44 (1): 329 –354.

[171] Bernard, A. B., Eaton, J., Jensen, J. B., et al., "Plants and Pro-
ductivity in International Trade", *The American Economic Review*, 2003, 93 (4): 1268.

[172] Bernard, A. B., Jensen, J. B., Schott, P. K., "Trade Costs, Firms and
Productivity", *Journal of Monetary Economics*, 2006, 53 (5): 917.

[173] Bernard, A. B., Jensen, J. B., "Exporting and Productivity in the
USA", *Oxford Review of Economic Policy*, 2004, 20 (3): 343.

[174] Bernard, A. B., Redding, S. J., Schott, P. K., "Comparative Ad-
vantage and Heterogeneous Firms", *Review of Economic Studies*, 2007, 74 (1): 31 –66.

[175] Bernard, A. B., Redding, S. J., Schott, P. K., "Multiproduct Firms
and Trade Liberalization", *The Quarterly journal of economics*, 2011, 126 (3): 1271 –1318.

[176] Besedeš, T., Nair-Reichert, U., "Firm Heterogeneity, Trade Liberal-
ization, and Duration of Trade and Production: The Case of India",
Working Paper, 2009, Available at: https://www. frbatlanta. org/ – /
media/Documents/news/conferences/2009/3rd-international-economics/

093rdseinternationaleconomicspaperbesedesnairreichert. pdf.

[177] Besedeš, T. , Prusa, T. J. , "Ins, Outs, and the Duration of Trade", *Canadian Journal of Economics*, 2006, 39 (1): 266 – 295.

[178] Besedeš, T. , Prusa, T. J. , "Product Differentiation and Duration of US Import Trade", *Journal of International Economics*, 2006, 70 (2): 339 – 358.

[179] Besedeš, T. , Prusa, T. J. , "The Role of Extensive and Intensive Margins and Export Growth", NBER Working Paper, 2008, No. 13628.

[180] Blalock, G. , Gertler, P. J. , "Learning from Exporting Revisited in a Less Developed Setting", *Journal of Development Economics*, 2004, 75 (2): 397 – 416.

[181] Blundell, R. , Bond, S. , "GMM Estimation with Persistent Panel Data: an Application to Production Functions", *Econometric Reviews*, 2000, 19 (3): 321 – 340.

[182] Blundell, R. , Bond, S. , "Initial Conditions and Moment Restrictions in Dynamic Panel Data Models", *Journal of Econometrics*, 1998, 87 (1): 115 – 143.

[183] Blundell, R. , Griffith, R. , Van Reenen, J. , "Market Share, Market Value and Innovation in a Panel of British Manufacturing Firms", *The Review of Economic Studies*, 1999, 66 (3): 529 – 554.

[184] Bresnahan, T. F. , "Departures from Marginal-cost Pricing in the American Automobile Industry: Estimates for 1977 – 1978", *Journal of Econometrics*, 1981, 17 (2): 201 – 227.

[185] Bresnahan, T. , "Empirical Studies of Industries with Market Power", *Handbook of Industrial Organization*, eds. Schmalensee, R. , Willig, R. , Amsterdam: Elsevier, 1989: 1011 – 1057.

[186] Brown, J. R. , Petersen, B. C. , "Why Has the Investment-cash Flow Sensitivity Declined so Sharply? Rising R&D and Equity Market Developments", *Journal of Banking & Finance*, 2009, 33 (5): 971 – 984.

[187] Bustos, P. , "The Impact of Technology and Skill Upgrading: Evidence from Argentina", Universitat Pompeu Fabra, 2007, Unpublished.

[188] Bustos, P. , "Trade Liberalization, Exports, and Technology Upgrading: Evidence on the Impact of MERCOSUR on Argentinian Firms. " *American Economic Review*, 2011, 101 (1): 304 – 40.

[189] Bøler, E. A. , Moxnes, A. , Ulltveit-Moe, K. H. , "Technological Change, Trade in Intermediates and the Joint Impact on Productivity", Working Paper, 2012, Available at: http://bruegel. org/wp – content/uploads/2015/09/efige_wp47_0806121. pdf.

[190] Castellani, D. , "Export Behavior and Productivity Growth: Evidence from Italian Manufacturing Firms", *Review of world economics*, 2002, 138 (4): 605 – 628.

[191] Chamberlain, G. , "Multivariate Regression Models for Panel Data", *Journal of Econometrics*, 1982, 18 (1): 5 – 46.

[192] Christopoulou, R. , Vermeulen, P. , "Markups in the Euro Area and the US over the Period 1981 – 2004: a Comparison of 50 Sectors", *Empirical Economics*, 2012, 42 (1): 53 – 77.

[193] Clerides, S. K. , Lach, S. , Tybout, J. R. , "Is Learning by Exporting Important? Micro-dynamic Evidence from Colombia, Mexico, and Morocco", *Quarterly Journal of Economics*, 1998, 113 (3): 903 – 947.

[194] Coe, D. T. , Helpman, E. , "International R&D Spillovers", *European Economic Review*, 1995, 39 (5): 859 – 887.

[195] Cohen, W. , Klepper, S. , "Firm Size versus Diversity in the Achievement of Technological Advance", *Innovation and Technological Change: An International Comparison*, eds. Acs, Z. , Audretsch, D. , Ann Arbor: University of Michigan Press, 1991: 183 – 203.

[196] Comanor, W. S. , "Market Structure, Product Differentiation and Industrial Research", *Quarterly Journal of Economics*, 1967, 81 (4): 639 – 657.

［197］ Costantini, J. , Melitz, M. J. , "The Dynamics of Firm-level Adjustment to Trade Liberalization", *The Organization of Firms in a Global Economy*, 2008, 4: 107 – 141.

［198］ Crespo, N. , Fontoura, M. P. , "Determinant Factors of FDI Spillovers-what do We Really Know?" *World Development*, 2007, 35 (3): 410 – 425.

［199］ Dai, M. , Maitra, M. , Yu, M. , "Unexceptional Exporter Performance in China? The Role of Processing Trade", *Journal of Development Economics*, 2016, 121: 177 – 189.

［200］ De Loecker, J. , Goldberg, P. K. , Khandelwal, A. K. , et al. , "Prices, Markups, and Trade Reform", *Econometrica*, 2016, 84 (2): 445 – 510.

［201］ De Loecker, J. , Warzynski, F. , "Markups and Firm-Level Export Status", *The American Economic Review*, 2012, 102 (6), 2437 – 2471.

［202］ De Loecker, J. , "Detecting Learning by Exporting", *American Economic Journal: Microeconomics*, 2013, 5 (3): 1 – 21.

［203］ De Loecker, J. , "Do Exports Generate Higher Productivity? Evidence from Slovenia", *Journal of International Economics*, 2007, 73 (1): 69 – 98.

［204］ Ding, S. , Guariglia, A. , Knight, J. , "Investment and Financing Constraints in China: Does Working Capital Management Make a Difference?" *Journal of Banking & Finance*, 2013, 37 (5): 1490 – 1507.

［205］ Dixit, A. K. , Stiglitz, J. E. , "Monopolistic Competition and Optimum Product Diversity", *The American Economic Review*, 1977, 67 (3): 297 – 308.

［206］ Domowitz, I. , Hubbard, R. G. , Petersen, B. C. , "Business Cycles and the Relationship Between Concentration and Price – cost Margins", *The RAND Journal of Economics*, 1986, 17 (1): 1 – 17.

［207］ Domowitz, I. , Hubbard, R. G. , Petersen, B. C. , "Market Structure and Cyclical Fluctuations in US Manufacturing", *The Review of Econom-*

ics and Statistics, 1988, 70 (1): 55 –66.

[208] Doraszelski, U. , Jaumandreu, J. , "R&D and Productivity: Estimating Endogenous Productivity", *The Review of Economic Studies*, 2013, 80 (4): 1338 –1383.

[209] Eaton, J. , Kortum, S. , Kramarz, F. , "An Anatomy of International Trade: Evidence from French Firms", *Econometrica*, 2011, 79 (5): 1453 –1498.

[210] Eaton, J. , Kortum, S. , "Technology, Geography, and Trade," *Econometrica*, 2002, 70 (5): 1741 –1779.

[211] Eckel, C. , Neary, J. P. , "Multi-product Firms and Flexible Manufacturing in the Global Economy", *The Review of Economic Studies*, 2010, 77 (1): 188 –217.

[212] Ederington, J. , McCalman, P. , "Endogenous Firm Heterogeneity and the Dynamics of Trade Liberalization", *Journal of International Economics*, 2008, 74 (2): 422 –440.

[213] Esteve-Pérez, S. , Requena-Silvente, F. , Pallardó-López, V. J. , "The Duration of Firm-destination Export Relationships: Evidence from Spain, 1997 –2006", *Economic Inquiry*, 2013, 51 (1): 159 –180.

[214] Evenett, S. , Venables, A. J. , "Export Growth in Developing Countries: Market Entry and Bilateral Trade", London School of Economics, 2003, Working Paper.

[215] Falvey, R. , Foster, N. , Greenaway, D. , "Imports, Exports, Knowledge Spillovers and Growth", *Economics Letters*, 2004, 85 (2): 209 –213.

[216] Fan, H. , Li, Y. , Luong, T. A. , "Input-Trade Liberalization and Markups", HKUST Institute for Emerging Market Studies, 2015.

[217] Feenstra, R. C. , Li, Z. , Yu, M. , "Exports and Credit Constraints under Incomplete Information: Theory and Evidence from China", *Review of Economics and Statistics*, 2013, 96 (4): 729 –744.

[218] Feenstra, R. C. , "Integration of Trade and Disintegration of Production

in the Global Economy", *Journal of Economic Perspectives*, 1998, 12 (4): 31 – 50.

[219] Fu, X., "Exports, Technical Progress and Productivity Growth in a Transition Economy: a Non-parametric Approach for China", *Applied Economics*, 2005, 37 (7): 725 – 739.

[220] Gayle, P. G., "Market Concentration and Innovation: New Empirical Evidence on the Schumpeterian Hypothesis", University of Colorado at Boulder, 2001, Unpublished Paper.

[221] Gereffi, G., "International Trade and Industrial Upgrading in the Apparel Commodity Chain", *Journal of international economics*, 1999, 48 (1): 37 – 70.

[222] Ghironi, F., Melitz, M. J., "International Trade and Macroeconomic Dynamics with Heterogeneous Firms", *The Quarterly Journal of Economics*, 2005, 120 (3): 865 – 915.

[223] Giuliani, E., Pietrobelli, C., Rabellotti, R., "Upgrading in Global Value Chains: Lessons from Latin American Clusters", *World development*, 2005, 33 (4): 549 – 573.

[224] Greenaway, D., Kneller, R., "Firm Heterogeneity, Exporting and Foreign Direct Investment", *The Economic Journal*, 2007, 117 (517): 134 – 161.

[225] Griliches, Z., "Issues in Assessing the Contribution of Research and Development to Productivity Growth", *The Bell Journal of Economics*, 1979, 10 (Spring): 92 – 116.

[226] Grossman, G., Helpman, E., *Innovation and Growth in the Global Economy*, Cambridge, MA: MIT Press, 1991.

[227] Hall, R., "The Relation between Price and Marginal Cost in US Industry", *Journal of Political Economy*, 1988, 96 (5): 921.

[228] Harrison, A. E., "Productivity, Imperfect Competition and Trade Reform: Theory and Evidence", *Journal of international Economics*, 1994,

36 （1 - 2）: 53 - 73.

[229] Helpman, E. , Krugman, P. R. , *Market Structure and Foreign Trade*, Cambridge, MA: MIT Press, 1985.

[230] Helpman, E. , Melitz, M. J. , Yeaple, S. R. , "Export versus FDI with Heterogeneous Firms", *American Economic Review*, 2004, 94 （1）: 300 - 316.

[231] Helpman, E. , "Trade, FDI, and the Organization of Firms", *Journal of economic literature*, 2006, 44 （3）: 589 - 630.

[232] Ho, L. S. , Wei, X. , Wong, W. C. , "The Effect of Outward Processing Trade on Wage Inequality: the Hong Kong Case", *Journal of International Economics*, 2005, 67 （1）: 241 - 257.

[233] Hopenhayn, H. A. , "Entry, Exit, and Firm Dynamics in Long Run Equilibrium", *Econometrica*, 1992, 60 （5）: 1127 - 1150.

[234] Hopenhayn, H. A. , "Exit, Selection, and the Value of Firms", *Journal of Economic Dynamics and Control*, 1992, 16 （3）: 621 - 653.

[235] Hu, A. G. , Liu, Z. , "Trade Liberalization and Firm Productivity: Evidence from Chinese Manufacturing Industries", *Review of International Economics*, 2014, 22 （3）: 488 - 512.

[236] Humphrey, J. , Schmitz, H. , "Chain Governance and Upgrading: Taking Stock", *Local Enterprises in the Global Economy: Issues of Governance and Upgrading*, ed. Schmitz, H. , Cheltenham: Elgar, 2004: 349 - 381.

[237] Jadlow, J. M. , "New Evidence on Innovation and Market Structure", *Managerial and Decision Economics*, 1981, 2 （2）: 91 - 96.

[238] Jefferson, G. H. , Huamao, B. , Xiaojing, G. , et al. , "R&D Performance in Chinese Industry", *Economics of Innovation and New Technology*, 2006, 15 （4 - 5）: 345 - 366.

[239] Kamien, M. , Schwartz, N. , "Market Structure, Elasticity of Demand and Incentive to Invent", *Journal of Law and Economics*, 1970, 13 （1）, 241 - 252.

[240] Kandogan, Y. , "Intra-industry Trade of Transition Countries: Trends and Determinants", *Emerging Markets Review*, 2003, 4 (3): 273 – 286.

[241] Kaplinsky, R. , "Globalisation and Unequalisation: What Can Be Learned from Value Chain Analysis?" *Journal of Development Studies*, 2000, 37 (2): 117 – 146.

[242] Kaplinsky, R. , "Is Globalization All it is Cracked Up to Be?" *Review of International Political Economy*, 2001, 8 (1): 45 – 65.

[243] Keller, W. , "Are International R&D Spillovers Trade-related?: Analyzing Spillovers among Randomly Matched Trade Partners", *European Economic Review*, 1998, 42 (8): 1469 – 1481.

[244] Klette, T. J. , "Market Power, Scale Economies and Productivity: Estimates from a Panel of Establishment Data", *The Journal of Industrial Economics*, 1999, 47 (4): 451 – 476.

[245] Konings, J. , Van Cayseele, P. , Warzynski, F. , "The Effects of Privatization and Competitive Pressure on Firms'Price-cost Margins: Micro Evidence from Emerging Economies", *Review of Economics and Statistics*, 2005, 87 (1): 124 – 134.

[246] Konings, J. , Vandenbussche, H. , "Antidumping Protection and Markups of Domestic Firms," *Journal of International Economics*, 2005, 65 (1): 151 – 165.

[247] Krishna, P. , Mitra, D. , "Trade Liberalization, Market Discipline and Productivity Growth: New Evidence from India", *Journal of development Economics*, 1998, 56 (2): 447 – 462.

[248] Krugman, P. R. , Venables, A. J. , "Globalization and the Inequality of Nations", *Quarterly Journal of Economics*, 1995, 110 (4): 857 – 880.

[249] Krugman, P. R. , "Increasing Returns, Monopolistic Competition, and International Trade", *Journal of international Economics*, 1979, 9 (4): 469 – 479.

[250] Krugman, P. R. , "Scale Economies, Product Differentiation, and the

Pattern of Trade", *The American Economic Review*, 1980, 70 (5): 950 – 959.

[251] Levinsohn, J., Petrin, A., "Estimating Production Functions Using Inputs to Control for Unobservables", *The Review of Economic Studies*, 2003, 70 (2): 317 –341.

[252] Levinsohn, J., "Testing the Imports-as-market-discipline Hypothesis", *Journal of International Economics*, 1993, 35 (1): 1 – 22.

[253] Lileeva, A., Trefler, D., "Improved Access to Foreign Markets Raises Plant-Level Productivity … for Some Plants", *Quarterly Journal of Economics*, 2010, 125 (3): 1051 – 1099.

[254] Lileeva, A., "Trade Evidence and Productivity Dynamics: Evidence from Canada", *Canadian Journal of Economics*, 2008, 41 (2): 360 – 390.

[255] Link, A., Bozeman, B., "Innovative Behavior in Small-sized Firms", *Small Business Economics*, 1991, 3 (3): 179 – 184.

[256] Liu, J. T., Tsou, M. W., Hammitt, J. K., "Export Activity and Productivity: Evidence from the Taiwan Electronics Industry", *Review of World Economics*, 1999, 135 (4): 675 – 691.

[257] Liu, Z., Ma, H., "Trade Liberalization, Market Structure, and Firm Markup: Evidence from China", 2015, Available at: https://www. nottingham. ac. uk/gep/documents/conferences/2015 – 16/china/ma. pdf.

[258] Long, N. V., Raff, H., Stähler, F., "Innovation and Trade with Heterogeneous Firms", *Journal of International Economics*, 2011, 84 (2): 149 – 159.

[259] Loury, G., "Market Structure and Innovation", *The Quarterly Journal of Economics*, 1979, 93 (3), 395 – 410.

[260] Lu, D., "Exceptional Exporter Performance? Evidence from Chinese Manufacturing Firms", University of Chicago, Mimeo, 2010.

[261] Lu, J., Lu, Y., Tao, Z., "Exporting Behavior of Foreign Affiliates: Theory and Evidence", *Journal of International Economics*, 2010, 81

(2): 197 – 205.

[262] Lu, Y., Yu, L., "Trade Liberalization and Markup Dispersion: Evidence from China's WTO Accession", *American Economic Journal: Applied Economics*, 2015, 7 (4): 221 – 253.

[263] Ma, Y., Tang, H., Zhang, Y., "Factor Intensity, Product Switching, and Productivity: Evidence from Chinese Exporters", *Journal of International Economics*, 2014, 92 (2): 349 – 362.

[264] Maclaurin, W. R., "Technological Progress in Some American Industries", *The American Economic Review*, 1954, 44 (2): 178 – 189.

[265] Manova, K., Yu, Z., "Firms and Credit Constraints along the Value-Added Chain: Processing Trade in China", NBER Working Paper, 2012, No. 18561.

[266] Marschak, J., Andrews, W. H., "Random Simultaneous Equations and the Theory of Production", *Econometrica*, 1944, 12 (3 – 4): 143 – 205.

[267] Martins, P. S., Yang, Y., "The Impact of Exporting on Firm Productivity: A Meta-analysis of the Learning-by-exporting Hypothesis", *Review of World Economics*, 2009, 145 (3): 431 – 445.

[268] Mei, J., "Trade, Foreign Direct Investment and Spillover Effect: An empirical Analysis on FDI and Import from G7 to China", *The International Journal of Economic Policy Studies*, 2006, 1 (5): 83 – 97.

[269] Meinen, P., "Markup Responses to Chinese Imports", *Economics Letters*, 2016, 141: 122 – 124.

[270] Melitz, M. J., Burstein, A., "Trade Liberalization and Firm Dynamics", *Advances in Economics and Econometrics Tenth World Congress. Applied Economics*, 2013, 2: 283 – 328.

[271] Melitz, M. J., Redding, S. J., "Heterogeneous Firms and Trade", NBER Working Paper, 2012, No. w18652.

[272] Melitz, M. J., Trefler, D., "Gains from Trade When Firms Matter", *The Journal of Economic Perspectives*, 2012, 26 (2): 91 – 118.

[273] Melitz, M. J. , "The Impact of Trade on Intra-Industry Reallocations and Aggregate Industry Productivity", *Econometrica*, 2003, 71 (6): 1695 – 1725.

[274] Mundlak, Y. , "Empirical Production Function Free of Management Bias", *Journal of Farm Economics*, 1961, 43 (1): 44 – 56.

[275] Mutreja, P. , "Equipment and Structures Capital: Accounting for Income Differences," *Economic Inquiry*, 2014, 52 (2): 713 – 731.

[276] Navas, A. , Sala, D. , "Technology Adoption and the Selection Effect of Trade", Universidad Carlos III, Departamento de Economía, 2007, Available at: http://www. webmeets. com/files/papers/SAE/2007/558/TradeAdop_ Granada. pdf.

[277] Oliveira Martins, J. , Scarpeta, S. , "The Levels and Cyclical Behaviour of Mark-ups across Countries and Market Structures", OECD, Economic Department Working Paper, 1999, No. 213.

[278] Olley, S. , Pakes, A. , "The Dynamics of Productivity in the Telecommunications Equipment Industry", *Econometrica*, 1996, 64 (6): 1263 – 1295.

[279] Pakes, A. , "Dynamic Structural Models, Problems and Prospects Part II: Mixed Continuous-Discrete Control Problems, and Market Interactions", *Advances in Econometrics*, ed. Sims, C. , Cambridge: Cambridge University Press, 1994: 54 – 69.

[280] Pavcnik, N. , "Trade Liberalization, Exit, and Productivity Improvements: Evidence from Chilean Plants", *The Review of Economic Studies*, 2002, 69 (1): 245 – 276.

[281] Pavitt, K. , Robson, M. , Townsend, J. , "The Size Distribution of Innovating Firms in the UK: 1945 – 1983", *The Journal of Industrial Economics*, 1987, 35 (3): 297 – 316.

[282] Phillips, A. , "Concentration, Scale and Technological Change in Selected Manufacturing Industries 1899 – 1939", *The Journal of Industrial Economics*, 1956, 4 (3): 179 – 193.

[283] Raider, H. J. , "Market Structure and Innovation", *Social Science Research*, 1998, 27 (1): 1 – 21.

[284] Rakhman, A. , "Export Duration and New Market Entry," George Washington University, Washington, DC, 2010, Unpublished Draft.

[285] Rauch, J. E. , Watson, J. , "Starting Small in an Unfamiliar Environment", *International Journal of Industrial Organization*, 2003, 21 (7): 1021 – 1042.

[286] Redding, S. J. , "Theories of Heterogeneous Firms and Trade", NBER Working Paper, 2010, No. 16562.

[287] Rigobon, R. , "Identification through Heteroskedasticity", *Review of Economics and Statistics*, 2003, 85 (4): 777 – 792

[288] Roberts, M. J. , Tybout, J. R. , "The Decision to Export in Colombia: An Empirical Model of Entry with Sunk Costs", *The American Economic Review*, 1997, 84 (7): 545 – 564.

[289] Roeger, W. , "Can Imperfect Competition Explain the Difference between Primal and Dual Productivity Measures? Estimates for US Manufacturing", *Journal of Political Economy*, 1995, 103 (2): 316.

[290] Roodman, D. , "How to do xtabond2: An Introduction to Difference and System GMM in Stata", *Stata Journal*, 2009, 9 (1): 86 – 136.

[291] Scherer, F. M. , "Changing Perspectives on the Firm Size Problem", *Innovation and Technological Change: An International Comparison*, eds. Acs, Z. J. , Audretsch, D. B. , Ann Arbor: University of Michigan Press, 1991: 24 – 38.

[292] Scherer, F. M. , "Firm Size, Market Structure, Opportunity and the Output of Patented Inventions", *The American Economic Review*, 1965, 55 (5): 1097 – 1125.

[293] Scherer, F. M. , "Market Structure and the Employment of Scientists and Engineers", *The American Economic Review*, 1967, 57 (3): 524 – 531.

[294] Schmitz, H. , "Local Upgrading in Global Chains: Recent Findings", Paper to be Presented at the DRUID Summer Conference, 2004.

[295] Shao, J. , Xu, K. , Qiu, B. , "Analysis of Chinese Manufacturing Export Duration", *China & World Economy*, 2012, 20 (4): 56 –73.

[296] Shen, L. , "Product Restructuring, Exports, Investment, and Growth Dynamics", 2011, Available at: http://individual. utoronto. ca/lshen/ dynamic. pdf.

[297] Siotis, G. , "Competitive Pressure and Economic Integration: An Illustration for Spain, 1983 – 1996", *International Journal of Industrial Organization*, 2003, 21 (10): 1435 –1459.

[298] Smeets, R. , "Collecting the Pieces of the FDI Knowledge Spillovers Puzzle", *World Bank Research Observer*, 2008, 23 (2): 107 –138.

[299] Storper, M. , Scott, A. , "The Geographical Foundations and Social Regulation of Flexible Production Complexes", *The Power of Geography: How Territory Shapes Social Life*, eds. Wolch, J. , Dear, M. , Winchester, MA. , 1989: 21 –40.

[300] Storper, M. , *The Regional World: Territorial Development in a Global Economy*, New York: Guilford press, 1997: 3 –25.

[301] Stähler, F. , Raff, H. , Long, N. V. , "The Effects of Trade Liberalization on Productivity and Welfare: The Role of Firm Heterogeneity, R&D and Market Structure", Economics Working Paper/Christian-Albrechts-Universität Kiel, Department of Economics, 2007.

[302] Tandon, P. , "Innovation, Market Structure, and Welfare", *The American Economic Review*, 1984, 74 (3): 394 –403.

[303] Tomiura, E. , "Foreign Outsourcing, Exporting, and FDI: A Productivity Comparison at the Firm Level", *Journal of International Economics*, 2007, 72 (1): 113 –127.

[304] Topalova, P. , Amit, K. , "Trade Liberalization and Firm Productivity: The Case of India", *Review of Economics and Statistics*, 2011, 93 (3):

995 – 1009.

[305] Trefler, D. , "The Long and Short of the Canada-U. S. Free Trade A-greement", *The American Economic Review*, 2004, 94 （4）: 870 – 895.

[306] Van Biesebroeck, J. , "Exporting Raises Productivity in Sub – Saharan African Manufacturing Firms", *Journal of International Economics*, 2005, 67 （2）: 373.

[307] Verhoogen, E. , "Trade, Quality Upgrading and Wage Inequality in the Mexican Manufacturing Sector", *Quarterly Journal of Economics*, 2008, 123 （2）: 489 – 530.

[308] Volpe Martincus, C. , Carballo, J. , "Survival of New Exporters in Developing Countries: Does it Matter How They Diversify?" IDB Working Paper Series, 2009, No. 140.

[309] Wang, Z. , Yu, Z. , "Trading Partners, Traded Products and Firm Performances of China's Exporter-Importers: Does Processing Trade Make a Difference?" *The World Economy*, 2012, 35 （12）: 1795 – 1824.

[310] Warzynski, F. , Görg, H. , "The Dynamics of Price Cost Margins in UK Manufacturing: 1989 – 1996", Observatoire Francais des Conjonctures Economiques. Revue, 2006.

[311] Warzynski, F. , "Did Tough Antitrust Policy Lead to Lower Mark – ups in the US Manufacturing Industry?" *Economics Letters*, 2001, 70 （1）: 139 – 144.

[312] Wickelgren, A. L. , "Innovation, Market Structure and the Holdup Problem: Investment Incentives and Coordination", *International Journal of Industrial Organization*, 2004, 22 （5）: 693 – 713.

[313] Wooldridge, J. M. , "On Estimating Firm-level Production Functions Using Proxy Variables to Control for Unobservables", *Economics Letters*, 2009, 104 （3）: 112 – 114.

[314] Xu, B. , Wang, J. , "Capital Goods Trade and R&D Spillovers in the OECD," *Canadian Journal of Economics*, 1999, 32 （5）: 1258 – 1274.

[315] Yeaple, S. R., "A Simple Model of Firm Heterogeneity, International Trade, and Wages", *Journal of International Economics*, 2005, 65 (1): 1 –20.

[316] Yi, S., "Market Structure and Incentives to Innovate: the Case of Cournot Oligopoly", *Economics Letters*, 1999, 65 (3): 379 –388.

[317] Yu, M., "Processing Trade, Tariff Reductions and Firm Productivity: Evidence from Chinese Firms", *The Economic Journal*, 2015, 125 (585): 943 –988.

[318] Zhang, H., Zhu, L., "Markups and Exporting Behavior of Foreign Affiliates", *Journal of Comparative Economics*, 2016, forthcoming, doi: 10. 1016/j. jce. 2016. 11. 001.

后 记

　　本书是基于博士论文经过适当的修改而成。本书的出版得到了江南大学吴林海教授的鼓励和大力支持，在此向吴教授表示衷心的感谢！

　　时间过得真快，转眼我已从交大毕业，来到江南大学商学院工作一年了，看着即将出版的此书，思绪万千，心情久久不能平静，脑海中仍然浮现着 2011 年独自来上海交通大学时的情景，当时怀着无比兴奋与向往的心情来到交大求学，没想到五年的交大求学生涯一闪而过。在交大的求学生涯中，我感受到了交大老师严谨治学的态度，体验了同学们奋发向上追求学术真理的学习气氛，学到了经济学领域的许多前沿理论与研究方法，也收获了属于自己的甜蜜爱情。

　　在交大五年的求学生涯中，我得到了很多，收获了很多，当然这些（特别是整篇博士论文的完成）都离不开老师、同学和家人的帮助与支持。首先，我急切地要把我的敬意和赞美献给一个平凡的人，我的导师陈飞翔教授。我可能不是您最出色的学生，但您是我最尊敬的老师。您治学严谨，学识渊博，思想深邃，视野雄阔。老师言传身教，让我领会了基本的思考方式，接受了全新的思想观念，树立了宏伟的学术目标。从论文题目的选定、研究框架的设计到整篇论文的完成，您都给了我悉心的指导；每次在论文写作中遇到困难，也是您耐心指导，给予建议。您不仅在学习与研究上给了我充分的鼓励与指导，而且在生活上给予我很大的帮助，您时常关心我的生活状况，像父辈一样教会了我为人处世的道理。十分庆幸我能够成为您的学生，您的谆谆教诲将是我一生宝贵的财富，我一辈子也不会忘记。在本书的出版过程中，陈老师还在百忙之中抽出时间来为本书写序，在读博期间能遇到这样的导师无疑是我这辈子最大的幸运。在此，我要向您表示最衷心的谢意。

其次，我要感谢安泰经济与管理学院的其他老师。他们在我学习与研究过程中给了我莫大的关怀与帮助。他们是陈宪老师、任荣明老师、黄少卿老师、钟根元老师、秦向东老师、施浩老师、何振宇老师、教务处的薛静老师以及学生处的高金鑫老师等。特别是何振宇老师，他教授的产业组织理论的实证分析让我受益匪浅，使我领略到了经济学实证分析的魅力所在。每次在我博士论文写作的实证处遇到困难时，我都会翻看何振宇老师上课时用的课件以及所推荐的相关文献。老师们的帮助让人难忘，唯有牢记在心，请接受我最诚挚的感谢。

当然，我也要感谢同门师兄妹以及其他许多同学的帮助，他们不仅在学习与研究上给予了我极大的鼓舞，同时也为我的研究生生活增添了许多色彩。他们是向训勇师兄、吕冰师妹、王晓亮师弟、洪静师妹、李承政博士、叶兵博士、从佳佳博士、朱婕博士、姜永玲博士、杨振宇博士、陈文博博士、黄冰华博士、石玉山博士、张俊峰博士等。我们在一起举办过讨论会，一起为某个问题而争论不休，一起组队打过篮球、唱过歌……过往仍然历历在目，道不完，说不尽。感谢你们为我的研究生生活添上了浓墨重彩的一笔。

我还要特别感谢我的父母，你们的谆谆教诲时刻激励着我。我是来自农村家庭的孩子，从小父母教育我要想走出农村，唯一的出路就是认真读好书，考上好的大学。父母虽然读书不多，但是为了激励我认真读书，对我说得最多的一句话就是"书山有路勤为径，学海无涯苦作舟"。因而我从小就明白了勤奋对于学习的重要性。时至今日，这句话仍使我受益匪浅。学无止境，时刻保持谦逊的态度，活到老，学到老，这或许才是人生的真谛。父母的教诲时刻激励着我，而每当我遇到困难时，无论是生活上还是学习上，你们都一如既往地站在我的身后默默地支持着我。没有你们就不会有今天的我，更不会有这本书，请你们接受我最崇敬的谢意，感谢你们一直对我的鼓励，感谢你们容忍我多年在外求学不在身边陪伴，感谢你们一直以来给我精神上的强大慰藉。

最后，我要着重感谢我的妻子王晓帆，感谢你一直以来对我的容忍包涵，感谢你在我处于低谷时给予我的鼓励与慰藉。幸得丛佳佳同学的介绍，我和你相识于 2013 年的 3 月，并于 2015 年 10 月结婚。我们一起经历了生活的酸甜苦辣，过去的点滴仍然时常在脑海中浮现，是那么的美好与温暖。虽然你比我早出学校进入社会，但是你并没有怨言，而是支持我继续求学，独自担起了家里的重任；虽然你是来自大城市的孩子，但是你丝毫没有嫌弃我农村家庭的落魄。你不但没给我压力，反而在各方面给了我极大的帮助与支持。每当我在生活上遇到困难时，你总是第一时间出现在我身边为我出谋划策；而每当我在研究中遭遇挫折时，你都是默默地支持我、鼓励我。正是有你的支持与鼓励，我才能不断克服困难勇往直前。十分庆幸娶到了你做我的妻子，这是我这辈子最大的幸福。经常听到每个成功男人的背后都有一个默默付出的女人，虽然我现在不算成功，但是我相信我已经找到了那个愿意默默支持我、为我付出的另一半。再一次感谢我的妻子王晓帆，本书的完成离不开你的支持与鼓励，希望以此书作为我们甜蜜爱情的见证。

虽然在交大的求学生涯已经画上了一个句号，但是我的学术道路才刚刚开始。未来的道路还很漫长，其间少不了困顿迷惘，但我一定会秉承恩师的教诲，不负亲友的嘱托，奋发上进，勇往直前，勇攀高峰。

岳 文

2017 年 6 月于江南大学商学院

图书在版编目(CIP)数据

异质性出口特征与企业技术升级 / 岳文著. -- 北京:
社会科学文献出版社,2017.9
ISBN 978 - 7 - 5201 - 1339 - 7

Ⅰ.①异… Ⅱ.①岳… Ⅲ.①外向型企业 - 企业发展
- 研究 - 中国 Ⅳ.①F279.24

中国版本图书馆 CIP 数据核字(2017)第 211649 号

异质性出口特征与企业技术升级

著　　者 / 岳　文

出 版 人 / 谢寿光
项目统筹 / 颜林柯
责任编辑 / 颜林柯

出　　版 / 社会科学文献出版社·经济与管理分社(010)59367226
　　　　　　地址:北京市北三环中路甲 29 号院华龙大厦　邮编:100029
　　　　　　网址:www. ssap. com. cn
发　　行 / 市场营销中心(010)59367081　59367018
印　　装 / 三河市尚艺印装有限公司

规　　格 / 开　本:787mm × 1092mm　1/16
　　　　　　印　张:17.25　字　数:260 千字
版　　次 / 2017 年 9 月第 1 版　2017 年 9 月第 1 次印刷
书　　号 / ISBN 978 - 7 - 5201 - 1339 - 7
定　　价 / 79.00 元

本书如有印装质量问题,请与读者服务中心(010 - 59367028)联系